Helmut Neuhold

ÖSTERREICHS HELDEN ZUR SEE

INHALT

Einleitung

Die Seemacht, die keine sein sollte

Als im Herbst 2006 die beiden letzten ehemaligen österreichischen Kriegsschiffe, zwei Patrouillenboote auf der Donau, außer Dienst gestellt wurden, endete eine jahrhundertelange Geschichte österreichischer militärischer Präsenz auf dem Wasser, die reich an denkwürdigen Ereignissen, Heldentum, Opferbereitschaft und Erfindungsreichtum gewesen war.

Österreich war immer in erster Linie eine Landmacht, während die Ereignisse zur See in seiner Geschichte niemals eine so bedeutende Rolle spielten, wie sie vergleichbar gewesen wäre mit den militärischen Entwicklungen zu Lande. Deshalb genoss die österreichische Marinegeschichte auch niemals eine solche Popularität, wie sie der Landarmee zuteil wurde. Vieles scheint vergessen, und die Namen der meisten Akteure sind nur mehr wenigen Fachleuten und interessierten Laien bekannt.

In meinem Buch biete ich nun dem Leser eine Zusammenstellung von Kurzbiografien besonders herausragender österreichischer Seefahrer. Dabei bin ich mir bewusst, dass man sich heute schwer tut mit dem Begriff des *Helden*. Ich nenne die hier vorgestellten Persönlichkeiten dennoch *Seehelden*, wobei der Leser den Begriff des Heldentums durchaus weit gefasst auslegen kann.

Das Interesse gilt hier jenen Männern, die sich auf See durch herausragende Taten hervorgetan haben und die im weitesten Sinn als *Österreicher* bezeichnet werden können. Ihnen soll hier gedacht und ihr Leben skizziert werden. Ohne viel Pathos, mit einem Schuss Ironie vielleicht, aber auch mit dem Anspruch einer gewissen Fairness. Es sind Namen darunter, die man heute noch einigermaßen kennt, aber die meisten der hier dargestellten Persönlichkeiten sind genauso wie ihre persönliche Geschichte in Vergessenheit geraten. Der Bogen der hier vorgestellten Seehelden reicht von Don Juan de Austria bis hin zu den U-Bootfahrern und Marinefliegern des Ersten Weltkriegs, umspannt also viele Jahrhunderte, in denen sich das Seekriegswesen mehr als einmal

Segelschiffe der k. k. österreichischen Kriegsmarine Anfang des 19. Jhs.
Illustration nach einem Gemälde von Alexander Kircher

grundlegend wandelte. Entscheidend für den Erfolg der Marine war dabei aber immer die persönliche Tapferkeit und Geschicklichkeit ihrer Akteure. Auf diesem Gebiet war die österreichische Marine aber gut vertreten.

Die hier dargestellten Männer sind Führungspersönlichkeiten im Rang eines Admirals, Kapitäns oder Schiffsoffiziers. Der vielen einfachen Marineangehörigen aus allen Nationalitäten der habsburgischen Länder kann in unserer biografischen Sammlung nur generell gedacht werden, obwohl viele von ihnen durch ihren Mut, ihre Ausdauer und Entbehrungsbereitschaft die Erfolge der hier vorgestellten Personen erst möglich gemacht haben. Der Dienst in einer Kriegsmarine war und ist bis heute keine Angelegenheit für allzu empfindliche Menschen, sondern forderte und fordert eine gewisse Härte und Opferbereitschaft. Das gilt natürlich ganz besonders für die Zeit der Segelschiffe, in der die Abhängigkeit von den Launen der Natur oft mehr Opfer forderte als jeder Feind. Österreichische Seeleute haben diese Herausforderungen immer wieder mit großem Geschick bewältigt und viele bedeutende Erfolge erzielt.

Das überrascht eigentlich sehr, wenn man bedenkt, dass die Kriegsflotte stets ein Stiefkind des habsburgischen Kaiserhauses war. Kaum ein Herrscher oder einer seiner Würdenträger konnte sich wirklich dafür erwärmen, und selbst bedeutende kaiserliche Feldherren wie Prinz Eugen betrachteten die Flotte eher als notwendiges Übel. Auch der so fortschrittliche Kaiser Joseph II. wusste mit einer Kriegsflotte wenig anzufangen. Noch Kaiser Franz Joseph vermied nach Möglichkeit Seereisen und hatte wenig

Verständnis für die Begeisterung an der Seefahrt, die seine Frau, sein Bruder und einige wenige Erzherzoge an den Tag legten. Die meisten Habsburger waren aber Landratten, und Österreich blieb im Wesentlichen eine Landmacht.

Die Männer der Flotte haben dennoch stets ihr Bestes gegeben und einiges dazu beigetragen, dass das Habsburgimperium trotz aller bedrohlichen Auseinandersetzungen so lange Bestand hatte. Sie standen treu zum Kaiserhaus, auch wenn sie sich einiges mehr an Dank des Hauses Österreich verdient hätten. So war es schließlich auch die k.u.k. Marine, die bis zum Untergang des Kaiserreichs diesem auf See unbesiegt die Treue hielt. Man sollte auch nicht vergessen, wenn man von einer österreichischen oder österreichisch-ungarischen Marine spricht, dass die Mannschaften und Offiziere aus allen Teilen der Monarchie stammten, wobei aber die Dalmatiner und Kroaten meistens die Mehrheit stellten.

Entgegen der in der seinerzeitigen österreichischen Marinesprache üblichen Bezeichnung der Schiffe mit ihrem natürlichen Geschlecht – es gab also den *Szent István*, die *Kaiserin Elisabeth*, den *Albatros* und die *Saida* – wurde im folgenden Text auf die heute im Deutschen allgemein übliche Schreibweise Rücksicht genommen, und alle Schiffe werden daher weiblich genannt.

Werftanlage in Pola um 1905

Don Juan de Austria
Der erste Seeheld Österreichs?

DON JUAN DE AUSTRIA

Der erste Seeheld Österreichs?

Die kleine griechische Hafenstadt Nafpaktos ist Geschichtsinteressierten besser unter ihrem italienischen Namen bekannt, da hier am 7. Oktober 1571 die größte Galeerenschlacht der Neuzeit stattfand; unter dem Namen *Seeschlacht von Lepanto* ist sie in die Geschichte eingegangen. Hier, am Eingang zum Golf von Korinth, errang eine alliierte christliche Flotte an diesem Tag einen überwältigenden Sieg gegen eine zahlenmäßig überlegene osmanische Seestreitmacht. Der Befehlshaber der Christenflotte hieß Don Juan de Austria und wird uns manchmal als der erste österreichische Seeheld präsentiert. Auch wenn wir den Begriff *österreichisch* mit einem Fragezeichen versehen müssen, so berief man sich doch später in der österreichischen Marine immer wieder auf die Person des Helden von Lepanto, er wurde gleichsam zum mythischen Stammvater unserer Kriegsflotte. Deshalb erscheint es gerechtfertigt, mit seiner Biografie die Geschichte der österreichischen Seehelden zu beginnen.

Juan de Austria (Johann von Österreich) wurde am 24. Februar 1547 in Regensburg geboren. Er war der uneheliche Sohn Kaiser Karls V. und der bürgerlichen Barbara Blomberg, der Tochter eines Gürtlers, auch bekannt als die *Schöne Barbara*. Der Kaiser ließ seinen unter strenger Geheimhaltung geborenen Bastardsohn unter dem Namen Gerónimo nach Spanien bringen, wo der Violinspieler Franz Massy und dessen Gattin Anna de Medina als Pflegeeltern des Kindes fungierten. Ab 1554 nahm sich Adrian du Bois, der Kammerdiener und Vertraute des Kaisers, des kleinen Johanns an und sorgte gemeinsam mit seiner Frau für dessen Erziehung und Ausbildung. Kaiser Karl V. offenbarte sich seinem Kind gegenüber nicht als Vater, sondern anerkannte ihn erst in seinem Testament als leiblichen Sohn. Nach dem Tod des Kaisers nahm der neue spanische König Philipp II. seinen Halbbruder zu sich an den Hof, wie es ihm sein Vater befohlen hatte. Gemeinsam mit dem Infanten Don Carlos und seinem Cousin Alessandro

Farnese wurde er nun als königlicher Prinz erzogen und studierte an der Hohen Schule in Alcalá de Henares.

Im Frühjahr 1564 wurde Juan an den Hof in Madrid zurückgerufen. Philipp wollte ihn eigentlich „für den geistlichen Stand bestimmen", doch sein Halbbruder zeigte schon in recht jungen Jahren großes Interesse am Kriegshandwerk, was der König schließlich akzeptierte. Der tatendurstige Don Juan wollte bereits 1565 an der Verteidigung Maltas gegen die Osmanen teilnehmen, ein Wunsch, der ihm allerdings von seinem königlichen Halbbruder verwehrt wurde. Juan floh daraufhin im April 1565 vom Hof. Er plante, in Barcelona an Bord eines Schiffes zu gehen, das Truppen nach Malta bringen sollte. Aber er kam nicht weit, da er in Saragossa schwer krank wurde und nach Madrid zurückkehren musste. Etwa um 1566 lernte er Maria de Mendoza kennen, mit der er eine enge Beziehung einging. Als ihm 1569 eine Tochter geboren wurde, bekannte er sich offiziell nicht zu seiner Vaterschaft, gab das Kind seiner eigenen Pflegemutter und ließ es mit sechs Jahren in ein Kloster geben. Als ihm eine weitere Geliebte 1573 eine weitere Tochter gebar, hielt Juan auch dies geheim und gab das Kind an Margarete von Parma zur Erziehung. Auch Juans Beziehung zu dem äußerst problematischen einzigen Sohn König Philipps II., Don Carlos, gestaltete sich am

I OANNES AVSTRIACVS

Zeigte schon in jungen Jahren Interesse am Kriegshandwerk: Don Juan de Austria

bivalent: Als nämlich der Infant in die Niederlande fliehen wollte, bat er Juan um Hilfe. Der jedoch berichtete dem König von diesem Plan, was zur Verhaftung und in der Folge zum Tod des geistig kranken Prinzen Carlos führte. Don Juan machte sich bei Philipp mit diesem Verrat allerdings sehr beliebt, hielt Letzterer doch trotz einer gewissen Konkurrenz sehr viel von seinem Halbbruder.

Die Heilige Liga im Kampf gegen die Türkengefahr

Im Oktober 1567 ernannte König Philipp II. Juan zum Großadmiral der spanischen Mittelmeerflotte; im Sommer 1568 übernahm der Prinz sein erstes Kommando auf See, wobei er von Cartagena aus die von den spanischen Besitzungen in Westindien heimkehrenden Schiffe nach Cádiz begleitete, was einiges über die damals virulente Gefahr durch nordafrikanische Piraten aussagt. Um den bereits 1567 ausgebrochenen Aufstand der Morisken in Granada unter Kontrolle zu bringen, ernannte der König seinen Halbbruder im April 1569 zusätzlich zum Oberbefehlshaber der Landarmee und schickte ihn ins Kampfgebiet in den andalusischen Alpujarras. Hier zeigte sich recht rasch, dass Don Juan genau der richtige Mann für diese Aufgabe war. Er agierte trotz seiner Jugend überlegt, energisch und rücksichtslos. Der Krieg dauerte dennoch bis 1570 und wurde erbittert geführt. Don Juan zeigte sich dabei von seiner brutalen Seite. Nachdem er Castilleja eingenommen hatte, belagerte er ab 10. Januar 1570 Galera. Zornig über den heftigen Widerstand der Stadt, gelobte er deren Untergang. Als sie am 10. Februar erstürmt wurde, ließ er alle Bewohner bis auf 4.500 Frauen und Kinder töten, die Stadt planieren und die so entstandene Wüste mit Salz bestreuen – er hatte wohl zu viele antike Autoren gelesen. Nach diesem schrecklichen Blutbad ergaben sich nach und nach viele andere Orte. Auch ein erneutes Aufflackern des Aufstands konnte seinen Sieg nicht mehr gefährden; am 11. November 1570 zog Don Juan triumphal in Granada ein.

Da nun die Türkengefahr zur See nach größeren osmanischen Erfolgen auch für Spanien und das westliche Mittelmeer akut wurde, entschlossen sich neben einigen kleineren Mächten Papst Pius V., die Republik Venedig und Philipp II. zu einem militärischen Bündnis: Die Heilige Liga wurde ins Leben gerufen. Der spanische König bestand darauf, dass sein militärisch so begabter Halbbruder das Kommando über die vereinte Flotte der Christenheit erhielt. Der Hafen von Messina wurde zum Sammelplatz der Flotte bestimmt. Nachdem Zypern bereits von den Türken erobert worden war, ließ sich der ursprüngliche Plan, der Insel zu Hilfe zu kommen, nicht mehr verwirklichen. Nun wurde vereinbart, die starken osmanischen Marineverbände im Ionischen und Tyrrhenischen Meer anzugreifen und ihnen möglichst eine vernichtende Niederlage beizubringen.

Der Seekrieg im Mittelmeer wurde zu jener Zeit noch weitgehend mit Galeeren ausgefochten. Daran hatte sich seit der Antike wenig geändert, auch wenn diese Ruderschiffe aus dem 16. Jahrhundert schon etwas anders aussahen als die Kriegsschiffe der Griechen und Römer. Natürlich hatten sie auch Kanonen an Bord, die neben dem

Prachtvoller Dekor: Nachbau der Real im Museu Marítim, Barcelona

Rammsporn zur wichtigsten Waffe im Galeerenkrieg geworden waren. Doch ansonsten war die Kampfweise nicht weit entfernt von jener der Antike. Wichtigste kampfentscheidende Aktion war stets das Rammen und Entern des Gegners. Dabei entwickelte sich freilich ein blutiger Kampf Mann gegen Mann.

Im *Museu Marítim* in Barcelona kann man in einer ehemaligen Werfthalle aus dem 14. Jahrhundert einen Nachbau der Galeere *Real* sehen, des Flaggschiffs Don Juans in der Schlacht von Lepanto. Auf den ersten Blick stechen die prachtvollen Verzierungen des Schiffs, das überraschend klein wirkt, ins Auge. Die *Real* war 60 Meter lang und 6,2 Meter breit, ihr Tiefgang betrug 2,1 Meter. Sie verfügte über zwei Masten und hatte ein Leergewicht von 237 Tonnen. Die Galeere wurde von 290 Ruderern bewegt und hatte bei Lepanto ungefähr 400 Soldaten und Seeleute an Bord. Diese Männer waren in Gruppen von jeweils etwa 50 Mann auf der oberen Plattform des Vorderdecks, auf der Mittschiffsrampe, entlang der beiden Seiten am Bug, auf der Bootsplattform, auf der Herdplattform, an den Heckseiten und auf der Heckplattform positioniert. Um die große und überladene Galeere beim Manövrieren zu unterstützen und in der Schlachtordnung zu halten, wurde sie von zwei kleineren Galeeren geschoben. Mit voller Bemannung und ihrem Flaggenschmuck muss die *Real* auf Freund und Feind wirklich einen großartigen Eindruck gemacht haben.

Doch spätestens wenn man überlegt, wie viele Leute auf so kleinem Raum ohne sanitäre Einrichtungen zusammengedrängt

IOHANE AVSTRIE   MARCVS ANTONIVS COMA

Don Juan, Marcantonio Colonna, Sebastiano Venier: die drei Seehelden von Lepanto. Bildnis eines unbekannten Malers, Kunsthistorisches Museum Wien

waren und wie wohl das Schicksal der angeketteten Rudersklaven ausgesehen haben mag, dann beschleicht einen ein gewisses Unbehagen. Haben doch schon Zeitgenossen über den unerträglichen Gestank berichtet, der auf diesen Schiffen herrschte. Hunderte von angeketteten Männern saßen an ihren Rudern mehr oder weniger in ihrem eigenen Dreck; schwerste körperliche Strafen und das Antreiben mit der Peitsche sind auch keine Erfindung neuzeitlicher Filmproduzenten. Die Zustände müssen für heutige Verhältnisse unfassbar gewesen sein, schon der Geruch von Schweiß, Urin und Kot, den diese Schiffe ausströmten, wäre für Menschen unserer Zeit wohl unerträglich. Alle diese Dinge sollte man sich auch vergegenwärtigen, wenn man an den glanzvollen Flottenführer Don Juan de Austria denkt, der in seiner prunkvollen Rüstung und alle überragend an Deck stand.

Die spanische Flotte Don Juans versammelte sich in Barcelona, wo der Habsburger auch die beiden jungen Erzherzöge Rudolf (später Kaiser Rudolf II.) und Ernst mit an Bord seines Flaggschiffs nahm. Juan führte seine 47 Galeeren sodann über Genua weiter nach Neapel. Hier wurden ihm als Geschenk des Papstes der Feldherrnstab des Oberbefehlshabers zu Land und zu Wasser und das Banner der Heiligen Liga übergeben. Danach ging es am 24. August 1571 zum Sammelplatz der Ligaflotte in Messina, wo bereits die Flotte Venedigs unter Admiral Sebastiano Venier und einige päpstliche

Schiffe warteten. Der erst 26-jährige Don Juan, dem man eine „strahlende Erscheinung" nachsagte, kommandierte nun eine der größten Kriegsflotten, die die Christenheit bis dahin aufgestellt hatte. Das Banner der Liga zeigte in der Mitte den Gekreuzigten, darunter das päpstliche Wappen. Daneben waren das in einige Felder geteilte Wappen der Habsburger und das der Republik Venedig zu sehen. Die vereinigte Flotte brach nach einigen heftig geführten Meinungsverschiedenheiten Don Juans mit einigen seiner Admirale schließlich auf und kam am 7. Oktober 1571 im Golf von Patras an. Dort stieß man wie erwartet auf die Hauptmacht der osmanischen Kriegsflotte und man rüstete sich zu dem von beiden Seiten gewollten Kampf.

Die Schlacht der Christen gegen die Osmanen

Die Armada des Sultans stand unter dem Kommando von Ali Pascha, der sich Großadmiral des Mittelmeers nannte. Er verfügte über etwa 260, anderen Quellen nach sogar über 290 Schiffe, was einen beträchtlichen Teil der gesamten osmanischen Kriegsflotte ausmachte, die aus maximal 600 Galeeren bestand. Unter dem Kommando von Juan de Austria standen etwa 230 Schiffe, er war also zahlenmäßig eindeutig unterlegen, das galt auch für die Anzahl seiner Seesoldaten und Ruderer. Als großen Trumpf verfügte der Habsburger aber über sechs Einheiten eines neuen Schiffstyps, der Galeasse, der über eine viel stärkere Feuerkraft verfügte

als die Galeere und zudem noch wegen seiner Hochbordigkeit viel schwerer zu entern war. Don Juan verteilte diese sechs Galeassen entlang der Front so, dass er ihre überlegene Artillerie am besten ausnutzen konnte. Die Flotte der Heiligen Liga war in drei Abschnitte, einen nördlichen, einen mittleren und einen südlichen, eingeteilt. Don Juan fuhr nun mit einem kleinen Segler die Kampflinie entlang. Er trug seinen Prunkharnisch, ein Kreuz in der Hand und das Goldene Vlies um den Hals. Dabei rief er den Schiffsbesatzungen in einer improvisierten Ansprache zu, tapfer für die Sache des Christentums zu kämpfen.

Auf der türkischen Seite machte man sich Mut durch die laute, stampfende Musik von Zimbeln, Schalmeien, Pauken und Tschinellen. Aus dieser türkischen Militärmusik sollten sich eines Tages die europäischen Militärkapellen entwickeln.

Es schien nun so, als würde Allah seinen Kriegsschiffen guten Rückenwind schicken und sie näherten sich auf breiter Front rasch den Christen. Doch dann ließ der Wind nach und die Türken mussten ihre Rudersklaven antreiben, wie es die Christen auch taten. Da kam nun fast schlagartig etwas Westwind auf, der wiederum die Christenschiffe vorantrieb, was natürlich gleich als Zeichen Gottes interpretiert wurde. So näherten sich die beiden Kampfformationen einander mit kräftigen Ruderschlägen in breiter Front – seit der Seeschlacht von Actium im Jahre 31 vor Christus hatten sich nie mehr so viele Galeeren im Kampf gemessen.

Gleich zu Beginn der Schlacht zeigte sich, dass beide Flottenkommandeure auf

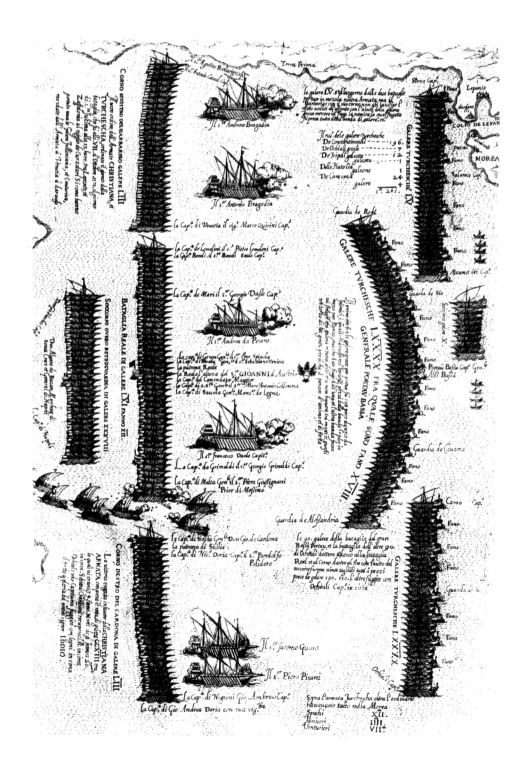

Die größte Galeerenschlacht der Geschichte: Schlachtordnung bei Lepanto, 1571

Galeerenschlacht: Es kämpfen Schiff gegen Schiff, Mann gegen Mann. Lepanto in der Darstellung von Andrea Micheli, gen. Vicentino, Venedig Dogenpalast, Sala dello Scrutinio

unterschiedliche Taktiken setzten. Waren die Türken vor allem darauf aus, die Schiffe der Heiligen Liga möglichst schnell zu rammen und dann gegebenenfalls zu entern, so versuchten die Christen, vorerst ihre Kanonen einzusetzen, was bereits zu Beginn des Kampfs zu größeren Verlusten beim Gegner führte. Als sich die Schlacht richtig zu entwickeln begann, befahl Don Juan de Austria dem Kapitän seines Flaggschiffs, das osmanische Kommandoschiff Ali Paschas anzugreifen und zu entern. Beim heftigen Zusammenprall verhakten sich die Takelagen der beiden Galeeren ineinander; nach längerem heftigem Kampf konnte das osmanische Flaggschiff erobert werden; Ali Pascha wurde in dem Gefecht getötet, als

ihn eine Kugel in den Kopf traf. Ein Seesoldat aus Malaga schnitt ihm den Kopf ab und steckte diesen auf eine Lanze, die er dann unter allgemeinem Jubel hochhielt.

Die Türken, die den Tod ihres Flottenführers registriert hatten, wurden kurz unsicher, kämpften dann aber weiter. Der mutige Don Juan hatte sich selbst furchtlos ins Kampfgetümmel geworfen und war dabei am Fuß verwundet worden. Er ließ nun durch Posaunenstöße auf seinen Sieg hinweisen und auf dem eroberten türkischen Schiff die Fahne der Heiligen Liga hochziehen. Trotz seiner Verwundung blieb er weiterhin mit seinem Schiff im Gefecht und unterstützte nun den südlichen Flügel seiner Flotte. Es entwickelte sich nun wie fast immer bei antiken und neuzeitlichen Galeerenschlachten ein heftiges Gemetzel, bei dem ohne erkennbare Strategie und Taktik Schiff gegen Schiff und Mann gegen Mann kämpften, wobei die christlichen Kämpfer fast überall langsam die Oberhand gewannen.

Als es Uludsch Ali, dem stellvertretenden Befehlshaber der Osmanen, dann doch gelang, in seinem Frontabschnitt Erfolge zu erzielen und einige christliche Galeeren vor sich herzutreiben – wobei er sogar das Flaggschiff der Malteser eroberte – wurde die Lage für Don Juans Streitmacht noch einmal kritisch. Doch nun warf der christliche Befehlshaber siegreiche Schiffe aus anderen Frontabschnitten ins Gefecht und brachte so auch Uludsch Ali in Bedrängnis. Dieser konnte in der Folge aber mit etwa 30 Galeeren entkommen und nach Konstantinopel segeln, wo er Sultan Selim II. das große Banner der Malteser überreichte und dafür mit dem Ehrentitel *Kilic* (das Schwert) ausgezeichnet wurde.

Doch dies änderte nichts am gewaltigen Sieg der Flotte Don Juans de Austria. Die Zahlen sprechen für sich: Von den osmanischen Galeeren wurden im acht Stunden dauernden Kampf etwa 80 versenkt, 30 versenkten sich selbst und bis zu 150 wurden von den Siegern erbeutet. Dabei wurden auch etwa 12.000 christliche Rudersklaven befreit. Etwa 30.000 Mann fielen zudem auf osmanischer Seite – ein hoher Blutzoll im Vergleich zu den weniger als 8.000 gefallenen Soldaten der Heiligen Liga, die insgesamt nur 13 Schiffe verlor.

Der später wohl bekannteste Teilnehmer der Schlacht, dessen Nachruhm jenen Don Juans heute weit überstrahlt, war ein gewisser Miguel de Cervantes, der viele Jahre später seinen unsterblichen *Don Quijote* schreiben sollte. Darin heißt es über Lepanto: „Aber an jenem Tage, der der Christenheit so viel Glück brachte, weil er die Welt und alle Nationen über ihren bisherigen Irrtum, dass die Türken zur See unüberwindlich seien, aufklärte, an diesem Tag, an dem der Stolz und die Hoffart der Ottomanen gebrochen wurden, war ich unter so vielen Glücklichen, die es dort gab."

Der Sieg über die Türken und seine Folgen

Auch wenn in der Folge dieser Sieg von Seiten der Heiligen Liga nicht groß ausgenutzt werden konnte, weil man uneinig war und auch ein Landheer fehlte, hatte er große psychologische Auswirkungen, da die osmanische Flotte ihren Mythos der Unbesiegbarkeit verloren hatte und sich von der Niederlage eigentlich nie wieder vollkommen erholte. Von Seiten der katholischen Kirche konnte man sich vor lauter Siegestaumel kaum fassen. Das *Lepantoläuten* wurde eingeführt, bei dem in der gesamten katholischen Christenheit Europas zur Mittagszeit die Glocken der Kirchen geläutet wurden. Außerdem wurde der Siegestag durch Einführung des Rosenkranzfestes gewürdigt, um an die Fürsprache der Jungfrau Maria während der Schlacht zu erinnern. Für Don Juan de Austria war dieser Sieg der Gipfelpunkt seiner Karriere und begründete seinen Ruhm. Lepanto wurde auch in sehr vielen Gemälden gewürdigt, darunter Tintorettos Riesenfresko im Dogenpalast in Venedig.

Kein Königreich für den Seehelden von Lepanto

Der bisher vom Erfolg so verwöhnte Juan de Austria hatte nun ehrgeizige Pläne und dachte daran, ein Königreich für sich selbst zu erobern. Gelegenheit dazu schien der spanische Angriff auf Tunis zu bieten. Der Habsburger traf am 8. Oktober 1573 mit seiner Flotte im Hafen von Goletta ein und nahm die Stadt ohne Widerstand in Besitz, worauf sich auch das benachbarte Bizerta freiwillig ergab. Don Juan wollte nun das Seeräubernest Tunis komplett einnehmen und einen eigenen Staat gründen. Doch scheiterte er mit seinem Anspruch auf eine Krone am Unwillen seines Halbbruders Philipp, der ihm, dem populären Heer- und Flottenführer, diesen Machtzuwachs nicht gönnen wollte. Der verhinderte Herrscher wurde stattdessen nach Italien beordert, um die inzwischen ausgebrochenen Unruhen in Genua unter Kontrolle zu bringen; Goletta und Bizerta gingen indessen wieder an die Osmanen verloren. Als Don Juan schließlich mit 96 Schiffen und 11.000 Mann zur Rückeroberung schreiten wollte, wurde er durch ungewöhnlich heftige Stürme so lang am Auslaufen gehindert, bis alle spanischen Besitzungen in Afrika wieder in der Hand der Türken waren.

Don Juan wollte das nicht hinnehmen und trachtete weiter danach, die Macht der Osmanen zu brechen. Doch König Philipp II. hatte für seine Vorschläge, die Flotte weiter zu vergrößern und neue große Offensiven zu beginnen, wenig Interesse, da er auf zu vielen Schauplätzen involviert war und Spanien die finanziellen Mittel ausgingen. Auch als Don Juan 1575 von seinem Bruder die Herrschaft über alle spanischen Besitzungen in Italien verlangte, lehnte dieser ab. Ebenso wollte er Don Juan nicht offiziell als Infanten von Spanien anerkennen.

Doch auch nach diesem Scheitern gab der ehrgeizige Prinz seinen Plan nicht auf, sich einen eigenen Machtbereich zu sichern. Von Seiten des Papstes wurde die Idee lanciert, die Katholiken Englands gegen die anglikanische Königin Elisabeth I. zu mobilisieren, wobei Don Juan mit einer Armee auf der Insel einfallen sollte. Der Plan sah weiter vor, die gefangene katholische Königin Maria Stuart zu befreien, die Juan dann heiraten wollte. Gemeinsam hätten sie den englischen Thron bestiegen. König Philipp II. zeigte sich nicht allzu begeistert von diesem tollkühnen Plan und brachte die Sache zu Fall. Er hatte auch ganz andere Pläne mit seinem Halbbruder. Da die Lage der spanischen Herrschaft in den Niederlanden äußerst problematisch war, schien dem König Don Juan als der beste Mann dafür. Zuvor war der eiserne Fernando Álvarez de Toledo y Pimentel, 3. Herzog von Alba, der als Statthalter mit äußerster Brutalität vorgegangen war, nach sechs Jahren in königliche Ungnade gefallen und dann dessen Nachfolger Luis de Requesens nach nicht langer Amtszeit 1576 gestorben. Nun sollte der tatkräftige Don Juan die gewünschte

Ordnung in dieser problematischen Region spanischer Herrschaft wiederherstellen und aufrechterhalten.

Philipp II. bestellte seinen Halbbruder im August 1576 zu sich nach Madrid und gab ihm Instruktionen für das Vorgehen als Statthalter in den Niederlanden. Don Juan reiste danach nach Paris, wo er angeblich mit einer Maske und als Mohr verkleidet die Stadt erkundete. Doch wurde er bald ersucht, möglichst rasch in seinem neuen Machtbereich zu erscheinen. Als er am 4. November 1576 in Luxemburg eintraf, sah er sich mit seinen neuen rebellischen Untertanen unter der Führerschaft von Prinz Moritz von Oranien konfrontiert, die seine Statthalterschaft erst anerkennen wollten, wenn er alle ihre geforderten Rechte garantiere. In der folgenden Zeit versuchte der Habsburger nun, zwischen den Forderungen des Adels und dem absoluten Härtekurs seines königlichen Halbbruders einen Ausgleich zu finden, was niemals gelang.

Don Juan zog als Generalstatthalter der Niederlande offiziell am 1. Mai 1577 feierlich in Brüssel ein. Doch erwies sich sein Amt auch weiterhin als recht problematisch. Als er ein neues Heer aufstellen wollte, um besser gegen Unruhestifter vorgehen zu können, erhoben sich seine niederländischen Untertanen und kündigten ihm am 7. Dezember 1577 den Gehorsam auf. Teile des Adels wählten den Bruder Kaiser Rudolfs II., Erzherzog Matthias, der ja auch ein Verwandter Don Juans war, zum Generalstatthalter. Letztlich enthoben sie diesen seines Amtes und erklärten ihn zum Staatsfeind. Damit war der bewaffnete Kampf unver-

meidlich. Don Juan ließ auf seinen Fahnen die folgende Devise anbringen: „In diesem Zeichen besiegt' ich die Türken und werde die Ketzer besiegen." Es kam zu heftigen militärischen Auseinandersetzungen, in deren Verlauf Don Juan 1578 zwar einen Sieg gegen die aufständischen Protestanten bei Gembloux erringen konnte, aber bei Mechelen am 1. August desselben Jahres eine Schlappe erlitt. Inzwischen hatte er sich auch den Unmut seines Halbbruders Philipp zugezogen und sah sich zunehmend isoliert. Er zog sich daraufhin in seine Festung Bouge bei Namur zurück, wo er in Depressionen verfiel und am 1. Oktober 1578 im Alter von nur 31 Jahren an einer schweren Krankheit, die von den Ärzten als „hitziges Fieber" beschrieben wurde, starb. Angetrieben von seinem Wahlspruch „Wer nicht vorwärts strebt, geht zurück", hatte er stets einen kaum kontrollierbaren Ehrgeiz an den Tag gelegt. Als er schließlich in einer scheinbar ausweglosen Situation landete, gab er sich selbst auf. So starb Österreichs erster Seeheld einen sehr österreichischen Tod, der so gar nicht zu ihm zu passen scheint.

Don Juan de Austria: Symbol des Heldentums

Später wurde beklagt, dass Don Juan mit mehr Förderung durch seinen Halbbruder Philipp sicher mehr hätte erreichen können. Doch dieser hatte ihm stets seine Popularität geneidet. Ein Urgroßneffe des Siegers von Lepanto, der ebenfalls auf den Namen Don Juan de Austria hörte (1629–1679), war

Starb jung am „hitzigen Fieber": Don Juan de Austria,
Grabstätte in der Gruft des Escorial

ein unehelicher Sohn König Philipps IV. von Spanien. Dieser Don Juan zeichnete sich 1647 vor Neapel aus, als er im Kampf gegen Aufständische die Flotte befehligte. Er war auch als Heerführer bei der Unterdrückung einer Erhebung in Katalonien und bei der Einnahme von Barcelona erfolgreich und kämpfte nicht ohne Erfolg während der Jahre 1661 bis 1663 in Portugal.

Am 20. Juli 1866 nahm eine Panzerfregatte, die nach dem großen Seesieger *Juan d'Austria* benannt worden war, an einer Seeschlacht teil, die man guten Gewissens mit Lepanto vergleichen kann – Lissa. Dieses Schiff soll angeblich nicht sehr seetüchtig gewesen sein, aber das waren auch Don Juans

Galeeren nicht gewesen. Die gepanzerte *Juan d'Austria* zählte eine Besatzung von 386 Mann, verfügte über 28 Geschütze und war über 70 Meter lang. Sie hätte wohl im Alleingang die gesamte osmanische Flotte bei Lepanto zerstören können. Bei Lissa gab sie insgesamt 277 Schuss ab, erhielt 41 Treffer und hatte dabei nur Mannschaftsverluste von einem Toten und vier Verwundeten. Der Kapitän erhielt wegen seiner Heldenhaftigkeit einen hohen Orden. Bereits 1874 wurde die *Juan d'Austria* abgewrackt, sie war von der technischen Entwicklung bereits überholt worden. Bei den Kriegsgaleeren aus der Zeit Don Juans dagegen hatte sich oft jahrhundertelang technisch nichts geändert.

Von der Adria in den Golf von Bengalen
Koloniale Abenteuer

VON DER ADRIA IN DEN GOLF VON BENGALEN

Koloniale Abenteuer

An einem grauen Oktobertag des Jahres 1797 wurde auf dem Markusplatz, dem Herzen der großen alten Lagunenstadt Venedig, die Fahne des Markuslöwen, unter dem sie so viele Jahrhunderte eine bedeutende Seemacht gewesen war, eingeholt und die rot-weiß-rote Flagge der Österreicher aufgezogen. Gleichzeitig wehte die Fahne des habsburgischen Reiches nun auch vor dem Tor des berühmten venezianischen Arsenals und von den im Hafen befindlichen Kriegsschiffen. *Casca il mondo!* (Die Welt stürzt ein!), wird sich wohl so mancher Venezianer gedacht haben. Nach vielen Jahrhunderten stolzer Unabhängigkeit war die Stadt nun Teil des habsburgischen Reichs geworden. Und die Österreicher waren eine Seemacht – wieder einmal …

Die erste Möglichkeit zur Bildung einer Habsburger Seemacht ergab sich durch die Eingliederung der Hafenstadt Triest in deren Herrschaftsbereich im Jahr 1382. Zu diesem Zeitpunkt war man jedoch noch sehr weit von der Bildung einer Flotte entfernt und hatte sich durch den Zugang zum Meer eher einige Probleme eingehandelt: Das damals noch sehr mächtige Venedig war die unbestrittene Herrscherin der Adria und duldete keine Konkurrenz. So beließen es die Habsburger vorerst bei der kleinen Handelsflotte der Stadt Triest. Als im 16. Jahrhundert durch die Erwerbung Ungarns auch noch weitere Gebiete an der Adria an das Haus Habsburg fielen, änderte sich nicht viel an der nicht vorhandenen Flottenpolitik des österreichischen Erzhauses. Während der spanische Teil der Verwandtschaft zur bedeutendsten Seemacht der Welt aufstieg, waren die wenigen habsburgischen Handelsschiffe in der Adria weitgehend schutzlos den Angriffen türkischer Korsaren ausgeliefert. Wenn man in den Bau von Kriegsschiffen investierte, dann tat man das von Wien aus fast ausschließlich für den Krieg auf der Donau, wo man sich gewisse Erfolge gegen den osmanischen Vormarsch erwartete. So entstand die erste österreichische Kriegsflotte im Binnenland und wurde gemeinsam mit Schiffs-

Die Seemacht Venedig duldete keine Konkurrenz: Kupferstich von Giacomo Frácho, 1580

brücken und Sperrketten zur Unterstützung des Landkriegs eingesetzt. Schließlich wurden 1528 doch einige bewaffnete Schiffe in Triest ausgerüstet, die die Fahne des Heiligen Römischen Reichs führten, unter der auch Magellan 1519 die Welt umsegelt hatte. Es gab in der Folge immer wieder einige bewaffnete Segelschiffe, die gewisse Küstenschutzfunktionen erfüllten, doch kann man dabei noch nicht ernsthaft von einer Kriegsmarine sprechen.

Das Projekt des Oberbefehlshabers

Immerhin wurden 1540 dem kaiserlichen Fahneneid die Worte „zu Wasser und zu Land" beigefügt, die sogar bis 1918 Gültigkeit haben sollten. Fast zeitgleich flohen tausende Christen aus den osmanisch besetzten Gebieten des Balkans an die nun habsburgische nördliche Adriaküste. Hier bildete sich nun erstmals etwas heraus, was man als Keimzelle einer österreichischen Hochseeflotte betrachten kann. Während die bedeutenden Küstenstädte Triest und Fiume in Erwartung türkischer Angriffe stark befestigt wurden, bildeten die Flüchtlinge als Uskoken einen milizartigen Grenzschutz, der bereits über schnelle kleine Schiffe verfügte. Diese nicht sehr zuverlässigen Bundesgenossen, die auch vor Piraterie gegen befreundete Mächte wie Venedig nicht zurückschreckten, blieben für lange Zeit die österreichische Seemacht in der Adria.

Da sich wegen der Aktionen der Uskoken gegen Venedig und dessen Strafexpeditionen gegen die Piraten ein Kleinkrieg zwischen den Herzögen von Innerösterreich und der Serenissima entwickelte, schien für die Habsburger nun auch ein Bedarf an

Sehnsucht nach exotischen Fernen im 18. Jh. in Österreich: Gemälde von Nepomuk Bergl in Schloss Ober St. Veit

größeren Schiffen gegeben. Man engagierte einen Fachmann, den englischen Kapitän Robert Elliot, der der maritimen Aufrüstung mit Rat und Tat zur Seite stehen sollte. Zwei große Galeeren wurden ab 1615 in Triest gebaut, jedoch wieder abgewrackt, als man sich mit Venedig auf einen Frieden einigte. Man verbrannte nun auch die Schiffe der Uskoken, um Venedig keinen weiteren Kriegsgrund zu liefern.

Der Dreißigjährige Krieg gebar ein heute recht maßlos anmutendes Projekt des kaiserlichen Oberbefehlshabers Albrecht Wenzel Eusebius von Wallenstein. Er wollte eine große kaiserliche Flotte für die Nord- und Ostsee bauen, um damit seinen Eroberungszug gegen die protestantischen Länder zum Abschluss zu bringen. Weshalb ihm Kaiser Ferdinand II. auch etwas voreilig den pompösen Titel „Generalkapitän des Ozeanischen und Baltischen Meeres und der aufhabenden Armada" verlieh. Als sich die Kriegslage zu Ungunsten der Kaiserlichen

wendete, wurde der Traum einer österreichischen Nordseeflotte lange vor Tegetthoff rasch begraben; er starb endgültig mit der Ermordung Wallensteins. Als während der langen Türkenkriege, die auf den Dreißigjährigen Krieg folgten, auf habsburgischer Seite wieder viele Flusskriegsschiffe eingesetzt wurden, war man in der Adria lange Zeit relativ wehrlos.

Der Spanische Erbfolgekrieg zeigte dann die völlige Abhängigkeit der Habsburger von den Schiffen ihrer englischen Verbündeten. Vor allem der Krieg in Spanien wäre ohne Englands Flotte nicht möglich gewesen. Als sich das verbündete England aus dem Erbfolgekrieg zurückzog, war es auch um den greifbar nahen totalen Sieg der Habsburger geschehen. Man musste sich mit einem Teil der Erbschaft zufrieden geben, der jedoch gewaltig genug war. Durch den Erwerb der Spanischen Niederlande hatte der Kaiser mit einem Male eine große Handelsflotte unter seiner Kontrolle und zudem einige größere Kriegsschiffe in Neapel erhalten. Immerhin segelten zwischen 1715 und 1723 insgesamt 34 Handelsschiffe unter kaiserlicher Flagge an die Küsten Indiens und sogar bis nach China. Der stets mit Weitblick agierende kaiserliche Feldherr und Ratgeber Prinz Eugen überredete den Kaiser zu zwei zukunftsweisenden Projekten: Erstens sollte eine Kaiserliche Ost- und Westindische Handelskompanie gegründet und zweitens eine kampfstarke habsburgische Kriegsflotte aufgestellt werden. Beide Projekte wurden in die Wege geleitet.

Die Handelskompanie erhielt das Privileg, unter kaiserlicher Flagge zu segeln, und wurde rasch zu einem erfolgreichen Unternehmen. Kaiserliche Schiffe befuhren nun alle Weltmeere und bereits 1719 wurde an der ostindischen Koromandelküste ein befestigter Handelsstützpunkt errichtet. Auch an der westafrikanischen Guineaküste, im chinesischen Kanton und an der indischen Malabarküste entstanden Faktoreien der habsburgischen Handelskompanie. Gleich drei Schiffe der Kompanie wurden nach dem Prinzen Eugen benannt, und die Gewinne aus dem Fernhandel stiegen von Jahr zu Jahr. Die schon lang zuvor etablierten Seemächte England, Frankreich, die Niederlande und Portugal waren natürlich alles andere als erfreut über die neue, aufstrebende Konkurrenz durch die Habsburger.

Die desolate Flotte des Kaisers

Es war schließlich Kaiser Karl VI. selbst, der sein eigenes so erfolgreiches Projekt zu Fall brachte. Im Zuge der unseligen Pragmatischen Sanktion erkaufte er sich die letztlich wertlosen Unterschriften für die Thronfolge seiner Tochter Maria Theresia durch die Liquidierung der Ostindischen Kompanie. Damit versetzte er 1732 dem so hoffnungsvoll begonnenen Aufstieg seines Reichs zu einer bedeutenden Seemacht den Todesstoß. Als Ausgleich dazu versuchte der glücklose Kaiser, den Küstengebieten an der Adria neues Leben einzuhauchen. Infrastrukturprojekte aller Art wurden in Angriff genommen und auch die Handelsschifffahrt gefördert, aber das war ein völlig unzureichender Ersatz für die Ostindische Kompanie. Österreich hatte wieder einmal den Anschluss verpasst.

Die vom Königreich Neapel übernommenen Kriegsschiffe waren in keinem guten Zustand und bereits mehr oder weniger Opfer der gefürchteten Bohrwürmer. Bezüglich der Kriegsmarine ging man nun andere Wege und engagierte wieder einen britischen Experten: Vizeadmiral Deigham wurde 1725 zum Kommandanten der Österreichischen Marine ernannt. In der Werft des Marinearsenals von Triest wurden nun große Kriegsschiffe bis hin zum Linienschiff gebaut. Die später so benannte *Alte Triestiner Marine* war ins Leben gerufen. Sie sollte keine große Zukunft haben, da man ihr niemals die nötigen finanziellen Mittel zur Verfügung stellte. Ab 1730 trat ein eigenes Marinereglement in Kraft und schon bald gab es auch einen neuen Marinekommandanten – Graf Luca Pallavicini, einen gebürtigen Genuesen. Er wurde Befehlshaber der zunehmend stiefmütterlich behandelten Kriegsmarine und erhielt den hochtrabenden Titel „General der Galeeren und übrigen Marine". Der arme Pallavicini musste die Ausrüstung der Flotte und die Löhne der Matrosen und Seesoldaten teilweise aus eigener Tasche bezahlen und einen ständigen Kampf um das Geld mit den zuständigen Behörden in Wien führen, was ihn schließlich zermürbte. Es war auch eine der vielen Fehlentscheidungen Karls VI., dass man die neue Flotte 1733 im Krieg gegen

Frankreich und Spanien nicht richtig einsetzte, woraufhin man Neapel und Sizilien verlor. Es sollte noch schlimmer kommen, denn in der Folge, verursacht durch die desaströse Finanzsituation am Ende der Regierungszeit Kaiser Karls VI., wurde die Flotte nun völlig vernachlässigt. Mannschaften und Kanonen der Triestiner Flotte wurden an die Donau gebracht, um im völlig verfahrenen Türkenkrieg des Kaisers eingesetzt zu werden. Die Hochseeschiffe verkamen immer mehr und 1737 versank das von Würmern zerfressene und von Ratten verseuchte Linienschiff *San Carlo* im Hafen von Triest. Die kaiserliche Kriegsmarine wurde nach diesem traurigen Fanal ihrem Schicksal überlassen und eigentlich aufgegeben. Da man die Marine zwang, einen Großteil der Ausrüstung an die Donauflottille zur Abschreckung der Türken zu übergeben, war es dann auch fast logisch, dass die Schiffe an Venedig verkauft wurden. Womit das Experiment einer Kriegsmarine vorerst beendet war.

Die österreichische Handelsgesellschaft

Ende des 18. Jahrhunderts scheiterte das vielleicht aussichtsreichste koloniale Unternehmen unter Österreichs Fahne: Wilhelm Bolts, dessen Person und Geschichte in jeden guten Abenteuerroman passen könnte, setzte alles daran, um Kaiserin Maria Theresia Kolonien zu verschaffen. Bolts wurde 1740 als Sohn deutscher Eltern in Amsterdam geboren und trat schon mit 19 Jahren in den Dienst der britischen Ostindienkompanie. Hier bewies er großes organisatorisches und kaufmännisches Talent und wurde rasch vermögend. Allerdings war er eine sehr problematische Persönlichkeit und alles andere als konfliktscheu, was dazu führte, dass er sich bei den Engländern und Indern sehr unbeliebt machte. Als Bolts von der Ostindienkompanie entlassen wurde, wollte er in Indien bleiben und zögerte den Verkauf seines Besitzes hinaus. Er wurde schließlich unfreiwillig nach Europa verschifft und sein Eigentum beschlagnahmt. Bolts wollte sich das nicht gefallen lassen und führte in London einen Prozess gegen die Ostindienkompanie, den er aber verlor. So sah er sich schließlich nach einem neuen Betätigungsfeld um, bei dem er seine Erfahrungen einbringen konnte. Er überreichte im Oktober 1775 dem österreichischen Gesandten in London eine Denkschrift, in der er die Gründung einer österreichischen kaiserlich privilegierten Handelsgesellschaft für jene Gebiete vorschlug, die man damals mit Ostindien bezeichnete. Da er durch seine Erzählungen einen gewissen Eindruck machte, wurde er nach Wien empfohlen, wo er erfolgreich mit Kanzler Kaunitz verhandelte. Wider Erwarten zeigte sich auch die sonst nicht sehr experimentierfreudige Maria Theresia an dieser Idee interessiert und gestattete die Gründung einer Handelsgesellschaft, die das kaiserliche Privileg und das Recht zur Führung der Reichsflagge mit dem Doppeladler erhielt. Bolts entfaltete nun fieberhafte Aktivitäten und beschaffte sich trotz vieler Widerstände die nötigen Geldmittel. Er agierte nun recht abenteuerlich und kaufte ein Schiff in England, dessen

Im Kuppelfresko des Prunksaals der Österr. Nationalbibliothek verewigt: die Kriegsflotte Karls VI.

Flagge er auf hoher See gegen die österreichische tauschte und das er *Joseph und Theresia* taufte. Die Besatzung versuchte daraufhin zu meutern, doch Bolts setzte sich durch. Nach weiteren Schwierigkeiten, die das Unternehmen beinahe zu Fall brachten, konnte Bolts in Livorno eine Ladung Waffen und österreichische Seesoldaten an Bord nehmen. Dann begab er sich am 24. September 1776 mit 155 Mann Besatzung auf große Fahrt. Auf dem Weg nach Indien kaufte Bolts einigen einheimischen Häuptlingen die nördlich vom Kap der Guten Hoffnung gelegene Delago Bay ab und gründete eine österreichische Niederlassung auf afrikanischem Boden. Es wurden eine kleine Befestigungsanlage errichtet und elf Mann und eine Kanone in der kleinen Kolonie zurückgelassen. Bolts schrieb sofort nach Wien und verlangte einen Gouverneur, Beamte, mehrere hundert Kolonisten, Facharbeiter und Soldaten für diese neue Besitzung. Sein Antrag wurde niemals erledigt.

Im September 1777 traf die *Joseph und Theresia* endlich im Hafen von Surat in der Nähe von Bombay ein, und Bolts konnte den

Bewohner der Nikobaren, Kupferstich, 18. Jh.

einen österreichischen Stützpunkt zu gründen. Nancavery hatte einen großen natürlichen Hafen, der Bolts ideal erschien. Hierließ er eine kleine Befestigung errichten und mit sechs Leuten bemannen. Bolts hoffte, dass diese Gründung zum Kern einer erfolgreichen österreichischen Kolonie werden könnte, auch wenn das Klima für Europäer alles andere als optimal war.

Inzwischen hatten die in diesem Raum bereits etablierten europäischen Mächte von den österreichischen Aktivitäten erfahren und gerieten in Unruhe. Besonders Portugal fühlte sich in seinem Einfluss bedroht. Bolts segelte nun nach Kalkutta, um sich um seinen privaten Streit mit der englischen Ostindienkompanie zu kümmern. Hier gab es massive Probleme und Schikanen gegen ihn. Dennoch kaufte Bolts auf Mauritius drei weitere Schiffe, die er seiner kleinen Flotte unter österreichischem Namen eingliederte. Inzwischen kamen auch die ersten seiner Schiffe und Nachrichten über seine Gründungen nach Europa. Dort hatten aber seine ehemaligen Förderer mittlerweile eigene Pläne und schickten in Eigenregie ein großes Handelsschiff nach China. Es zeigte sich auch bald, dass weder Triest noch Livorno Bedarf an so vielen hochpreisigen Gütern aus Asien hatten, und Kaiser Joseph II. wollte den Überseehandel überhaupt in die Österreichischen Niederlande verlagern. An eine Unterstützung von Bolts Kleinkolonien dachte man sowieso

Großteil seiner Ladung verkaufen. Doch wurde er nun Opfer eines Betrugs und erlitt einigen finanziellen Schaden. In dieser Lage nützte er geschickt das Kriegsverhältnis zwischen England und Frankreich aus und kaufte das Schiff eines verschreckten Engländers, der den Vorteil der österreichischen Flagge erkannte.

Das neue Fahrzeug hieß nun *Fürst Kaunitz* und wurde mit chinesischer Fracht nach Europa geschickt. Bolts konnte auch freundschaftliche Kontakte mit dem mächtigen indischen Fürsten Hyder Ali in die Wege leiten, was ihm die Gründung von drei österreichischen Faktoreien an der Malabarküste ermöglichte. Im Mai 1778 segelte die *Joseph und Theresia* in Richtung Osten weiter, um auf Nancavery (heute Nancowry), einer der Inseln der Nikobaren, die strategisch sehr günstig am Seeweg nach China lagen,

nicht ernsthaft. Während sich der unterdessen nach Österreich zurückgekehrte Bolts in endlosen Streitereien und Intrigen verzettelte, wurde die Delagoa Bay von den Portugiesen erobert und die Forts zerstört. Auf den Nikobaren starben die wenigen Kolonisten bald an Krankheiten und an Hunger. In Wien war man davon ziemlich ungerührt. Dort gab sich Bolts neuen fantastischen Plänen hin, wie der Suche nach der Nordwestpassage und einer großen Weltumsegelung. Indessen wurden auch die Faktoreien an der Malabarküste Opfer kriegerischer Auseinandersetzungen zwischen indischen Fürsten und den Engländern. Schließlich konnten zumindest die beiden Faktoreien in Carwar und Mangalore erhalten werden, was aber nicht der österreichischen Regierung, sondern einer Gruppe privater Kaufleute zu verdanken war. Bolts koloniale Pläne wurden aber nie verwirklicht, und der völlig verarmte Abenteurer starb 1808 in Paris in einem Armenspital.

Venedig wird österreichisch

Joseph II., der die österreichischen Kolonialgeschäfte als „sehr verworren" bezeichnete, ließ die Überseeprojekte sterben, kümmerte sich aber mit einem Flaggenbefehl im Jahr 1786 um die winzige in Triest befindliche österreichische Marine. Statt des bisherigen kaiserlichen schwarzen Doppeladlers im goldenen Feld wurde eine Flagge in den Farben Rot-Weiß-Rot eingeführt. Alle Schiffe und maritimen Einrichtungen der Monarchie

führten von nun an diese Flagge, die zuletzt am 1. November 1918 an Bord der *Viribus Unitis* eingeholt wurde. Außerdem wurden zwei in Oostende gekaufte Kutter, die man nach Triest überstellte, als Kriegsschiffe in Dienst gestellt. Dort kamen sie am 4. Oktober 1786 an – ein Datum, das viele für den eigentlichen Gründungstag der bis 1918 bestehenden Österreichischen Marine halten. Eine erste Planung für eine österreichische Weltumsegelung unter Führung des Geologen Ignaz von Born scheiterte gegen Ende der Regierungszeit am Gesundheitszustand Borns und wohl auch an jenem Josephs II. Diese Weltumsegelung sollte erst 60 Jahre später erfolgen (siehe Kapitel 7, Seite 92). Zu Beginn des Jahres 1797 bestand die österreichische Flotte jedenfalls nur aus den erwähnten zwei kleineren Segelschiffen und einigen Kanonenbooten, die in einem unbedeutenden Hafen südlich von Fiume auf ihr weiteres Schicksal warteten. Dann kam es zu einer ersten Bewährungsprobe der kleinen österreichischen Seemacht. Als französische Schiffe am 26. März 1797 einen österreichischen Konvoi angriffen, flohen die Schiffe in den neutralen venezianischen Hafen Cittanuova, in dem das venezianische Linienschiff *Eolo* vor Anker lag. Die Venezianer wehrten nun gemeinsam mit den kleinen österreichischen Kanonierschaluppen die Franzosen ab und fügten ihnen erhebliche Verluste zu. Nach diesem Seesieg konnte der Konvoi unbehelligt seinen Bestimmungsort erreichen. In der Folge griffen die österreichischen Kutter und Kanonenboote sogar französische Schiffe an und beschossen Landziele, sehr zum Ärger der Franzosen. Dieser Vorfall führte schließ-

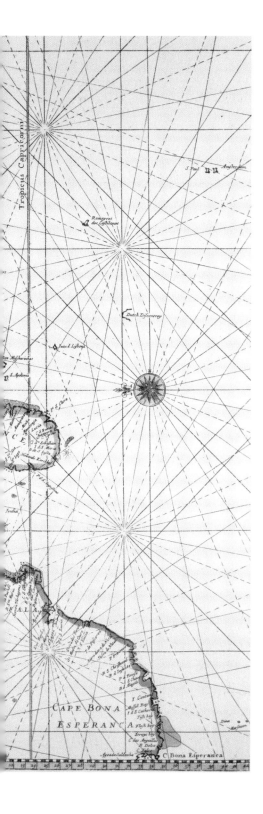

lich zu einem Ultimatum Napoleons an Venedig, das in einen Krieg und die Besetzung der Lagunenstadt mündete. Die Schüsse der *Eolo* hatten das Ende der Republik Venedig herbeigeführt – und Österreich als ihr alter Konkurrent sollte nun ihr Erbe werden!

„Österreich wird niemals eine Seemacht sein!", soll Napoleon einmal gesagt haben. Doch als Österreich im Frieden von Campo Formio am 17. Oktober 1797 Venedig und dessen Flotte übernahm, waren 22 Linienschiffe und 15 Fregatten vorhanden. Das war eine große Anzahl, mit der man eigentlich kaum etwas anzufangen wusste. Als 1799 der von den Franzosen besetzte Hafen Ancona zur Übergabe gezwungen wurde, kamen fünf weitere Linienschiffe in den Besitz der Habsburger. Doch in Wien hatte man für diese sehr kampfstarken Schiffe keine bessere Verwendung, als sie einfach abzuwracken! Es wurde ein neuer Marinekommandant bestellt: Graf L'Espine. Er sollte eine neue schlagkräftige Kriegsmarine aufbauen. 1800 wurde in Wien ein Marine-Oberkommando eingerichtet, das ab 1801 unter dem Kommando von Erzherzog Carl stand. 1803 gab es eine Dienstvorschrift für die neue Marine, die nun *venezianisch-österreichisch* hieß. Allerdings wurde die italienische Sprache beibehalten, wenngleich man zumindest von den Seekadetten die Beherrschung der deutschen Sprache erwartete. Aus einer weiteren positiven Entwicklung wurde aber durch die Niederlage gegen Napoleon von 1805 nichts. Die habsburgische Fahne verschwand für einige Jahre wieder aus der Adria. Die Franzosen beschlagnahmten nach der erneuten Okkupation Venedigs durch Napoleon kurzerhand einen großen Teil der Schiffe. Als Österreich nach fünf Jahren 1814 erneut in den Besitz der Stadt kam, befanden sich dort noch vier ausgerüstete Linienschiffe und sechs in Bau, zwei Fregatten ausgerüstet und fünf in Bau, zwei Korvetten ausgerüstet. Die im Bau befindlichen Linienschiffe wurden zerlegt, da man keinen Bedarf an ihnen sah. Die Flotte sollte nach dem Willen der Verantwortlichen in erster Linie zum Schutz Dalmatiens da sein. Während der Biedermeierzeit blieb die Flotte relativ unbedeutend, und die Handelsschiffe hatten für ihren eigenen Schutz zu sorgen.

Bewaffnete Handelsmarineure

Eine frühe Heldengeschichte gibt es von der Brigantine *Skanderbeg* zu berichten, die im Jahre 1800 bewaffneten Handel trieb und im östlichen Mittelmeer von einem französischen Kaperschiff verfolgt und angegriffen wurde. Der scheinbar aussichtslose Kampf gegen den mit doppelt so vielen Kanonen und der zehnfachen (!) Besatzung ausgerüsteten Franzosen entwickelte sich durch die listenreiche und tapfere Kampfführung der Männer der *Skanderbeg* ziemlich unerwartet. Durch geschickten Einsatz der wenigen Kanonen des bewaffneten Kauffahrers, die mit vielen Bleikugeln geladen wurden, und

durch einen tapferen Kampf Mann gegen Mann blieben letztlich auf Seiten der Franzosen 64 Mann tot liegen, während die *Skanderbeg*-Besatzung nur zwei Tote und ein Dutzend Verwundete zu beklagen hatte. Das Korsarenschiff verließ den Kampfplatz, und die Besatzung erzählte wahre Schaudergeschichten von den „schrecklichen Teufeln" unter rot-weiß-roter Flagge. Die Leute der *Skanderbeg* erhielten hohe Auszeichnungen vom Kaiser, der über diesen Prestigeerfolg hoch erfreut war.

Für den Nachwuchs in der Marine wurde das k.k. Marine-Cadetten-Kollegium errichtet, wo sich die angehenden Offiziere mit der italienischen Sprache, ihrem Heimweh und der strengen Disziplin herumplagen mussten. Für diese Kadetten war es natürlich am wichtigsten, einmal mit einem der Schiffe auf große Fahrt zu gehen. Gelegenheiten für allzu weite Reisen gab es zu Beginn wenige, denn die große Zeit der österreichischen Weltumsegelungen sollte erst kommen. Doch brachte zum Beispiel die Überführung der Kaisertochter Leopoldine zu ihrem Bräutigam Pedro I. nach Brasilien im Jahre 1817 eine dieser Gelegenheiten. Für die kaum antlantikgewohnten Seeleute an Bord der *Austria* und der *Augusta* war diese Reise ein ziemliches Wagnis, insbesondere weil die k.k. Marine damals nicht einmal genügend Instrumente zur Positionsbestimmung an Bord ihrer Schiffe hatte. Trotz aller Hindernisse und eines schweren Sturms überstanden die Prinzessin und ihr Gefolge die Reise nach Brasilien, wo die Habsburgerin allerdings nicht mehr lang zu leben hatte. Auf dieser Reise begleiteten sie auch einige österreichische Gelehrte, Sammler und Maler, die mit einer großen Ausbeute an Materialien aus den verschiedenen Regionen Brasiliens zurückkehrten. So entstand ein *Brasilianisches Museum*, und diese Reise wurde eine Art Vorbild für spätere Übersee-Expeditionen der Kriegsmarine. 1820 wurden österreichische Diplomaten nach Brasilien und China gebracht, wobei ein großer Teil der Besatzung der Cholera zum Opfer fiel.

Der Schwerpunkt der kleinen Marine blieb aber für sehr lange Zeit das Mittelmeer, hier gab es auch genug zu tun, denn das Biedermeier war in dieser Region eine eher unruhige Zeit. Während die Handelsflotte bereits auf Expansion setzte, blieb die kleine Kriegsmarine auf ihren eng umgrenzten Raum beschränkt. Auch wenn bereits 1805 eine Verordnung vorsah, dass alle Angehörigen der Marine Deutsch zu lernen hätten, so blieb die Dienst- und Kommandosprache bis 1848 doch Italienisch. Es gab immer wieder Berichte, wonach Angehörige der k. k. Kriegsmarine kein Wort Deutsch konnten.

Es war eine seltsame Welt, diese venezianisch-österreichische Marine, die eigenen Regeln gehorchte. So waren die Kriegsschiffe vor dem Jahr 1848 trotz Verbot faktisch die Privatfahrzeuge ihrer Kommandanten. Man sparte, so gut man konnte, und verwendete nicht selten offizielle Gelder für private

Der Golf von Bengalen in einem kolorierten Kupferstich aus der zweiten Hälfte des 18. Jhs.

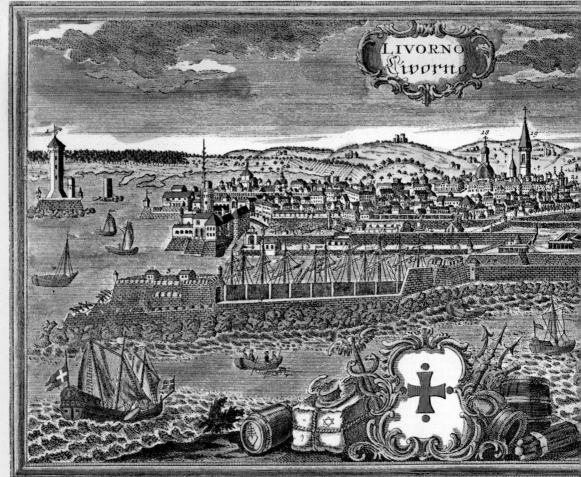

LIVORNO
Livorno

1. Mazocca. 2. Fortezza Vechia. 3. Fortezza de granadere. 4. Alla Bocca. 5. PP. de SS. Tri- 1. Leucht-Thurn. 2. Alte Festung. 3. J
nitate. 6. PP. Domenican. 7. Porto. 8. Mola. 9. Porta à S. Marco. 10. Porta nuova. 11. Magaz- Dominicaner. 7. der Hafen. 8. sei
zino del Sale e di Tabacco 12. Statua di bronzo del gran Duco di Firenza con quatro Schi- Tobact Magazin. 12. Statua des
avi Turci. 13. Arsenale. 14. PP. Giesuiti. 15. PP. Franciscani 16. Portu Corneli. 17. Alla Fortu- Erd. 13. Zeughaus. 14. PP. Iesuiter. 15
na 18. Chiesa Armenian. 19. Chiesa Greca. 20. Il Duomo. 21. la Misericordia. 22. S. Bar- tina. 18. Armenische Kirch. 19. Grie
bara Hospedale. 23. Palazzo del Consilio. 24. Dogana. 25. Lanterna. 26. Lazzaretto. teif. 22. S. Barbara Spital. 23. Rathh
27. PP. Capucini.

Fridr. Bernh. Werner del.   C. Pr. S. C. Maj.   I. G. Ringlin del.

Grenadier. 4. Haupt thor. 5. P.P. Trinitarier. 6. PP.
ann. 9. S. Marcus thor. 10. Neues thor. 11. Saß u.
Segs von Florenz mit 4. türckischen Sclaven von
Mrcuri. 16. Cornelius Thor. 17. Bastion alla For-
rß. 20. Dom Kirche. 21. Kirche von der Barmherzig
haus. 25. Latern oder leucht Churn. 26. Sadareh
. Capuciner.

Mart. Engelbrecht excud. A.V.

Zwecke. Die Offiziere hatten ihre Familien zu versorgen, deshalb floss viel Kapital in private Kanäle. Oft hatte diese Art der Teilprivatisierung der kaiserlichen Marine sehr skurrile Seiten, wie etwa folgende Geschichte zeigt:

Der Kommandant und der Erste Leutnant einer Korvette hatten Grundstücke auf der Insel Lussin. Sie segelten deshalb ohne offizielle Order nach Dalmatien und konstruierten dort zwei Flöße, die sie zu beiden Seiten des Schiffs vertäuten. Das eine Floß gehörte dem Kommandanten, das andere dem Leutnant. Diese Konstruktion sollte der Düngergewinnung aus menschlichen Exkrementen dienen. Die Mannschaft hatte nun die Notdurft auf jenes Floß zu verrichten, mit dessen Eigentümern sie zufriedener waren. Was die rauen Seeleute nicht weiter störte. So kam es bei dieser merkwürdigen Düngergewinnung auch noch zu einer positiven Bewertung der Führungsqualitäten und der Beliebtheit der Vorgesetzten.

Es versteht sich wohl von selbst, dass eine Flotte, die derartig geführt wurde, was damals bei den Landheeren nicht mehr möglich war, ihre Schwächen hatte. Genauso wie das alte Venedig unaufhörlich weiter verfiel, tat es in gewisser Weise auch ein großer Teil seiner ehemaligen Flotte, obwohl die neuen offiziellen Herren nun in Wien saßen. Doch es gab einige fähige und mutige Seeleute in dieser k. k. Marine, die durchaus bereit und fähig waren, Heldenhaftes zu vollbringen.

Einige davon werden in den nächsten Kapiteln vorgestellt.

1549 **1785–1847** 1831 1801 1849 1916 1883 1871 1897 1880 1941 1871 1986

Franz von Bandiera

Der nationale Zwiespalt

FRANZ VON BANDIERA

Der nationale Zwiespalt

Die Seeleute des Segelschiffzeitalters hatten vor vielen Situationen große Bangnis. Neben der Angst vor Schiffbruch im Sturm gab es auch große Furcht vor sagenhaften Meeresungeheuern. Noch mehr aber fürchtete man die Piraterie. Das 19. Jahrhundert war zwar nicht die Blütezeit der Seeräuber, doch waren sie in einigen Teilen des Mittelmeers besonders häufig tätig. Am 30. Juli 1828 kam dieser Schrecken über ein kleines österreichisches Schiff namens *Veloce*. Die mit Wein und Oliven aus Triest beladene Handelsbrigantine unter ihrem Kapitän Gasparo Blanzinich sah sich vor der spanischen Küste plötzlich einem fremden Kriegsschiff gegenüber, das zum Angriff überging.

Das fremde Schiff war eine marokkanische Brigg mit dem Namen *Rabbia el Gheir* unter dem Kapitän Mulai Abd el Rahman Bargas. Er war auf der Suche nach Beute und da kam der österreichische Kauffahrer gerade recht. An wirksame Gegenwehr war kaum zu denken und rasch war die *Veloce*

in der Hand der Piraten. Der Vorfall spielte sich nicht weit von der spanischen Stadt Cádiz, fast in Sichtweite der Küste ab, was einiges über die Sicherheit der Seefahrt in dieser Region zu jener Zeit besagt. Immerhin hatten zwischen 1771 und 1816 Piraten aus den *Barbaresken*-Staaten allein 62 österreichische Handelsschiffe aufgebracht. Dieser Trend hielt in den folgenden Jahren weiter an und konnte nur durch Korruption der jeweiligen Machthaber etwas gemildert werden.

Statt die geplante Fahrt nach Rio de Janeiro fortsetzen zu können, wurde die *Veloce* nun in den marokkanischen Hafen Rabat gebracht. An Bord wurde die Flagge Marokkos gehisst, die Kanonen der gekaperten Brigantine mussten dazu einen Salut von 21 Schüssen abgeben. Danach wurde die Mannschaft in devoter Haltung an Land getrieben, wobei die Menge jubelte. Dann gab es eine mehrtägige Triumphfeier, bei der den österreichischen Matrosen, die größtenteils italienischer Herkunft waren, übel mitgespielt wurde. Sie wurden mit Steinen beworfen, beschimpft, misshandelt und gedemütigt. Man führte die Gefangenen auch dem Sultan und hohen Würdenträgern vor, wonach sie schließlich der Judengemeinde der Stadt Fez übergeben wurden, welche den Auftrag hatte, sie im Ghetto zu inhaftieren. Wie nicht anders zu erwarten, wurde die Ladung des gekaperten Schiffes beschlagnahmt.

Als der dänische Konsul intervenierte, lenkte der Sultan ein und ließ die Gefangenen nach Tanger bringen, wo sie unter besseren Bedingungen interniert wurden. Die Nachricht von den Geschehnissen erreichte die österreichische Botschaft in Madrid und man alarmierte so rasch wie möglich die Zentralstellen in Wien. Da weitere österreichische Handelsschiffe

Unterstützte die Piraterie: Sultan Mulai Abd el Rahman (Eugène Delacroix: Moulay Abd-er-Rahman, sultan du Maroc, sortant de son palais de Meknes)

vor der spanischen Küste erwartet wurden, herrschte große Besorgnis und man ersuchte die Kriegsmarine um Schutz. Bald kam aus Wien auch der Befehl zum Einsatz der „zweckmäßigen Gewalt der Waffen". Eines der denkwürdigsten Abenteuer der österreichischen Marine nahm seinen Anfang. Ein österreichisches Flottenunternehmen gegen Marokko wurde auf Befehl Metternichs auf die Wege gebracht. Der Kommandant dieser Operation hieß Franz von Bandiera, der einer der tragischen Helden der österreichischen Marine wurde.

Franz Freiherr von Bandiera wurde am 24. Mai 1785 in Venedig geboren. Sein Vater entstammte einem angesehenen venezianischen Geschlecht, seine Mutter war in Ancona gebürtig. Über Bandieras Kindheit und Jugend ist kaum etwas bekannt. Er scheint sich jedoch schon sehr früh für eine Laufbahn bei der Marine entschieden zu haben, was ob seiner venezianischen Herkunft auch relativ naheliegend war.

Der junge Bandiera trat 1801 im Alter von 16 Jahren als Marine-Kadett in österreichische Dienste. 1805 nahm er an Bord der

Das einzige Bild des Korvettenkapitäns Franz von Bandiera, des Kommandanten der Marokkoexpedition

Bandiera wurde 1815 zum Schiffsleutnant 2. Klasse ernannt und begleitete 1817 die Erzherzogin Leopoldine, die *per procura* mit Dom Pedro von Brasilien verheiratet worden war, auf der Fregatte *Austria* in ihre neue Heimat. 1820 erfolgte Bandieras Ernennung zum Schiffsleutnant 1. Klasse. Er kämpfte 1821 erfolgreich gegen die neapolitanischen Insurgenten, bewährte sich danach in der Bekämpfung griechischer und nordafrikanischer Seeräuber und konnte 1823 als Kommandant der Goélette *Arethusa* in Nauplia zwei gekaperte österreichische Handelsschiffe befreien. Dieser und einige andere Erfolge brachten ihm den *Orden der Eisernen Krone 2. Klasse* ein. Eine Dienstbeschreibung aus jener Zeit berichtet über ihn: „Starker gesunder Körperbau, für die Strapazen des aktiven Seedienstes vollkommen angemessen. Spricht Italienisch und Französisch, schreibt aber nur – und zwar korrekt und leserlich – in ersterer Sprache. In der Nautik, im Manövrieren und der Attrezzatur (Takelung) vollkommen instruiert, von der Schiffstaktik besitzt er die Anfangsgründe der Theorie und genügende praktische Kenntnisse. Lässt in der Ordnung und Reinlichkeit der von ihm kommandierten Schiffe nichts zu wünschen übrig und ist daher nicht nur zum Kommando derselben vollkommen geeignet, sondern könnte auch mit Nutzen … eine kleine Division von größeren Schiffen

Brigg *Oreste* an einer Mission nach Spanien und Marokko teil. Seine Zugehörigkeit zur österreichischen Marine war jedoch nicht von langer Dauer, da er bereits am 20. Januar 1806 in die Königlich Italienische Marine übernommen wurde. Hier erhielt er das Kommando über verschiedene kleinere Einheiten und wurde 1811 im Seegefecht bei Lissa von den Engländern gefangen genommen. Nach seiner Freilassung wurde er vom Vizekönig Eugène de Beauharnais im März 1812 zum Fregattenleutnant ernannt. Durch den Pariser Frieden kamen Venedig und die Reste der Marine wieder an Österreich zurück. Bandiera war ab dem 20. April 1814 wieder in k. k. Diensten und von nun an verlief die Karriere dieses Marineoffiziers unter der Flagge der österreichisch-venezianischen Marine.

kommandieren, da er nebst den Seekenntnissen auch viel Umsicht … besitzt und sich bei allen Fällen schnell zu raten weiß, wovon er während seiner langen Dienstleistung in der Levante Beweise bei mehreren ihm übertragenen heiklichen Kommissionen gegeben hat." Bandiera wurde in etwa zu dieser Zeit zum Korvettenkapitän befördert. Das größte militärische Abenteuer seiner Laufbahn wartete nun auf ihn. Die Kaperung der *Veloce* und die österreichische Reaktion darauf gaben ihm dazu die Gelegenheit.

Konteradmiral Silvester Dandolo, der Eskadrekommandant der Levanteflotte, wählte die Schiffe aus, die an der Aktion gegen Marokko teilnehmen sollten. Korvettenkapitän Bandiera wurde zum Kommandanten des Unternehmens bestellt. Neben seiner Korvette *Carolina* umfasste das kleine Geschwader die Korvette *Adria*, die Brigg *Veneto* und die Goélette *Enrichetta*. Zur Zeit des Aufbruchs der Schiffe Ende November 1828 herrschte bereits das tückische Winterwetter des Mittelmeers. Gleich zu Beginn der Reise kam es zu einer völligen Windstille, auf die plötzlich ein heftiger Sturm folgte. Das Geschwader hatte schwer mit dem Unwetter zu kämpfen, an Bord musste mit den Pumpen verzweifelt gegen das eindringende Wasser gerungen werden. Nach drei heftigen Sturmtagen erreichten die Schiffe endlich die Reede vor Tunis, wo sie den vierten und letzten Tag des Unwetters relativ sicher abwarten konnten. Nun offenbarte sich, dass alle Fahrzeuge mehr oder weniger schwer beschädigt waren. Die nötigen Reparaturen sorgten natürlich für eine Verzögerung der Mission und so liefen die Schiffe erst am 26. Dezember in den spanischen Hafen Cartagena ein. Nun hieß es gemeinsam mit anderen Schiffen auf günstigen Wind für die Durchquerung der Straße von Gibraltar zu warten. Am 13. Januar 1829 war es endlich soweit und die österreichischen Kriegsschiffe segelten nach Tanger.

Das Ziel der Expedition und die Folgen

Patrouillenfahrten entlang der Küste brachten kein Ergebnis, da sich kein marokkanisches Piratenschiff zeigte. Da auch die Verhandlungen mit dem Sultan kein Ergebnis brachten, schickte Bandiera den Kadetten Ludwig von Kudriaffsky als Kundschafter aus und kreuzte weiterhin in drohender Manier vor der marokkanischen Küste. Als Kudriaffsky nach einigen Abenteuern zurückkam, fasste der Korvettenkapitän schließlich den Entschluss, die Stadt Larache anzugreifen und dort zwei ankernde Korsarenschiffe zu zerstören. Indessen drängte Staatskanzler Metternich in Wien nach Berichten über die Misshandlungen von österreichischen Seeleuten auf eine Militäraktion. Da die Engländer nicht bereit waren, bei einer gemeinsamen Unternehmung gegen Tanger mitzumachen, wurde Bandieras Plan genehmigt.

Bandiera wollte sich vor dem Angriff noch über die genauen Gegebenheiten informieren und fuhr in der Nacht auf den 3. Juli 1829 in Begleitung von Fähnrich Kudriaffsky mit einer Schaluppe die Küste entlang, ohne entdeckt zu werden. Am

Die Versorgungsbasis der österreichischen Kriegsmarine zur Zeit Bandieras: das Arsenal in Venedig. Gemälde aus dem 18. Jh.

nächsten Morgen erfuhr man von spanischen Fischern, dass die Marokkaner zwar mit einem Angriff rechneten, aber nicht sonderlich gut vorbereitet waren. Die Gelegenheit schien günstig, und Bandiera entschloss sich, einen Angriff zu wagen. Es sollte einer der denkwürdigsten Tage in der österreichischen Marinegeschichte werden.

Als alles vorbereitet war und sich die Kommandanten aller Abteilungen an Bord der *Carolina* versammelt hatten, hielt Bandiera eine zündende Rede, um den Männern Mut zu machen. Danach gab er das Signal zum Abstoßen. Als sie erkannten, dass eine Landung durchgeführt wurde, eröffneten die Festungsbatterien ein heftiges Feuer, das aber relativ wirkungslos blieb. Innerhalb von 15 Minuten hatten alle Schaluppen und Boote das Ufer erreicht. Offiziere und Mannschaften stürmten unter der Führung Major Karl Borromäus Zinnburgs an Land. Es war eine bunte Mischung: Marineinfanterie, Raketeure mit den gefürchteten Augustin-Raketen und bewaffnete Matrosen. Ob Bandiera auch an Land ging, liegt im Unklaren, da es darüber widersprüchliche Berichte gibt.

Da die Marokkaner einen Angriff auf die Stadt erwarteten, stellten sie ihre Truppen auf einer Anhöhe in der Nähe der Mauern auf. Sie sollten aber bald erkennen, dass das Ziel des österreichischen Angriffs nicht die Stadt selbst war. Trotz des weiterhin wirkungslosen Beschusses durch feindliche Kanonen rückten die gelandeten Truppen vor und erreichten einen Höhenkamm, von dem aus man die beiden ankernden Korsarenschiffe sehen konnte. Während man nun die beiden Schiffe mit Raketen beschoss,

griffen marokkanische Reiter mit wildem Geschrei an. Im Gegensatz zu den Marineinfanteristen gerieten die Seesoldaten in Aufruhr und das Kommando Major Zinnburgs „Karree formieren!" wurde nicht befolgt. Der Marinefähnrich Kudriaffsky ließ nun einige Raketengestelle gegen die Kavalleristen ausrichten. In der Aufregung fand der zuständige Unteroffizier aber die Zündkapseln nicht. Kudriaffsky packte eine der Raketen, zündete sie mit einer Lunte und warf sie unter die Reiter. Er verbrannte sich dabei zwar die Hand, aber die Wirkung der Rakete war beträchtlich. Die Pferde gerieten in Panik und die Marokkaner jagten ungeordnet davon. Endlich fanden sich die Zündkapseln und das Gefecht wurde nun von den Raketenwerfern bestimmt. Auch die Marinesoldaten unterhielten ein heftiges Gewehrfeuer. Die feindliche Infanterie war aber indessen mit großer Übermacht voll in den Kampf eingetreten, und so mancher österreichische Seemann fiel.

Die Raketen, die gegen die Korsarenschiffe abgefeuert wurden, trafen zwar alle ihr Ziel, durchschlugen aber mit großer Wucht beide Bordwände und fielen wieder ins Wasser, ohne die Schiffe in Brand zu setzen. Außerdem musste man darauf achten, nicht französische Schiffe, die ebenfalls im Hafen ankerten, zu treffen. Schließlich meldeten sich zwei Matrosen, sie schwammen trotz heftigen Beschusses zu einem der Piratenschiffe und steckten es erfolgreich in Brand. Das andere Schiff wurde dann doch durch eine Rakete versenkt, die direkt an der Wasserlinie einschlug.

Wenn Seeleute als Infanteristen kämpfen

Nun war der Zweck der Expedition eigentlich erreicht, der Kampf dauerte auch schon mehrere Stunden. Major Zinnburg gab das Kommando zum Rückzug. Dieser entwickelte sich aber durch den zahlenmäßig weit überlegenen Feind, der nun von allen Seiten mit lautem Gebrüll anstürmte, rasch zu einer Flucht. Nur die Abteilungen, die die Fähnriche Kudriaffsky und Schmidt kommandierten, behielten die Nerven und zogen

sich geordnet kämpfend zurück. Da sich inzwischen auch der Seegang verstärkt hatte, gestaltete sich die Einschiffung sehr schwierig, die Panik mancher Seeleute trug ein Übriges dazu bei. Nun hatte das Landungskorps auch die höchsten Verluste, da viele von den Marokkanern eingeholt und niedergemacht wurden. Insgesamt starben laut Kudriaffsky 175 Mann, das war fast die Hälfte der gelandeten Seeleute, wobei von den Verwundeten nur 14 gerettet werden konnten. Interessanterweise berichten andere offizielle Berichte nur von 22 gefallenen und 14 verwundeten Männern. Diese Verlustangabe dürfte die weitaus wahrscheinlichere sein. Wobei die Marokkaner sicher mehr Opfer zu beklagen hatten, die angeblich in die Hunderte gingen.

Später wurde der mangelnden Ausbildung der Seeleute im Infanteriekampf die Schuld an den vielen Opfern gegeben. Anscheinend hatte man auch die Anzahl der Verteidiger und deren kriegerischen Elan unterschätzt. Inwieweit Bandiera dabei Fehler zuzuschreiben sind, ist schwer zu sagen. Man kann davon ausgehen, dass das Unternehmen ohne die Augustin-Raketen und deren verheerende Wirkung auf kurze Distanzen zu einem völligen Debakel geführt hätte. Es gibt auch Berichte, wonach die lebend gefangenen Österreicher schwer misshandelt und verstümmelt worden wären, die Köpfe der Gefallenen eingesalzen und dem Sultan gebracht worden seien, der sie auf Pfähle um sein Lager habe stecken lassen. Derartige Berichte sind aber nicht verifizierbar.

Die Korvette *Carolina* deckte mit ihren Geschützen den Rückzug der Landungstruppen, während die Brigg *Veneto* eine marokkanische Küstenbatterie ausschaltete. Dabei wurden auch einige Häuser in Larache getroffen, und es brachen Brände aus. Nachdem alle überlebenden Männer an Bord genommen worden waren, setzte die österreichische Flottille die Segel und kehrte nach Gibraltar zurück.

Der Friedensvertrag von Marrakesch

Trotz dieses offenkundigen Erfolgs der Österreicher waren die Marokkaner noch immer nicht zu einem Einlenken bereit, weshalb einige weitere militärische Aktionen unternommen wurden. Am 22. Juli griffen die *Carolina* und die *Adria* mit ihren Kanonen und Raketenwerfern die Stadt Arzila (Asilah) an. Zunächst entstand durch die Brandraketen ein heftiges Feuer in einem Wald hinter der Stadt. Die Flammen griffen dann auch auf die Stadt über. Durch den Brand und die Geschosse der Kriegsschiffe wurde in Arzila großer Schaden angerichtet. Währenddessen suchte die Brigg *Veneto* weiter nach Zielen in den Hafenstädten Saleh-Rabat und Mogador, doch waren diese zu stark befestigt, um tatsächlich erfolgreich angegriffen zu werden. Nun trafen auch zwei Fregatten und eine Korvette zur Unterstützung der kleinen Flotte Bandieras ein, der somit sieben Schiffe unter seinem Kommando hatte. Man unternahm immer wieder kleinere Angriffe auf die Hafenstadt Tetouan und machte Jagd auf marokkanische Handelsschiffe.

Schließlich war der Sultan zu einem Einlenken bereit, und auch Wien drängte zu einem Ende des Unternehmens, da man sich durch die von Marokko erlittenen Verluste gerächt sah. Im März 1830 konnte Bandiera mit dem Generalkonsul Marokkos in Gibraltar ein Abkommen zwischen Österreich und Marokko schließen. Danach reiste er mit einer österreichischen Delegation und einer Abteilung Marinesoldaten zur feierlichen Unterzeichnung des Friedensvertrags in die Sommerresidenz des Sultans nach Marrakesch, wobei auch die Herausgabe der gekaperten Brigg verhandelt werden sollte. Bandiera kam in Begleitung einer Reihe österreichischer Armeeoffiziere mit so klingenden Namen wie Montecuccoli, Lobkowitz und Augustin. Sie hatten alle einen anstrengenden Ritt von zehn Tagen bei großer Hitze zu absolvieren. 300 Mann Kavallerie und hunderte Transporttiere begleiteten sie. Man führte auch Geschenke für den Sultan mit, worunter sich ein Diamantring mit dem eingravierten Namen des österreichischen Kaisers, goldene Uhren, Porzellan und Waffen befanden. In Marrakesch konnte Bandiera das Unternehmen zu einem guten Abschluss bringen. Alles löste sich in gegenseitigem Wohlgefallen bei einem sehr prunkvollen orientalischen Fest auf.

Bandiera erlangte durch sein erfolgreiches Kommando große Popularität und erhielt mehrere Auszeichnungen. Unter anderem wurde auch über die Verleihung des *Maria-Theresien-Ordens* gesprochen, doch Bandiera machte dafür keine Eingabe und begnügte sich mit dem *Kommandeurkreuz des Leopold-Ordens,* was seine Erhebung in den Frei-

herrnstand bedeutete. Man betraute ihn
auch in der Folge mit weiteren interessanten
Aufgaben. Als die Heilige Allianz im April
1831 gegen die revolutionären Bewegungen
in Italien vorging, blockierte Bandiera mit
einigen Schiffen den Hafen von Ancona, der
Heimatstadt seiner Mutter. Er konnte auch
einige der Hauptverschwörer, darunter einen k. k. Feldmarschall-Leutnant gefangen
nehmen. Als Kaiser Franz, der kein großer
Freund der Seefahrt war, im Mai 1832 in
Piran die Fregatte *Medea* besuchte, machte
diese auf den Herrscher einen guten Eindruck, und Bandiera erhielt eine huldvolle
Belobigung. Die Flotte und das Kaiserhaus
wussten, was man an ihm hatte.

Franz von Bandiera am Höhepunkt seiner Karriere

So wurde er in den folgenden Jahren einige
Male in spezieller Mission nach Nordameri-
ka geschickt. Bei seiner Fahrt im Jahr 1833
kommandierte Bandiera die Fregatten *Guerriera* und *Hebe* sowie die Korvette *Lipsia*. An
Bord hatten die Schiffe eine größere Anzahl
polnischer Emigranten, welche die österreichischen Behörden nach Amerika abschie-
ben wollten. Es waren dies polnische Offiziere und Soldaten sowie Geistliche, die
nach dem Zusammenbruch des polnischen
Aufstands gegen die Russen im Jahr 1831

1815　　　　Officier　　　　1840　　　　1815　　　1830　　　　1840　　　Gedr. bei J. Höfelich

Marine-Artillerie & Feuerwerks-Corps

Wien bei J. Bermann & Sohn am Graben zur gold. Krone

Schiffs-Capitaine　Schiffs-Fähnrich　Jnfanterist　Jnfanterie-Officier　Fregatten-Lieutenant　Matrose　Gedr. bei J. Höfelich
1802　　　　　　　　　　　　1815　　　　　　　　　　　　　　1840

Kriegs-Marine

nach Österreich geflüchtet waren. Außerdem sollte Bandiera Samen des legendären Virginia-Tabaks, dessen Ausfuhr die Amerikaner verboten hatten, besorgen und eine Dampfmaschine mit 70 PS kaufen.

Als die drei Schiffe im März 1834 die Küste der Vereinigten Staaten erreichten, war dies der erste offizielle Besuch österreichischer Kriegsschiffe in diesem Land. Bandiera musste nun einiges Fingerspitzengefühl beweisen, denn die Polen wurden ihrem Ruf als „unruhige Elemente" gerecht und sorgten für einigen Ärger. Auch die amerikanischen Behörden erwiesen sich vorerst als eher feindselig. Doch als die drei Schiffe New York erreichten, wurden sie sehr freundlich aufgenommen. Bandiera und seine Offiziere konnten sich der vielen Einladungen kaum erwehren. Die kleine Flotte Bandieras hinterließ einen sehr guten Eindruck und wurde mit großem Aufwand verabschiedet. Nach seiner Rückkehr nach Venedig im Juni 1834 wurde Bandiera sofort zur Berichterstattung nach Wien befohlen. Ob er die Samen des Virginia-Tabaks bei sich hatte, ist nicht überliefert.

Es folgte 1835 eine weitere Reise mit polnischen Flüchtlingen nach Toulon, an die sich ein dieses Mal nicht kriegerischer Besuch in Marokko anschloss, um die marokkanische Regierung über den Thronwechsel in Österreich zu informieren. Man behandelte den einstigen Feind dort übrigens fast wie einen alten Freund. Weitere Fahrten ins westliche Mittelmeer in verschiedenen Missionen folgten. Der damalige Marinekommandant Amilcaro marchese Paulucci de Roncole schrieb über Bandiera: „Er ist in schwierigen Positionen sich stets gegenwärtig … hat gezeigt, dass er auch wichtige Unterhandlungen zu leisten versteht, und ist somit nicht nur ein guter Seemann … Seine Erfahrung und Brauchbarkeit lassen sich bei bedenklichen Umständen mit Nutzen zu Rate ziehen. Es könnte ihm jeder Auftrag, wozu sich ein Stabsoffizier der Marine eignet, anvertraut werden." Bandiera wurde 1839 zum Konteradmiral ernannt.

Italiens Helden: Attilio und Emilio Bandiera

Ein weiterer Höhepunkt in der Laufbahn Bandieras war der Feldzug an der syrischen Küste von 1840, den er gemeinsam mit Erzherzog Friedrich unternahm (siehe auch das Kapitel über Erherzog Friedrich, Seite 76). Er kommandierte ein Geschwader, das sich aus fünf Schiffen und drei Stationsschiffen zusammensetzte, und agierte gemeinsam mit den britischen Verbündeten, deren Flotte unter dem Kommando von Admiral Stepford stand. Das Unternehmen gestaltete sich durch die Umsicht Bandieras, den Mut des jungen Erzherzogs und die große militärische Überlegenheit der verbündeten Flotte zu einem vollen Erfolg. Nach seiner Rückkehr erhielt Bandiera wieder einige Auszeichnungen, stand aber sehr im Schatten Erzherzog Friedrichs, des jungen strahlenden Helden.

Die größte Enttäuschung seines Lebens bereiteten ihm allerdings seine Söhne. Sowohl Attilio (geb. 1817) als auch Emilio (geb. 1819) schlugen wie ihr Vater die

Starb im Kugelhagel mit seinem Bruder Emilio: Attilio Bandiera, Lithografie von Carlo Longo de Bellis, 1877

lismus. Sie fanden sich schließlich in den Reihen der verschwörerischen Geheimgesellschaften wie der *Giovane Italia*, die sich für die Einigung Italiens und die Vertreibung der Habsburger einsetzten. Gemeinsam mit anderen Marineoffizieren planten die jungen Bandieras eine Meuterei auf den Schiffen der k. k. Levante-Eskadre. Man wollte durch diese *insurrezione marittima* möglichst viele Kriegsschiffe, auf denen Mitglieder der Verschwörung dienten, in die Hand bekommen. Doch wegen der vielen Mitverschworenen funktionierte die Geheimhaltung nicht.

Als die Gefahr bestand, dass das Vorhaben auffliegen würde, entschlossen sich die beiden Bandiera-Söhne zu einem anderen revolutionären Unternehmen, das jedoch äußerst ungeschickt in die Wege geleitet wurde. 1844 desertierten sie aus der österreichischen Marine und trafen auf der Insel Korfu mit einem ebenfalls desertierten Marineoffizier, dem Fregattenleutnant Domenico Moro, zusammen. Von hier aus fuhren sie mit anderen Verschwörern an das kalabrische Festland, um die Bevölkerung zu einem Aufstand gegen König Ferdinand von Neapel aufzuwiegeln.

Man plante damit einen „heiligen Krieg" zur Vereinigung Italiens auszulösen. Doch das Kommando stand bereits unter Beobachtung der Österreicher, und die Polizei

Marinelaufbahn ein; möglicherweise hat ihnen Bandiera auch keine andere Wahl gelassen. Und es schien, als würden seine Söhne auch rasch Karriere machen. Immerhin diente Attilio als Adjutant seines Vaters an Bord des Flaggschiffs *Bellona* und sein Bruder als Adjutant des Marinekommandanten Paulucci. Trotz ihrer Zugehörigkeit zur österreichischen Marine und der eindeutigen prohabsburgischen Ausrichtung ihres Vaters begeisterten sich beide für den immer heftiger werdenden italienischen Nationa-

in Neapel wurde rasch verständigt. In der Folge eines heftigen Gefechts wurden die Bandiera-Söhne und ihre Leute schließlich festgenommen. Die kaiserliche Regierung unter Metternich überließ den Neapolitanern die Aburteilung der Rebellen, da sie einen Prozess auf österreichischem Gebiet fürchtete. Attilio und Emilio Bandiera wurden mit sieben weiteren Kampfgenossen am 25. Juli 1844 im Vallone di Rovito bei Cosenza hingerichtet.

Neben seinem großen persönlichen Schmerz wurde Konteradmiral Bandiera nie mehr den Verdacht los, er habe von den Plänen seiner Söhne gewusst und diese vielleicht sogar unterstützt. Hatten doch Attilio und Emilio oft auch in Gegenwart ihres Vaters ihre politischen Ansichten kundgemacht. Man vermutete auch, dass sich Bandiera durch die zu erwartende Beförderung Erzherzog Friedrichs zum Marinekommandanten zurückgesetzt gefühlt und deshalb nichts gegen die Verschwörung seiner Söhne unternommen hätte.

Eine Untersuchungskommission der Marine konnte ihm zwar keine Schuld nachweisen, Bandiera war jedoch ein gebrochener Mann und wurde pensioniert. Damit war seine Karriere beendet, obwohl er vor der Katastrophe vielen als logischer Nachfolger des umstrittenen Marinekommandanten

Emilio Bandiera, Lithografie von Carlo Longo de Bellis, 1877

Paulucci gegolten hatte. Dessen Nachfolgte trat Erzherzog Friedrich an, der die Marine wirklich österreichisch machen wollte. Franz von Bandiera starb am 16. September 1847 auf seinem Landgut Carpenedo in der Nähe von Mestre.

Freilich hat der Name Bandiera im heutigen Italien nicht durch die großen Leistungen des Vaters als Seeoffizier einige Bekanntheit – er steht viel mehr mit der Verschwörung und dem tragischen Ende seiner Söhne in Zusammenhang.

Ludwig von Kudriaffsky
Der biedermeierliche Abenteurer

LUDWIG VON KUDRIAFFSKY

Der biedermeierliche Abenteurer

Im Sommer 1825 erschien das österreichische Kriegsschiff *Bellona* im Golf von Nauplia. Man wollte gegen das Piratenunwesen vorgehen. Mit an Bord war ein junger Seekadett namens Ludwig von Kudriaffsky, der durch Selbststudium Neugriechisch gelernt hatte und nun als Dolmetscher dienen sollte. Wie zu erwarten brachten die Verhandlungen kein Ergebnis und die Österreicher enterten schließlich in einer Überraschungsaktion eines der Piratenschiffe, die dort vor Anker lagen. Die Schiffsbesatzung wurde in einem erbitterten Kampf getötet oder gefangen genommen. Als man vom Ufer her heftig beschossen wurde, warf man die Toten über Bord und schleppte das geenterte Schiff aus dem Hafen. Nur zwei kaiserliche Matrosen waren getötet worden, später starben von den Verwundeten noch zwei weitere, weil man ihnen mit Eisendraht verbundene Kugeln durch den Bauch geschossen hatte. Der junge Kudriaffsky hatte tapfer mitgekämpft und damit seine Feuertaufe erhalten. Wenig später wurde er gleich wieder in einen heftigen Kampf verwickelt, als er die Gefangenen in einem Boot an Land bringen wollte. Er wurde dabei angegriffen, richtete selbst eine kleine Kanone, feuerte sie ab – und brach den Widerstand seiner Gegner. Am nächsten Tag erfuhr der Kadett, dass er mit einem Schuss 16 Mann getötet oder verwundet hatte. Kudriaffsky war der Held des Tages. Das war das erste von vielen Abenteuern dieses Mannes, die sein Leben wie einen Roman erscheinen lassen.

Ludwig Freiherr von Kudriaffsky wurde am 21. März 1805 in Wien geboren. Die Familie Kudriaffsky, die in Kawrilowska am Don ihren Stammsitz hatte, war in Russland sehr angesehen. Sie hatte im Kriegsfall sehr große Reiteraufgebote zu stellen und brachte deshalb auch immer wieder verdienstvolle Kosakenhauptleute hervor. Da sich Kudriaffskys Vater Emilian in Moskau einer gewissen Wertschätzung erfreute, wurde er als Legionsrat und Botschaftssekretär an die russische Botschaft in Wien geschickt, von wo aus er eine minder bedeutende diplomatische Karriere startete. Er heiratete die Tochter eines venezianischen Kaufmanns, die vielleicht die Lust auf die Seefahrt an die Gene von Sohn Ludwig weitergab. Von seinem Vater, Emilian Kudriaffsky, der 1818 wegen seiner hohen Schulden Wien überstürzt verlassen musste, erbte er jedenfalls den verschwenderischen Umgang mit Geld.

Der junge Kudriaffsky erwies sich als sehr intelligent und gelehrig. Seine besonderen Begabungen lagen in der Mathematik und den Sprachen. Er studierte am Polytechnischen Institut in Wien und trat in das Pontonierkorps in Klosterneuburg ein, wo er trotz seiner Jugend auch als Lehrer der Mathematik Aufnahme fand. Auf Wunsch seines Vaters unternahm er weite Reisen innerhalb Europas, wozu er von der Armee für ein Jahr beurlaubt wurde. Ganz besonders England und dessen Marine machten großen Eindruck auf ihn. Deshalb hielt es Kudriaffsky auch nicht bei den Pontonieren aus und setzte alles daran, zur Kriegsmarine abkommandiert zu werden. Hartnäckig, wie er war, erreichte er bald sein Ziel und kam 1824 als Kadett nach Venedig.

Hier war er sogleich mit den Schattenseiten der nur vordergründig österrei-

Legendär in der k. k. Kriegsmarine: Ludwig von Kudriaffsky in hohem Alter. Zeitgenössischer Kupferstich

chischen Marine konfrontiert. Es war im Wesentlichen noch immer die venezianische Marine, die unter einem neuen Namen weiterbestand. Man sprach nur Italienisch, die meisten der ausschließlich aus Italien oder

Österreichische Kriegsmarine im Biedermeier,
zeitgenössischer Kupferstich

anderen Mittelmeergebieten stammenden Offiziere konnten kein Wort Deutsch. Die Schiffe waren teilweise recht heruntergekommen, der Dienstbetrieb salopp und Kapitäne und Offiziere machten Geschäfte für die eigene Tasche. Kudriaffsky war von diesen Verhältnissen nicht sehr angetan, dennoch beschloss er zu bleiben.

Der griechische Freiheitskampf in den Jahren 1821 bis 1830 stellte die k. k. Marine vor große Anforderungen und rettete sie vor dem drohenden Zerfall. Obwohl die Sympathien der politisch Interessierten auf Seiten der Hellenen in deren Kampf gegen die Türken waren, entpuppten sich viele der Freiheitskämpfer als brutale Piraten, die auch nicht davor zurückschreckten, österreichische Handelsschiffe zu überfallen. Wobei manchmal sogar Schiffe der jungen griechischen Kriegsmarine Anteil an dieser Piraterie hatten. Um den österreichischen Seehandel, der inzwischen einen beträchtlichen Umfang erreicht hatte, zu schützen, wurde die k. k. Flotte eingesetzt. Es musste aber immer wieder Bedacht darauf genommen werden, nicht allzu energisch gegen die griechischen Freibeuter vorzugehen, da man dies als Parteinahme für die osmanischen

Interessen angesehen hätte. Daher wurde auch den österreichischen Schiffskommandanten Fingerspitzengefühl abverlangt. Die kaiserliche Levante-Eskadre unternahm Kontrollfahrten entlang der wichtigsten Seerouten des östlichen Mittelmeeres von ihrem Zentralhafen in Smyrna aus.

Das Flaggschiff der Eskadre war die Fregatte ersten Ranges *Bellona*, die über 56 Kanonen und 580 Mann Besatzung verfügte. Unter ihrem Schutz wickelten die österreichischen Handelsschiffe in Smyrna und anderen Häfen der Levante ihre Geschäfte ab. Der junge Kudriaffsky tat zuerst Dienst auf der Brigg *Montecuccoli*, deren 126 Mann und 18 Geschütze unter dem Kommando eines Kapitäns griechischer Herkunft namens Stalimene standen. Über Letzteren berichtete Kudriaffsky später nur Negatives. Demnach soll Stalimene sein Schiff verkommen haben lassen, die meiste Zeit faul im Bett verbracht haben und zudem sehr launisch gewesen sein. Eine Stunde nach Mitternacht habe er sich für gewöhnlich gebackene Scampi auftischen lassen und Kudriaffsky zu sich befohlen, der mit anderen Kadetten gemeinsam mit dem Kapitän musizieren musste. Allgemein war die Stimmung an Bord und in der Flotte gegenüber den „Deutschen", zu welchen man auch Kudriaffsky zählte, sehr schlecht, da man sie als Eindringlinge betrachtete. Doch zunehmend kamen mehr Kadetten, die deutsch sprachen, in die Marine, und einige von ihnen erwiesen sich als Gegner der allgemeinen Schlamperei innerhalb der Flotte. Kudriaffsky berichtet, dass es gelegentlich bei den „Kreuzfahrten doch etwas Abwechslung" gab, wenn Gefechtsberührungen mit griechischen Piraten stattfanden, was dem Abenteurer natürlich zusagte.

Die Abenteuer eines Seehelden an Land

Meist lagen die Schiffe aber in Smyrna. Hier besuchte der junge Kudriaffsky einmal gemeinsam mit einigen anderen Kadetten die Aufführung einer italienischen Theatertruppe. Nach der Aufführung des *Barbier von Sevilla* trafen sich Offiziere der in Smyrna stationierten Kriegsschiffe unterschiedlichster Nationalität in einem Gasthaus. Man sprach über die Aufführung und dabei wurde die stimmliche Leistung der Primadonna unterschiedlich beurteilt, was zu einem heftigen Streit führte. Kurdriaffsky ließ kein gutes Haar an der Dame und geriet mit einem grobschlächtigen Offizier des US-Schiffes *Constitution* aneinander. Dieser goss ihm ein Glas Wein ins Gesicht. Dem Kadetten Kudriaffsky war sofort klar, dass er Genugtuung fordern musste. Man vereinbarte für den nächsten Tag ein Duell mit Pistolen. Kudriaffsky erfuhr indessen, dass der Amerikaner ein gefürchteter Pistolenschütze war und den Streit vom Zaun gebrochen hatte, weil er gehört habe, dass der junge Kadett auch als guter Schütze bekannt war. Kudriaffsky verbrachte die Nacht vor dem Duell mit Billardspielen und trank dabei größere Mengen Schnaps. Inzwischen bereiteten seine Sekundanten alles für das Duell vor. Pünktlich um fünf Uhr früh stellte man sich am vereinbarten Ort ein. Der

Amerikaner hatte den ersten Schuss, traf aber daneben. Kudriaffsky schoss daraufhin in die Luft. Damit war der Amerikaner nicht einverstanden, erneut wurde geladen und wieder verfehlte ihn sein Gegner, Kudriaffsky allerdings traf diesmal tödlich. Für alle Beteiligten hatte er seine Ehre und jene der k. k. Marine erfolgreich verteidigt. Der Vorfall sprach sich natürlich auch auf den vielen Kriegsschiffen der anderen Nationen herum, die in Smyrna vor Anker lagen, doch dieses Ereignis sollte nur eines der Ersten in Kudriaffskys Laufbahn bleiben.

Kudriaffskys Lebenserinnerungen sind wie ein Abenteuerroman zu lesen – in jungen Jahren dürfte er wohl auch sein Leben als solchen betrachtet haben – und berichten von schweren Stürmen, die das Schiff in Gefahr brachten. 1826 stolperte er bei einem Landausflug in Konstantinopel im Dunkeln über eine Pestleiche und wurde daraufhin von seinen Kameraden aus Angst vor Ansteckung gemieden. Doch nicht Kudriaffsky, sondern der Quartiermeister des Schiffes starb letztlich an der Seuche. Man warf daraufhin mit der Leiche alles über Bord, was der arme Mann berührt haben könnte. Nur Kudriaffsky blieb wie für ihn typisch ruhig und furchtlos. Kurz danach wurde der junge Seemann bereits damit betraut, ein Piratennest im Hafen von Milos auszuheben, was er wie nicht anders zu erwarten mit Bravour tat, wobei es „Tote und Blessierte" gab.

Am 1. März 1827 wurde Kudriaffsky Linienschiffs-Fähnrich und tat nun Dienst auf der Goélette *Enrichetta*. Auf diesem Schiff kreuzte er gegen Seeräuber, wobei die Österreicher damals nahezu alle griechischen Schiffe für potenzielle Seeräuber hielten. Kudriaffsky schloss Freundschaft mit Ibrahim Pascha, dem Sohn des Vizekönigs von Ägypten. Man litt auch unter der Arroganz der Engländer, die sich als die Herren der Meere betrachteten und dies die Österreicher spüren ließen. Den Engländern war die protürkische Haltung der Habsburger-Monarchie während des griechischen Befreiungskriegs ein Dorn im Auge. Dieser Krieg steuerte indessen seinem Höhepunkt entgegen.

Die Seeschlacht von Navarino

Kudriaffsky war Augenzeuge der Seeschlacht von Navarino am 20. Oktober 1827. Diese letzte große Seeschlacht, die ausschließlich mit Segelschiffen ausgefochten wurde, endete mit einer vernichtenden Niederlage der türkischen Flotte. In der Nacht vom 19. zum 20. Oktober erreichte die *Enrichetta* unter Kapitän Logotheti Navarino, fuhr ungesehen an der Blockadeflotte der Alliierten vorbei und ging in einer Bucht etwas abseits vor Anker, um die Ereignisse zu beobachten. Als die Schiffe der maritimen Großmächte in die Bucht eindrangen, kam es zu einem stundenlangen heftigen Gefecht mit den zahlenmäßig weit stärkeren Türken. Nun erlebte Kudriaffsky die große Überlegenheit britischer und französischer Linienschiffe über die altertümliche türkische Flotte. Als der Kanonendonner und das Knattern der Gewehrsalven abgeebbt waren und sich der dichte Pulverrauch verzogen hatte, waren 55 türkische Schiffe versenkt, während ihre Gegner nur verhältnismäßig geringe Verluste erlitten hatten.

Danach setzte Kudriaffsky seine Karriere auf einem anderen Schiff fort, der Fregatte *Hebe*. Als im Juli 1828 die österreichische Handelsbrigg *Veloce* vor Cádiz gekapert wurde, war es für Kudriaffsky wieder einmal an der Zeit für ein großes Abenteuer. Er wurde von Fregattenkapitän Bandiera, der das denkwürdige Flottenunternehmen gegen Marokko befehligte, als Kundschafter ausgewählt. Kudriaffsky wurde als Zivilist verkleidet, mit falschen Papieren als dänischer Kaufmann namens Georg Herrings ausgestattet und sollte nach Tanger reisen, wo er sich über den Verbleib der *Veloce* und ihrer Besatzung informieren sollte. Außerdem sollte er möglichst viele Details zu den Hafenbefestigungen Tangers und anderer marokkanischer Städte sammeln und die allgemeine Situation erkunden. Der junge Fähnrich begab sich in seiner neuen Identität von Cádiz nach Gibraltar. Dort wurde er von Banditen überfallen und ausgeraubt – später sollte man ihm übrigens die geraubte Summe über Jahre hinweg von seiner Gage abziehen, weil er keine Meldung bei der Polizei gemacht hatte. Trotz dieses nicht sehr ermutigenden Beginns seiner Mission wollte er diese fortsetzen. Doch nun zwang ihn das Wetter zu einer längeren Pause in Gibraltar, bevor er endlich die Überfahrt nach Tanger antreten konnte. Da geriet seine Feluke in eine Auseinandersetzung zwischen einem spanischen Finanzkutter und einem Schmugglerschiff. Kudriaffsky überstand auch dies und erreichte 14 Tage nach seinem Reiseantritt endlich die marokkanische Hafenstadt. Hier erhielt er die Unterstützung durch den ins Vertrauen gezogenen dänischen Generalkonsul, der ihn mit der besseren Gesellschaft der Stadt bekannt machte. Kudriaffsky sammelte eifrig Informationen und unternahm dann einen Ritt ins Landesinnere – gemeinsam mit 100 Bewaffneten, da er sonst das Berbergebiet nicht hätte durchqueren können. Sein Ritt führte ihn zuerst nach Arzila, das einen ziemlich heruntergekommenen Eindruck auf ihn machte. Dann ging es nach Larache, das ebenfalls nicht sehr wehrhaft zu sein schien, allerdings über zwei Kriegsschiffe verfügte.

Gefangennahme und Flucht

Nach einigen Tagen kehrte Kudriaffsky nach Tanger zurück, wo inzwischen die österreichischen Kriegsschiffe aufgekreuzt waren. Turbulente Erlebnisse folgten: Alles ist in großer Aufregung und erwartet einen Angriff. Verhandlungen führen zu keinem Ergebnis. Kudriaffsky will daher mit den gefangenen österreichischen Seeleuten, die sich überraschenderweise frei in der Stadt bewegen dürfen, mit dem Postschiff *Corriera* fliehen. Den Seeleuten gelingt es wirklich, durch Bestechung der Hafenwächter auf das Postschiff zu gelangen. Da sich Kudriaffsky allerdings verdächtig gemacht hat, wird er im letzten Moment verhaftet und im Hafengefängnis eingesperrt. Doch sein Begleiter, der für den dänischen Konsul arbeitet, alarmiert diesen. Wieder arbeitet man mit

Bestechung und in der Nacht bleibt Kudriaffskys Zellentür unverschlossen. Der nützt die Gelegenheit und flieht. Im Hafen entwendet er ein Ruderboot, mit dem er auf die spanische Küste zufährt. Ein holländisches Schiff nimmt ihn schließlich auf und er gelangt nach Gibraltar. Dort erfährt er, dass man ihn am nächsten Tag in Tanger geköpft hätte.

Nachdem Kudriaffsky seinem Vorgesetzten Bandiera Bericht erstattet hatte, entschloss sich dieser, anstelle einer Fortführung erfolgloser Verhandlungen mit einer kriegerischen Aktion zu antworten. Der Fähnrich wurde für seinen Mut und seine Umsicht gelobt. Trotz seines gerade erst überstandenen Abenteuers war Kudriaffsky natürlich bald bei der Landung österreichischer Marineinfanterie und Matrosen in Larache dabei, um die marokkanischen Freibeuterschiffe zu zerstören (siehe auch das Kapitel über Franz von Bandiera ab S. 44). Hierbei nahm er auch an den heftigen Kämpfen teil, die weit intensiver waren als erwartet. Bei der Deckung des Rückzugs seiner Kameraden hielt Kudriaffsky gemeinsam mit dem Fähnrich Schmidt am längsten stand. Als ihn ein Schuss in den Schenkel traf, stellte er sich geistesgegenwärtig tot, wobei er für den Notfall seinen Dolch umklammerte, und so wurde er als vermeintliche Leiche von den Marokkanern nur mit den Füßen getreten. Dann rollte er sich ins Wasser und schwamm zu den österreichischen Booten. Zu seinem Glück bemerkte ihn ein Boot und hielt auf ihn zu. Zwei Marokkaner, die seine Flucht bemerkt hatten, versetzten ihm mehrere Säbelhiebe,

aber die Österreicher zogen ihn an Bord und erschlugen seine Verfolger mit den Rudern.

Als Kudriaffsky einigermaßen gesundet und der Marokkokrieg inzwischen vorbei war, erhielt er Urlaub und fuhr nach Wien. Es wird berichtet, dass ihn das Abenteuer

Ludwig von Kudriaffskys „grotesker Dienst" in Izmir (Türkei), früher Smyrna, am Hauptstützpunkt der österreichischen Levante-Flotte. Stahlstich, um 1850

in Marokko sehr verändert hatte und er viel ernster und nahezu melancholisch geworden war. Er wurde nun als Personaladjutant zum Konteradmiral Graf Silvester Dandolo nach Smyrna versetzt. Sein neuer Dienst bei dem Admiral war „ebenso anstrengend wie grotesk", da Dandolo eine Vorliebe für junge Männer hatte und seinen Adjutanten anscheinend intensiv belästigte. Auch wenn Homosexualität in der österreichischen so wie in den meisten anderen Flotten weit verbreitet war, so wollte Kudriaffsky diese

Art von Liebe zumindest nicht mit seinem Admiral erleben. Auch die sonstigen Launen seines Vorgesetzten sagten Kudriaffsky nicht besonders zu und infolgedessen ließ er sich zur Infanterie versetzen.

Aber auch bei der Infanterie hielt es Kudriaffsky nicht lange aus und so wählte er ein neues Betätigungsfeld: 1833 begleitete er den Oberstleutnant Anton von Prokesch-Osten auf einer diplomatischen Mission nach Ägypten und Griechenland. 1835 ging das erfolgreiche Gespann nach Dresden, Berlin und St. Petersburg. Kudriaffsky verbrachte auch einige Zeit als Gesandter in Athen und als Internuntius in Konstantinopel. Dann diente er wieder in der Infanterie. Bei einem Duell mit einem Offizier, das einem Streit um das Du-Wort folgte, verletzte der stets etwas aggressive Kudriaffsky seinen Gegner so schwer, dass er glaubte, ihn getötet zu haben. Doch zu seinem Glück erfuhr er während der Vorbereitungen zu seiner Flucht, dass sein Gegner überlebt hatte. Kudriaffsky meldete sich 1837 neulich zur Marine und erhielt als Linienschiffsleutnant das Kommando über die Korvette *Cesarea*, mit der er das östliche Mittelmeer befuhr.

Dreizehnmal durch die Dardanellen

Hier traf er wieder seinen alten Freund Prokesch, der ein Günstling Metternichs war, was sich auch für Kudriaffsky positiv auswirkte. Da er als Spezialist für geheime Sonderaktionen galt, wurde er immer wieder bei solchen eingesetzt. So kundschaftete er im September 1839 den Zustand der türkisch-ägyptischen Flotte aus. Ab August 1840 kommandierte er die Brigg *Montecuccoli*, auf der er seinerzeit zum ersten Mal auf See gewesen war. Er wurde mit dem Schiff immer wieder für Sonderaufträge eingesetzt, sodass er in zwölf Monaten allein dreizehnmal durch die Dardanellen fuhr. Während der syrischen Kampagne, die 1840 gegen Mehmed Ali geführt wurde, brachte er mit seinem Schiff türkische Verstärkung nach Beirut. Als er bei einem heftigen Sturm die Küste Kretas anlaufen musste, soll er angeblich mit einer Kriegslist die große Insel für den Sultan unterworfen haben. Da die genauen Umstände nie geklärt wurden, warf man Kudriaffsky auch ziemliche Flunkerei vor, doch immerhin erhielt er für dieses Verdienst zwei hohe osmanische Orden.

In Syrien machte Kudriaffsky 1840 die Erstürmung von Saida an der Seite Bandieras mit. Dieser schlug ihn im Januar 1841 wegen seiner Verdienste für eine hohe Auszeichnung und Beförderung vor, wobei er besonders auch seine Mission auf Kreta erwähnte, ohne sie genauer zu beschreiben. Auch soll Kudriaffsky sein Schiff in einem „fürchterlichen Sturm" vor dem Untergang bewahrt haben. Er wurde schließlich Korvettenkapitän und erhielt den *Orden der Eisernen Krone dritter Klasse*.

Während der griechischen Revolution von 1843 kreuzte Kudriaffsky als Kommandant des Kriegsdampfers *Marianna* vor Athen und mischte sich auch in die griechische Politik ein, was seine Obrigkeit nicht billigte. Er wurde deshalb mit seinem Schiff nach Konstantinopel geschickt. Nachdem er 1845 nach Venedig befohlen worden war und danach erneut in Athen Station machte, heiratete der die königliche Hofdame Reichsfreiin von Wiesenthau. In den Jahren 1845/46 war Kudriaffsky als Korvettenkapitän Direktor des Marinekollegiums in Venedig, eine Tätigkeit, die von Erfolg gekrönt war. Ganz nebenbei rettete er auf einer Instruktionsreise ein Handelsschiff vor dem Untergang.

Il diavolo vi benedica!

1846 wurde Kudriaffsky beauftragt, zwischen der Donau-Dampfschiffahrts-Gesellschaft und dem Österreichischen Lloyd zu vermitteln. Diese Aufgabe schloss er erfolgreich ab und wurde zum technischen Betriebsdirektor der Donau-Dampfschiffahrts-Gesellschaft ernannt. Hier bemühte er sich vor allem um technische Verbesserungen und den Erwerb neuer Schiffe.

Als im März 1848 die Revolution ausbrach, tat er alles, um seine Gesellschaft vor Angriffen durch die Revolutionäre zu schützen. Dann erreichte ihn ein dringendes Ansuchen des Kriegsministeriums, und Kudriaffsky wurde zum Linienschiffs-Kapitän befördert und zum Kommandanten der mobilen Flotte ernannt. Er kehrte also im April 1848 zu dem zurück, was von der k. k. Marine noch übrig war. Die Situation schien vorerst fast hoffnungslos, doch Kudriaffsky war ein Mann der Tat.

Er sorgte binnen Kurzem für Ordnung und ließ alle Offiziere und Mannschaften, die mit den italienischen Nationalisten sym-

pathisierten, mit dreimonatiger Besoldung auf Segelbarken nach Istrien schicken, wobei er ihnen den Spruch mitgab: *Il diavolo vi benedica!* Dann machte er sich daran, an der Küste Istriens neue Seeleute anzuwerben. Es wurden sodann mit großen Mühen die noch vorhandenen Schiffe für den unvermeidlichen Kampf gerüstet, wobei auf allen Gebieten improvisiert werden musste.

Kudriaffsky steuerte nun mit dem Rest der k. k. Flotte, drei Fregatten, einer Corvette, drei Briggs, einer Goélette und zwei Dampfern, wovon einer unbewaffnet war, Anfang Mai die Gewässer von Venedig an, um eine Seeblockade durchzuführen. Doch recht rasch wurde er durch das Erscheinen der weit überlegenen sardinisch-neapolitanischen Flotte zum Rückzug gezwungen. Er führte seine Schiffe am 16. Mai an die istrische Küste zurück. Am 22. Mai tauchte die Flotte des Gegners auch hier auf. Die Italiener unter dem Kommando Admiral Giovan Battista Albinis verfügten neben einer überlegenen Anzahl von Segelschiffen auch gleich über sieben Kriegsdampfer. Kudriaffsky stellte nun seine Schiffe in Schlachtordnung zu zwei Linien auf und schickte einen Offizier zu den Italienern, um sich nach deren Absicht zu erkundigen. Albini sagte nur hochtrabend, er wäre hier, um die Österreicher zu schlagen.

Doch kam es dann nicht zu diesem ungleichen Kampf, da eine plötzlich eingetretene Windstille den Vormarsch der italienischen Segelschiffe zum Stillstand brachte. Kudriaffsky hatte nicht genügend Vertrauen in die Schlagkraft seiner zahlenmäßig weit unterlegenen und mit zusammenge-

Die letzte große Schlacht von Segelschiffen vor Navarino, deren Zeuge Kudriaffksy wurde. Gemälde von unbekanntem Künstler, 1827

würfelten Mannschaften versehenen Flotte und trat während der folgenden Nacht den Rückzug nach Triest an, wo er seine Einheiten unter dem Schutz der Küsten- und Hafenbatterien neu gruppierte. Als Albini mit seiner Flotte auftauchte und die Situation überblickte, wagte er keinen Angriff, da ein solcher für ihn sicherlich zu sehr schweren Verlusten geführt hätte. Die Italiener konnten sich einen Tag später nur zu einem Nachtangriff gegen eine der Küstenbatterien entschließen, der blutig zurückgeschlagen wurde.

Somit hatte Kudriaffsky Triest erfolgreich verteidigt, auch wenn er nicht in die Fußstapfen Nelsons getreten war und bei einem Angriff auf einen weit überlegenen Gegner alles riskiert hatte. Er leistete damit mit seiner inferioren, zusammengewürfelten Flotte das Beste, was unter den herrschenden Verhältnissen möglich war. Dafür aber wurde er von allerlei Neidern und Gegnern attackiert und sogar der Feigheit bezichtigt, was bei einem Mann mit seiner Biografie ziemlich absurd ist. Kudriaffsky wurde nun Opfer seiner kantigen Persönlichkeit: Er hatte zu viele Feinde. Die Enthebung von seinem Kommando Anfang November 1848 kränkte ihn sehr. Bescheinigte ihm doch ein Gutachten des sehr einflussreichen Barons Welden, er habe sich „in allen Gelegenheiten so benommen, um unsere sehr herabgekommene Marine wieder zu Ehren zu bringen". Aber der damals allmächtige Fürst Windischgrätz konnte Kudriaffsky wegen „seiner Arroganz" nicht leiden und hatte seiner Ablöse zugestimmt. So fand die erneute Blockade Venedigs, die schließlich zum Erfolg führen sollte, unter der Führung Admiral Hans Birch Dahlerups statt. Kudriaffsky konnte diesen Sieg nur aus der Ferne beobachten. Im Gegensatz zu ihm wurde Dahlerup hoch dekoriert und genoss einige Zeit die Gunst Wiens, bevor auch er das Opfer von Intrigen wurde.

Bereits im November 1848 wurde der umstrittene kurzfristige Flottenkommandant dem Reichsverweser Erzherzog Johann in Frankfurt zugeteilt. Hier sollte er die deutsche Flotte organisieren und das Errichten von Befestigungen an der Nord- und Ostseeküste in die Wege leiten. Der Erzherzog hielt ihn für den besten Mann für diese Aufgabe. Doch wie fast alle Vorhaben unter der machtlosen Herrschaft des Erzherzogs scheiterten auch Kudriaffskys Unternehmungen an den mangelnden Möglichkeiten. Aus einer gemeinsamen deutschen Marine wurde vorerst nichts, laut Kudriaffsky wurde nur „leeres Stroh" gedroschen. Er versuchte dennoch, weiter an dem Projekt zu arbeiten und geriet deswegen sogar in eine Auseinandersetzung mit dem König von Hannover. Kudriaffsky schlug das Angebot zur Leitung des Kriegs- und Marineministeriums aus, da ihm das Parlament in der Frankfurter Paulskirche verhasst war, nachdem es dem preußischen König die Kaiserkrone angetragen hatte. Auf seinen Wunsch enthob ihn der Reichsverweser seiner Funktion und Kudriaffsky versuchte sein Glück erneut bei der Marine, deren Kommandant Dahlerup

ihn aber als eine Art Konkurrent nicht in seinen Diensten haben wollte. Schließlich beförderte man den unbequemen Seehelden zum Generalmajor und gab ihm das Kommando einer Infanterie-Brigade in Zara.

Kudriaffsky sollte jedoch nicht lang in dieser Funktion bleiben, da man ihn als Kommandant einer Grenadierbrigade in den sich abzeichnenden Krieg mit Preußen schickte. Dieser Schlagabtausch kam dann doch noch nicht zustande und der einstige Seeheld erhielt eine neue Aufgabe: 1851 begann Kudriaffsky mit dem Unterricht in Marinewissenschaften für Erzherzog Ferdinand Max, was mit sich brachte, dass vieles, was der spätere Kaiser von Mexiko in die Wege leitete, auf den Einfluss des erfahrenen Seeoffiziers zurückging.

Der humane, nur etwas nervöse General

Doch Kudriaffskys Tage bei der Marine waren gezählt. Bereits nach wenigen Monaten übernahm er eine Brigade in Pilsen, wo er gleich die Nationalgarde entwaffnete, eine neue Manövertaktik erprobte und die Bevölkerung auf mehr Kaisertreue einschwor. 1852 wurde er zum Militär-Distriktskommandanten von Ödenburg ernannt, wo er unter anderem versuchte, den Neusiedler See mit Segelschiffen zu befahren. Im Januar 1856 wurde Kudriaffsky zum Feldmarschall-Leutnant befördert und erhielt die Funktion eines Truppendivisionärs in Prag. Einer seiner ihm unterstellten Offiziere schrieb später: „Kudriaffsky war ein intelligenter, gutmütiger, humaner General, nur etwas nervös." Im verunglückten Krieg von 1859 wollte Ludwig von Kudriaffsky wieder Pulverdampf schnuppern, als er bei der III. Armee unter Erzherzog Albrecht diente. Doch diese Rheinarmee, die direkt auf Paris marschieren sollte, wurde aus Angst vor den Preußen nicht eingesetzt. Nach dem Krieg kam der Seeheld als Divisionär nach Agram und diente letztlich 1860–1865 als Präsident des Militär-Appellationsgerichts in Wien. Es war dies eine Stelle für verdiente alte Generale, neben der er auch das Amt eines zweiten Inhabers des Fußregiments Erzherzog Ludwig Victor ausübte. Mit 60 Jahren trat Kudriaffsky auf eigenen Wunsch in den Ruhestand, er galt als verbitterte Persönlichkeit. Offensichtlich hatte er in seiner zweiten Lebenshälfte die Erfolge seiner aufregenden Jugend nicht fortsetzen können. Er sollte jedoch noch 29 Jahre als Pensionist vor sich haben, die er in geistig und körperlich guter Verfassung erlebte.

Kudriaffsky starb im für damals sehr hohen Alter von fast 90 Jahren 1894 in Meran. Er besaß am Ende seines Lebens nur einen einzigen österreichischen Orden, wie erwähnt den der *Eisernen Krone 3. Klasse*, dafür aber eine Vielzahl von russischen, türkischen, ägyptischen, schwedischen, dänischen und portugiesischen Auszeichnungen, die als Spiegel seines bewegten Lebens gelten können. Kaum ein anderer österreichischer Seeoffizier konnte sich einer derart aufregenden und romantischen Laufbahn rühmen.

Natürlich wurde Kudriaffskys ereignisreiches Leben später auch gewissen Bewertungen unterzogen. Ein wenig wohlmeinender Zeitgenosse gelangte zu der Überzeugung, „dass man nicht gerade ein großer Mann zu sein braucht, um einen ehrenvollen Platz in der Geschichte seiner Waffe – in diesem Falle in unserer Kriegs-Marine – einzunehmen. Mehr kann Kudriaffsky nicht beanspruchen."

Einer von Kudriaffskys Biografen meinte, dass dieser sich am liebsten mit jungen Menschen umgeben habe, Tratsch und Intrigen verabscheut habe, oft sehr witzig und immer ein guter Vorgesetzter gewesen und selbst noch im hohen Alter viel gereist sei. In Wien habe er als eine sehr bekannte Persönlichkeit gegolten, die sich allgemeiner Wertschätzung besonders im Bürgertum erfreut habe. In höheren Kreisen und beim Adel eckte er durch seine offene und direkte Art oft an, was aber das Schicksal vieler markanter Persönlichkeiten ist.

Letztlich kann man über diesen vielseitigen (Marine-)Offizier und Abenteurer auch sagen, dass er keine Entscheidungsschlacht gewonnen und keine herausragende politische Tat vollbracht hat, aber pflichtbewusst in den unterschiedlichsten Aufgaben sein Bestes gab. Dabei zeigte er immer große Tapferkeit und einen guten Sinn für das Machbare und Wesentliche. In seinen späteren Jahren galt er als Kapazität in allen Bereichen der Kriegskunst und sein Rat und seine Meinung hatten bedeutendes Gewicht. Erwähnt werden sollte, dass dieser alte Haudegen auch noch ein weiches Herz hatte – viele seiner Zeitgenossen lobten sein soziales Engagement und seine Wohltätigkeit gegenüber Armen und Bedürftigen.

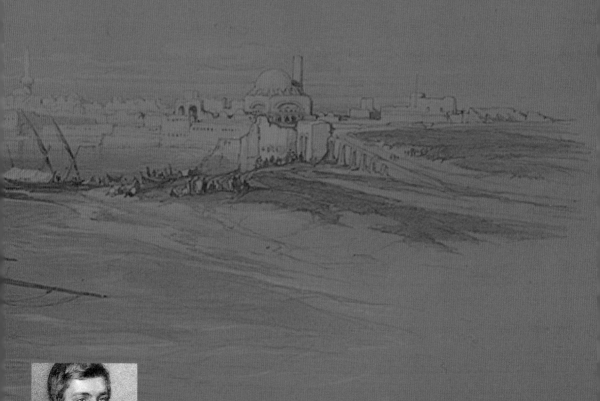

1821–1847

Erzherzog Friedrich
Der jugendliche Draufgänger

ERZHERZOG FRIEDRICH

Der jugendliche Draufgänger

Wen die Götter lieben …" – am 5. Oktober 1847 starb in Venedig ein junger österreichischer Prinz im Alter von 26 Jahren. Er war nach Don Juan de Austria der einzige Habsburger, der die Bezeichnung Seeheld verdient.

Friedrich Ferdinand Leopold, Erzherzog von Österreich, wurde am 14. Mai 1821 in Wien geboren. Er war der dritte Sohn von Erzherzog Carl, einem der wenigen nennenswert militärisch begabten Habsburger, allgemein bekannt als Sieger in der Schlacht von Aspern. Friedrichs Mutter war die Prinzessin Henriette Alexandrine von Nassau-Weilburg. Das Familienleben galt als sehr harmonisch und der junge Erzherzog wuchs zusammen mit seinen drei Brüdern und zwei Schwestern wohlbehütet auf. Prinzessin Henriette starb jedoch bereits 1829 mit nur 32 Jahren und wurde als einzige Protestantin in der kaiserlichen Kapuzinergruft bestattet. Erzherzog Carl kümmerte sich aber auch als Witwer sehr verantwortungsbewusst um seine Kinder. Dass er als

Kriegsheld und bedeutender Militärtheoretiker ganz vom Soldatischen durchdrungen war, hatte großen Einfluss auf seine Söhne, die sich alle in die Fußstapfen des Vaters begeben wollten.

Friedrich entschied sich bereits in sehr jungen Jahren für die Marinelaufbahn, was ihm in der Familie die Bezeichnung „Seemann" einbrachte. Er wurde dann auch der erste Angehörige des Hauses Habsburg-Lothringen, der sich intensiv bei der Marine engagierte. Die kühne Entschlossenheit und Tapferkeit, durch die er sich später auszeichnete, soll sich bereits sehr früh bei ihm gezeigt haben. Da Erzherzog Karl auf die Bildung seiner Kinder großen Wert legte, wurde auch Friedrich von einer Reihe militärischer und ziviler Lehrer ausgebildet. Als 1832 Major Wilhelm Freiherr von Lebzeltern die Erziehung des jungen Erzherzogs übernahm, fand er in diesem auch einen Freund und Vertrauten fürs Leben. Lebzeltern blieb von nun an immer in Friedrichs Nähe und begleitete ihn auf allen Reisen.

Bereits am 1. Dezember 1835 wurde der junge Habsburger zum Seeoffizier bestimmt und erhielt nun neben seinem militärischen Unterricht bei Franz Ritter von Hauslab eine sehr intensive maritime Ausbildung bei Johann Ritter von Marinovich. Der intelligente und wissbegierige Friedrich lernte sehr schnell und zerstreute rasch jeden Zweifel an seiner Eignung für diese Laufbahn. Er absolvierte nautisch-maritime Studien in Wien und unternahm immer wieder Seereisen im Mittelmeer. So kam er 1836 nach Venedig, um den Ort seiner künftigen Bestimmung kennen zu lernen. Bereits im Juli 1837 trat er seinen Dienst in der Lagunenstadt an, die von nun an für ihn seine zweite Heimat sein sollte. Im Sommer 1838 erkundete er mit der Fregatte *Guerriera* das westliche Mittelmeer und besuchte die wichtigsten Hafenstädte in diesem Gebiet. Obwohl seine Ausbildung noch nicht abgeschlossen war, erteilte man ihm

FRÉDÉRIC
Archiduc d' Autriche.

Friedrich, Erzherzog von Österreich (14. 5. 1821 – 5. 10. 1847)

bereits 1839 sein erstes Kommando über ein Schiff. Es war dies die Fregatte *Carolina*, das Flaggschiff der in Lissa stationierten Division der k. k. Marine, die nun ebenfalls unter dem Kommando des Prinzen stand. Mit diesem Schiff fuhr der stolze Kapitän nach Korfu und Griechenland. Von da an führte er Aufzeichnungen über seine seemännischen Unternehmungen, die erhalten blie-

ben und später ausgewertet werden konnten. Zu Beginn schrieb er: „Was während dieser Reise vorfiel, enthält mein Dienstjournal." Dabei beschrieb er viel mehr als nur das Seemännische, denn der erst 19-Jährige interessierte sich für die jeweiligen sozialen und politischen Verhältnisse vor Ort, für interessante Persönlichkeiten und die Natur. Daneben gab es viele Beschreibungen

Erste Ausbildungsreise Erzherzog Friedrichs auf der Fregatte „Medea" 1837 nach Neapel und Malta. Nach einem Aquarell 1840

militärischer Anlagen und archäologischer Stätten, wobei er auf Herodot und Pausanias Bezug nahm. Friedrich wurde auch vom österreichischen Orientspezialisten Anton von Prokesch-Osten betreut, der ihn auf einigen seiner Reisen begleitete und ihm sehr viel profundes Wissen vermittelte.

Nach einem kurzen Aufenthalt im väterlichen Schloss Weilburg übernahm Friedrich Ende August 1839 das Kommando der Fregatte *Guerriera*, die wegen des Konflikts zwischen dem türkischen Sultan und dem Vizekönig von Ägypten die Levante-Eskadre der k. k. Marine verstärken sollte.

Am 13. September kam der junge Erzherzog in Smyrna an, wo er sich bei Konteradmiral Bandiera meldete. Da sich noch kein Ausbruch der Kampfhandlungen abzeichnete, nutzte er die Gelegenheit, wieder nach Griechenland zu segeln, um weitere historisch bedeutende Orte und Inseln aufzusuchen.

Als er sich am 26. April 1840 wieder in Smyrna einfand, wurde Friedrich zum Sultan nach Konstantinopel eingeladen, wo er am 4. Mai eintraf. Der junge Habsburger verbrachte nun zwei Monate als Gast der Hohen Pforte und erforschte die Hauptstadt dieses für die österreichische Außenpolitik so wichtigen Landes. Er schrieb sehr ausführlich über seine Eindrücke und unternahm auch einige Reisen im Osmanischen Reich. Besondere Aufmerksamkeit widmete er historisch bedeutenden Orten, wie zum Beispiel Nicäa und Nikomedia. Auch das nicht sehr fortschrittliche Schulwesen und die militärische Ausbildung in der Türkei fanden sein Interesse. Als er am 9. Juli nach Smyrna zurückreiste, war Friedrich voller neuer Erfahrungen und hatte bei seinen Gastgebern einen sehr guten Eindruck hinterlassen.

In Smyrna erreichte ihn nun die Nachricht von dem Vertrag, den die vier europäischen Großmächte England, Russland, Preußen und Österreich am 15. Juli in London unterzeichnet hatten. Man war übereingekommen, den bedrängten Sultan, der bereits einige schwere Niederlagen erlitten hatte, gegen seinen übermächtigen ägyptischen Vasallen Mehmed Ali, der ihn massiv bedrohte, zu unterstützen. Daraus entwickelte sich der sogenannte „Syrische Krieg". Dieser internationale Feldzug gegen den rebellierenden Vizekönig von Ägypten Mehmed Ali brachte für Erzherzog Friedrich eine unerwartet schnelle Gelegenheit zum Erwerb militärischen Ruhms. Er hatte sich auch schon einen Wahlspruch zurechtgelegt. Dieser lautete: *Saevis tranquillus in undis*, was man ins Deutsche sehr frei übersetzte mit „Im tobenden Sturm fest wie ein Turm".

Am 6. September 1840 erschien eine Flotte, bestehend aus britischen und zwei österreichischen Schiffen, der *Medea* unter Konteradmiral Bandiera und der *Guerrie-*ra unter Erzherzog Friedrich, vor der libanesischen Küste und ging vor Beirut vor Anker, wo sie auf weitere britische Schiffe, eine türkische Flottille und ein anderes österreichisches Schiff, die Korvette *Leipzig*, traf. Diese so vereinigte englisch-österreichisch-türkische Seestreitmacht unter dem Kommando des englischen Admirals Stopford sollte nun zu Gewaltmitteln greifen, da Verhandlungen mit Mehmed Ali in Alexandria, in die auch Bandiera und Friedrich eingebunden waren, als letztlich gescheitert betrachtet wurden. In der verbündeten Flotte war man über das weitere Vorgehen unschlüssig. Da sogar geeignete Karten des Gebiets fehlten, ließ Friedrich alsbald welche aus Wien kommen.

Im Kampf gegen die Ägypter

Schließlich starteten die Verbündeten ein Landungsunternehmen nördlich von Beirut, das gegen die Okkupationsarmee der Ägypter gerichtet war. Man wollte damit auch die aufständische Bevölkerung unterstützen und die undisziplinierten ägyptischen Truppen zur Desertation verleiten. Die *Guerriera* blockierte eine Flussmündung, um den gegnerischen Nachschub zu unterbinden. Nachdem Soliman Pascha, der Beirut besetzt hatte, der Forderung zur Übergabe der Stadt nicht zugestimmt hatte, eröffneten die Schiffe der vereinigten Flotte am 11. September das Feuer gegen die Befestigungen der Stadt. Die dreitägige Beschießung richtete große Zerstörungen an, brachte aber

noch kein Ergebnis. Obwohl der Winter nahte, waren sich die Kommandeure der vereinigten Flotte über das weitere Vorgehen ziemlich uneinig.

Am 15. September wurden Landungstruppen der österreichischen Schiffe zur Unterstützung der Engländer an Land gesetzt, welche diese gleich an den gefährdetsten Frontabschnitt verlegten. Friedrich wollte natürlich persönlich mitkämpfen, wurde aber von Admiral Stopford vorerst hingehalten. Insgesamt standen nun 7.000 Mann der Verbündeten, darunter etwa 150 Österreicher, etwa 60.000 Ägyptern gegenüber. Da sich mittlerweile das Wetter verschlechtert hatte, was sich ungünstig für die Schiffe auswirkte, beschloss Admiral Stopford am 24. September 1840 einen Angriff auf die Stadt Saida (Sidon) unter Kommodore Charles Napier. Der tatendurstige Friedrich sollte mit seinem Schiff auch dabei sein.

Am Vormittag des 26. September begann die Beschießung von Saida. Erzherzog Friedrich hatte sich widerwillig vom englischen Kommandeur und seinen eigenen Offizieren überreden lassen, an dem Angriff nicht teilzunehmen. Unruhig beobachtete er das Geschehen. Als das Schießen an der Stadtmauer an Heftigkeit zunahm, konnte er sich nicht mehr halten. Rasch stellte er eine Enterabteilung zusammen, die aus 40 Matrosen und einem Raketenwerfer samt Bedienung bestand. Dann griff er ins Geschehen ein, ohne die britischen Verbünde-

ten davon in Kenntnis zu setzen. Als er mit seiner kleinen Truppe die Mauer der Stadt erreichte, schlug soeben eine Granate von einem der Kriegsschiffe in diese ein – entschlossen drang Friedrich mit seinen Leuten durch die dabei entstandene Bresche in die Stadt ein. Während bei den Verteidigern große Verwirrung herrschte, stürmten die Österreicher unter der Führung ihres wagemutigen Erzherzogs mit aufgepflanzten Bajonetten in die Stadt hinein. Noch bevor die Hauptstreitmacht der Verbündeten eintraf, drangen Friedrichs Leute durch die engen Gassen zum Kastell der Stadt vor und besetzten es. Damit war der Fall der Stadt bereits besiegelt. Trotz heftiger Gegenwehr hatten die Angreifer überraschend geringe Verluste zu beklagen. Nur ein Österreicher starb bei dem Gefecht und nur wenige wurden verwundet. 1.500 Mann der Besatzung ergaben sich.

Nachdem die Stadt gefallen war, wurde nicht zuletzt durch das Verhalten der Offiziere klar, dass die englischen Verbündeten Friedrich diese Aktion neideten: Die britischen Befehlshaber Stopford und Napier bemühten sich zwar, den Mut des jungen Habsburgers zu loben, versuchten aber in ihren offiziellen Berichten, seine Verdienste herabzusetzen. Die Erstürmung von Saida am 26. September 1840 war der erste Höhepunkt in der militärischen Karriere Erzherzog Friedrichs und er wurde später dafür mit dem Ritterkreuz des Maria Theresien-Ordens ausgezeichnet. Und schon bald sollte er einen weiteren Beweis seiner Tapferkeit liefern, der dem ersten in nichts nachstand.

Das eroberte Saida wurde nun umgehend in einen Verteidigungszustand versetzt, wobei auch die Österreicher tatkräftig mithalfen. Dieser erste alliierte Sieg führte zu einem Abfall örtlicher Machthaber von den Ägyptern, zahlreiche Soldaten desertierten aus dem desolaten ägyptischen Heer. Am 10. Oktober konnte deshalb Beirut kampflos besetzt werden, Tripolis wurde am 17. Oktober eingenommen und kam unter die Verwaltung eines österreichischen Kapitäns. Der Sieg der Alliierten schien nahe, doch der strategisch wichtigste Punkt der syrischen Küste befand sich noch in den Händen der Ägypter. Es war dies St. Jean d'Acre, das alte Akkon, das bereits in den Kreuzzügen eine bedeutende Rolle gespielt hatte.

Erzherzog Friedrich, der tollkühne Angreifer

Friedrich kreuzte mit seinem Schiff vor der Küste und sichtete St. Jean d'Acre am 26. Oktober, doch wurde er vorerst durch einen Befehl Bandieras zurück nach Beirut beordert.

Am 30. Oktober wurde in einem Kriegsrat der Angriff auf die Stadt beschlossen. Es war der 2. November, als die Verbündeten mit 21 Schiffen die Blockade des Hafens von Acre begannen. Nachdem einen Tag später bei einem heftigen Artilleriegefecht, in dem angeblich allein die *Guerriera* des Erzherzogs 854 Schüsse abgab, das Pulvermagazin der Stadt in die Luft geflogen war, was zu hohen Verlusten bei den Verteidigern führte, während die Schiffe der Verbündeten kaum beschädigt worden waren, wiederholten sich ähnliche Ereignisse wie in Sidon. In der Nacht vom 3. zum 4. November landete Erzherzog Friedrich mit einer Truppe österreichischer Marineinfanteristen und Seeleuten, die sich mit einigen Türken und Engländern verbündeten und durch eine Öffnung in der Mauer der Festung eindrangen. Dieses Mal sollen es 114 Österreicher, vier Engländer und zwölf Türken gewesen sein, die unter Friedrichs Kommando tollkühn angriffen.

Dazu gibt es einen Bericht des späteren Admirals Anton Bourguignon, der damals als junger Offizier mit dabei war und es mit dem Erzherzog wohl an Mut und Abenteuerlust aufnehmen konnte. Bourguignon stand neben Konteradmiral Bandiera auf der Brücke der *Medea* und beobachtete das Vordringen des österreichischen Landungstrupps. Sie entdeckten eine Stelle, die die größte Chance für das Eindringen in die Stadt bot. „Bandiera beorderte mich unverzüglich an Land, um das Erzherzog Friedrich mitzuteilen. Eile war geboten. Als ich den Fuß an Land setzte, erblickte ich einen Beduinen auf einem schönen Pferd. Ich riß ihn gleich bei seinen langen Beinen herunter, schwang mich selbst in den Sattel und gab dem feurigen Araber die Sporen. Je schneller das

Wilhelm Freiherr von Lebzeltern, Erzieher, Obersthofmeister und treuer Begleiter Friedrichs

prächtige Pferd ausgriff, desto häufiger verspürte ich ein Klopfen auf meiner Schulter. Beim Umdrehen konnte ich aber niemanden erblicken, der mich verfolgte oder mit mir gleichen Schritt hielt. Erst als ich das Pferd vor Erzherzog Friedrich parierte und die so wichtige Mitteilung erstattet hatte, konnte ich mir das rätselhafte Klopfen erklären: Es waren die Hufe der Hinterhand des Pferdes, welche bei dem rasenden Tempo meine Schulterblätter berührt hatten. Mein

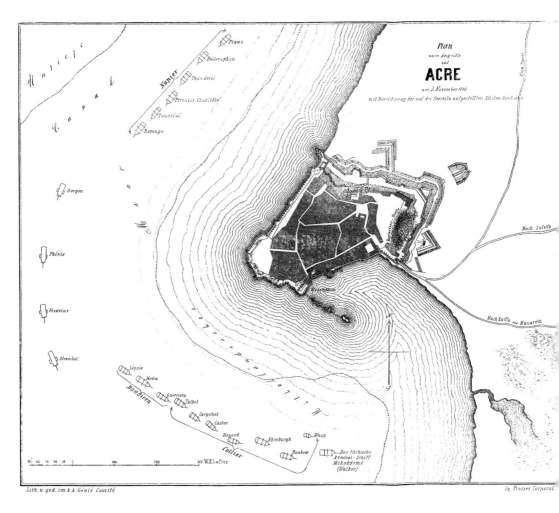

Plan zum Angriff auf Acre am 3. November 1840 mit der Position der Schiffe der verbündeten Streitkräfte im Syrischen Krieg

Ritt und die Güte des Pferdes waren somit mitbestimmend für die gloriose Waffentat der k.k. Kriegsmarine bei St. Jean d'Acre." Wenn die Geschichte Bourguignons auch vielleicht nicht hundertprozentig glaubwürdig ist, so entbehrt sie doch nicht einer gewissen Dramatik.

Friedrich nutzte die Information sofort und drang an der ihm beschriebenen Stelle in die Zitadelle ein, nur war die Besatzung bereits geflohen. Der tapfere Erzherzog ließ nun auf dem Turm gleichzeitig eine türkische, eine britische und eine österreichische Fahne hissen. Als dies auf den Schiffen der Verbündeten gesehen wurde, feuerten alle Einheiten Salut und es kam großer Jubel auf.

Besonders die Briten verstanden die Botschaft, die hinter dem Hissen der Flaggen stand. Hatte doch nach einer alten Überlieferung bereits im Jahre 1191 hier über den Mauern von Akkon eine österreichische Fahne geweht. Sie war von Herzog Leopold nach der Erstürmung der Festung gehisst worden und wurde vom englischen König Richard Löwenherz im Zorn heruntergerissen. Nun hisste wieder ein österreichischer Erzherzog seine Flagge auf den Mauern – und die britische dazu. Außerdem war die Einnahme von Akkon der letzte größere militärische Akt dieses Krieges, denn die Macht Mehmed Alis war damit weitgehend gebrochen.

Der triumphale Empfang für den jungen Seehelden

Die heldenhafte Aktion des jungen Erzherzogs stieß weder beim englischen noch beim türkischen Kommandanten auf viel Gegenliebe. Auch wenn er den Mut des österreichischen Prinzen anerkennen musste, wurde besonders Admiral Stopford sehr deutlich, als er in einem Schreiben an Bandiera seinen Unmut über die Eigenmächtigkeit des Habsburgers bekundete. Stopford wusste allerdings nicht, dass Bandiera vom Vorhaben Friedrichs informiert worden und damit einverstanden gewesen war. Nach dieser zweiten Heldentat konnte weder Friedrich noch Bandiera die Engländer dazu überreden, eine österreichische Abteilung in den weiteren Kämpfen zu Lande einzusetzen. Der Hauptgrund für die Ablehnung dürfte gewesen sein, dass wieder Erzherzog Friedrich als Kommandant dieser Truppe vorgesehen war. Ein drittes Mal wollte man

sich von dem jungen Krieger nicht das Terrain streitig machen lassen. Der Krieg ging aber ohnehin rasch zu Ende, da sich Mehmet Ali dem Sultan in Konstantinopel wieder unterwarf.

Obwohl das Mittelmeer schon von heftigen Winterstürmen heimgesucht wurde, traten die Schiffe der Verbündeten Mitte Dezember die Heimfahrt an. Die heimkehrenden österreichischen Schiffe gerieten in ein heftiges Unwetter, und die *Guerriera* wurde von zwei Blitzen getroffen, wobei ein Mann getötet wurde. Friedrich zeigte sich auch von dieser Gefahr recht unbeeindruckt. Als die *Guerriera* am 13. Februar in Triest einlangte, wurde Friedrich von seinem Bruder Erzherzog Albrecht begrüßt und die Stadtbewohner bereiteten ihm einen triumphalen Empfang. Dann reiste er nach Wien, wo er ebenfalls heftig bejubelt wurde.

Als der Erzherzog anlässlich einer Festvorstellung die kaiserliche Loge des Wiener Burgtheaters betrat, schlug ihm der brausende Jubel des Publikums entgegen. Friedrich war von diesem spontanen Ausbruch der Wertschätzung sehr ergriffen. Als er seinem Vater Erzherzog Carl, dem Sieger von Aspern, an die Brust sank und dieser ihn umarmte und küsste, waren die Menschen kaum mehr zu halten. Es war selbstverständlich, dass der junge Erzherzog nun ein höheres Kommando bekam – jenes des ersten Seebezirks, eine Funktion, die er bis 1842 innehatte. Er war bereits als Marinekommandant im Gespräch, auch wenn es gewisse Einwände wegen seiner Jugend gab.

1842 segelte Erzherzog Friedrich mit der frisch vom Stapel gelaufenen Fregatte

St. Jean D'Acre, das alte Akkon, spielte schon bei den Kreuzzügen eine bedeutende Rolle. Gemälde von David Roberts, 1842–49

Bellona nach England, da er als künftiger Marineoberkommandant die Kriegshäfen und Anstalten der wichtigsten Seemacht der Welt erforschen wollte. Seine beiden ehemaligen Erzieher und Freunde, Oberst Wilhelm von Lebzeltern und Korvettenkapitän Johann von Marinovich, begleiteten ihn. Bei der Fahrt nach England besuchte Friedrich auch Algier, Gibraltar und Lissabon. Nachdem er in Plymouth vor Anker gegangen war, erwies man ihm alle Ehren und sein Besuch erregte in England großes Aufsehen. Der Erzherzog erhielt den britischen Seehelden Robert FitzRoy, der mit Darwin gereist war, als Begleiter und besuchte mit ihm die wichtigsten maritimen Einrichtungen Englands und Schottlands. Friedrich blieb bis zum 1. Januar 1843 und bei der Abschiedsaudienz wurde ihm von Königin Victoria das *Großkreuz des Bath-Ordens* verliehen. Nach seiner Rückkehr nach Österreich wurde Erzherzog Friedrich zum Konteradmiral befördert. Er erfreute sich sehr großer Popularität und man erwartete von ihm in Zukunft weitere heldenhafte Taten. Am 22. August 1844 wurde der junge Erzherzog, wie bereits erwartet und durch die Affäre mit den Bandiera-Söhnen beschleunigt, zum Vize-Admiral und Marine-Oberkommandanten ernannt. Er folgte damit auf Marchese Hamilkar Paulucci, der dieses Amt 20 Jahre lang innegehabt hatte und dessen Wirken umstritten und sehr venezianisch gewesen war. Der Dienstort des Marinekommandanten war Venedig, wo er mit seinem Stellvertreter Graf Dandolo residierte. Friedrich nahm seine Aufgabe sehr ernst und arbeitete eifrig an Reformen der Flotte und des Arsenals. Nun wurden auch vier Dampfschiffe für die Marine bestellt. Er sorgte rasch für mehr Disziplin und bekämpfte allerlei Missbräuche in der Verwaltung. Friedrich gestaltete auch die Ausbildung des Marinenachwuchses neu und legte großen Wert auf die Praxis. Das k. k. Marinekollegium als Ausbildungsstätte für Flottenoffiziere und das Marine-Knabenerziehungshaus als Kaderschmiede für die Schiffsunteroffiziere wurden von ihm besonders gefördert. Äußerst wichtig für die weitere Entwicklung der Kriegsmarine war Friedrichs Bestreben, diese von ihrer italienisch-venezianischen Ausrichtung zu befreien und zu einer wirklich österreichischen Flotte zu machen. Das allerdings führte zu Widerstand von Seiten der italienischen Offiziere und Mannschaften. Besonders im Arsenal von Venedig herrschte große Erbitterung über diese Pläne, wobei noch der Geist des italienischen Nationalismus dazukam, der einem Habsburger sowieso nicht freundlich gesinnt war.

Bedingt durch sein Erbe war Venedig automatisch zum Haupthafen der k. k. Kriegs-Marine geworden; das Arsenal der Lagunenstadt lieferte für die Flotte Schiffe und anderes Gerät. Das Marine-Oberkommando, sämtliche Marine-Truppenkommandos, die Depots für die Matrosen, die Marine-Artillerie, die Marine-Infanterie, alle Ausbildungseinrichtungen der Flotte und auch die Marine-Strafanstalt befanden sich in Venedig. Auch der größte Teil der Flotte stationierte in ehemals venezianischen Gewässern. All das bedeutete auch, dass die habsburgische Marine hier am verwundbarsten war und ein Verlust Venedigs und aller Versorgungseinrichtungen ihre Existenz bedrohen würde. Erzherzog Friedrich war sich dessen bewusst und versuchte deshalb, besonders in Venedig die Strukturen umzugestalten.

Mutig, feinsinnig, romantisch, religiös

Als habsburgischer Prinz verlieh er der Marine mehr Glanz durch persönliche Repräsentation. 1845 machte er einige Reisen unter anderem in die Niederlande, nach Belgien und in verschiedene Teile Deutschlands. Auch traf er sich erneut mit der britischen Königin Victoria. Im November 1845 besuchte der russische Zar Venedig und Friedrich setzte alles daran, seine Marine im besten Licht erscheinen zu lassen. Völlig unerwartet trat er auch dem Malteser-Ritter-Orden bei, wofür er das Gelübde der Armut und Keuschheit ablegte. Als Grund für diesen Schritt wurde wie zumeist eine unglückliche Liebesangelegenheit ange-

Schiffskapitän Erzherzog Friedrich an der Spitze des österreichischen Landungstrupps bei der Erstürmung von Saida in Syrien am 26. September 1840

nommen. Man erwartete allgemein, dass der Erzherzog recht bald zum Großmeister des Ordens aufsteigen würde, da niemand mit dem baldigen Tod des jungen Seehelden rechnete. Neben allen organisatorischen Verbesserungen versuchte Friedrich auch, die Kampfbereitschaft seiner Flotte zu ver-

bessern und leitete deshalb im August und September 1846 große Marinemanöver in den dalmatinischen Gewässern. Danach besuchte er seine Schwester Theresia, die den König von Neapel geheiratet hatte.

Als im April 1847 sein Vater Erzherzog Carl schwer erkrankte, eilte Friedrich nach

Wien, wo der Held von Aspern am 30. April starb. Niemand konnte damals ahnen, dass der junge heldenmütige Sohn seinem Vater nach nur fünf Monaten folgen würde. In Venedig musste sich Friedrich wieder mit den Umstrukturierungen der Flotte, dem Widerstand des Marinepersonals und dem italienischen Nationalismus herumschlagen, was ihn physisch schwächte. Zu Beginn des Herbstes 1847 erkrankte der junge Marinekommandant plötzlich schwer und starb in der Nacht vom 5. zum 6. Oktober in den Armen seines treuesten Freundes, des Generalmajors von Lebzeltern.

Häufiger Wechsel des Marinekommandos

Offiziell erlag der hoffnungsvolle junge Erzherzog einem „kurzen, schmerzlichen Darmleiden". Es ist sehr wahrscheinlich, dass Friedrich an den Folgen einer Gelbsucht starb, doch gab und gibt es immer wieder Gerüchte, man hätte ihn vergiftet. Der Erzherzog dürfte überhaupt von instabiler Gesundheit gewesen sein. Von Kindheit an von heftigen Migräneanfällen geplagt, erkrankte er mit 17 Jahren an Typhus, überlebte nur knapp und laborierte danach „an einer gewissen Schwäche des Unterleibs". Er wurde auch mit einiger Regelmäßigkeit von schweren Fieberanfällen geplagt, vermutlich hatte er Malaria.

Der Verstorbene wurde vorerst in der Kirche Santo Stefano beigesetzt. Am 17. Januar 1848 wurde der Leichnam Erzherzog Friedrichs feierlich nach San Giovanni Battista di Malta gebracht, wo er bestattet wurde. Sein Herz befindet sich in der säkularisierten Marinekirche San Biagio, die Eingeweide verblieben in Santo Stefano. Friedrich hinterließ bei den meisten, die ihn gekannt hatten, den Eindruck eines Menschen, der neben seinem großen Mut auch als feinsinnig, romantisch, sehr religiös, kultur- und geschichtsbewusst, menschenfreundlich und anteilnehmend galt.

Der Verfasser einer frühen Biografie Friedrichs schrieb 1857, dieser Habsburger sei „eines Heldenstammes edler Zweig, der geschmückt mit den ersten Lorbeeren seines jugendlichen Muthes allzufrüh dahin sank". Es dürfte jedenfalls durch den verhängnisvollen frühen Tod des jungen Seehelden eine Entwicklung verstärkt worden sein, die zur Schwächung der habsburgischen Seestreitkräfte führte. So befehligten 1847 vier Oberkommandanten die Marine. Auf Erzherzog Friedrich folgte der greise Graf Dandolo, der jedoch nach nur einem Monat ebenfalls starb. Nun übernahm der vom Rang her gar nicht geeignete Marine-Adjutant Linienschiffs-Kapitän von Marinovich die Leitung der verwaisten Flotte, er wurde aber schon Ende Dezember von Feldmarschall-Leutnant Ritter von Martini abgelöst, der zum Vize-Admiral ernannt wurde. Dieser rasche Wechsel des Kommandos in einer kritischen Zeit, als die italienischen Irredentisten immer mehr an Einfluss gewannen, tat der Kriegsmarine sicher nicht gut und förderte die Zerfallserscheinungen. Das Jahr 1848 brachte im Zuge der Revolution schließlich den blutigen Aufstand im Arsenal von Venedig und die Spaltung der kaiserlichen Kriegsmarine.

1549711790184805839948 **1816–1883** 871872189648018199871986

Bernhard von Wüllerstorf-Urbair
Der Weltumsegler

BERNHARD VON WÜLLERSTORF-URBAIR

Der Weltumsegler

Unter den Kriegsflotten der europäischen Mächte nimmt die Marine der Donaumonarchie eine Sonderstellung ein: Sie hat viel für Wissenschaft und Forschung geleistet – und all das mit sehr geringen Mitteln, viel Improvisation und Geschick. Die Voraussetzung für diese großartige Leistung waren fähige und furchtlose Männer, die nicht nur im Krieg, sondern auch bei zivilen Missionen ihren Mann stellten. Für Forschungs- und wissenschaftliche Erkundungsreisen waren freilich auch das entsprechende Interesse und die Ausbildung dieser Männer eine Grundvoraussetzung. Es überrascht, wie viele österreichische Seeoffiziere sich auf diesem Gebiet profilierten und großartige nichtkriegerische Leistungen vollbrachten. Einer der herausragendsten dieser Männer war Bernhard von Wüllerstorf-Urbair. Sein Leben soll hier als Beispiel für viele andere dargestellt werden.

Bernhard Freiherr von Wüllerstorf-Urbair wurde am 29. Januar 1816 in Triest als Sohn eines höheren Beamten geboren. Sein Vater Leopold gehörte einer alten Reichsritterfamilie an und seine Mutter Julie war eine gebürtige Gräfin. Bereits mit vier Jahren verlor er seinen Vater durch einen Jagdunfall. Der junge Wüllerstorf wurde nun von seiner Mutter erzogen, die sich allerdings später wieder vermählte. Sie heiratete den Grafen Johann Marzani, der später hohe Regierungsämter bekleidete. Diesem Stiefvater verdankte der junge Wüllerstorf die Gewöhnung an ausdauernde geistige Tätigkeit und einen ausgesprochenen Bildungshunger. Er verbrachte große Teile seiner Kindheit in Italien, wo er auch in Padua in die Schule ging. Später wurde er zu Verwandten nach Ofen geschickt, wo er das Gymnasium besuchte. Offenbar auf eigenen Wunsch trat Wüllerstorf am 16. Oktober 1828 in die Pionierkadettenschule in Tulln ein und wurde dem Infanterie-Regiment Nr. 40 zugeteilt. Er war ein sehr guter Schüler und brillierte besonders in Mathematik. Als von Seiten des Hofkriegsrats im Jahr 1833 an die Zöglinge der Kadettenschule die Aufforderung erging, dass jene, welche die Neigung dazu verspürten, sich zum Übertritt in die Kriegsmarine melden sollten, zögerte Wüllerstorf nicht lang, da er sich damit einen Traum seiner Kindheit verwirklichte. Er trat im gleichen Jahr als provisorischer Kadett in Venedig in die k.k. Marine ein.

Nun hatte für den tatendurstigen jungen Mann ein neues Leben begonnen. Er machte Dienst auf einem kleineren Schiff, einer Goélette namens *Arriana*, und widmete sich weiterhin autodidaktisch seiner Ausbildung, da ihm die Marine diesbezüglich wenig zu bieten hatte. Da er ein sehr begabter und eifriger Lernender war, bestand er erfolgreich die Prüfung in Nautik zur effektiven Aufnahme in die Marine und wurde nun Seekadett. Wüllerstorf wurde 1836 wegen seiner großen Begabung frühzeitig als „Officiersdienst thuender Seecadet" auf die Goé-

Bernhard Freiherr von Wüllerstorf-Urbair (1816–1883)

lette *Sphynx* beordert, deren Kommandant Linienschiffsleutnant Milanopulo die glänzenden Fähigkeiten des jungen Mannes sehr zu schätzen wusste. Obwohl man seinen Bildungshunger förderte, fühlte sich Wüllerstorf in der Marine nicht besonders wohl, da er den vorherrschenden Geist als zu italienisch, „unmilitärisch und nichtösterreichisch" betrachtete.

Als er auf Initiative seines ihm sehr gewogenen Schiffskommandanten die Ge-

legenheit erhielt, der Sternwarte in Wien zwecks Studiums der Astronomie zugeteilt zu werden, griff der junge Wüllerstorf begeistert zu. Einer der Gründe dafür war, dass er später die für Venedig geplante Marinesternwarte übernehmen wollte. Während zweier Jahre wurde er durch anerkannte Wissenschafter zum tüchtigen Astronomen ausgebildet. Als er 1839 wieder in den Marinedienst zurückkehrte, wurde Wüllerstorf deshalb auch „außer der Tour" zum Linienschiffsfähnrich befördert und zum Direktor der Marinesternwarte in Venedig ernannt. Im Rahmen der Marineakademie erteilte der erst 23-Jährige angehenden Marineoffizieren Unterricht in Astronomie und Nautik. Zudem schrieb er mit großem Eifer größere und kleinere Aufsätze für die Marine-Zeitschrift. Wüllerstorf stellte auch neue Formeln auf für die Bestimmung der geografischen Breite mittels Beobachtung zweier Sterne und er beteiligte sich an der Zonenbeobachtung des Himmels, wobei er die Karte des Sternbildes Orion vollendete. Der strebsame junge Offizier war bald Teil der besseren Gesellschaft Venedigs, wozu auch seine Liebenswürdigkeit und sein elegantes Auftreten beitrugen. Allerdings wurde er durch den Alltag in der Marine, öde Verpflichtungen und mangelndes Verständnis für seine wissenschaftliche Tätigkeit von Seiten seiner Vorgesetzten mit seinem Dienst immer unzufriedener und plante bereits, seine Offizierslaufbahn zu beenden und sich für die Leitung der Sternwarte von Padua zu bewerben. Vorerst jedoch machte sich Wüllerstorf ans Erfinden und konstruierte die erste funktionsfähige telegrafische Unterwasserverbindung der österreichischen Monarchie, um Daten von seiner Sternwarte zum Markusplatz zu senden. 1847 konnte er seinen Apparat beim Gelehrtenkongress in Venedig erfolgreich vorführen. Später wurde seine Erfindung kurz vor ihrer praktischen Nutzung ein Opfer der Revolution.

Am 12. April 1847 heiratete er Hannah O'Conor of Connaught, um die er schon sehr lange geworben hatte. Der Zeitpunkt dafür war aber nicht besonders glücklich gewählt, da es in Venedig politisch immer unruhiger wurde und einige Monate später die Revolution ausbrach. Wüllerstorf wurde von den Ereignissen völlig überrascht und floh mit seiner schwangeren jungen Frau unter Verlust aller seiner persönlichen Aufzeichnungen. Doch bald brach ein noch viel schlimmeres Verhängnis über ihn herein: Seine Frau starb nach dieser Flucht am 29. Juli 1848 bei der Geburt ihres gemeinsamen Kindes.

Ein kühnes Unternehmen beginnt

Der verstörte Wüllerstorf dachte nun nicht mehr an seinen Abschied von der Marine, sondern meldete sich in Triest bei Feldmarschall-Leutnant Franz Graf von Gyulay, um den sich der dem Hause Habsburg treu gebliebene Teil der österreichischen Marine versammelt hatte. Er übernahm nun bereitwillig das Amt eines Adjutanten und vorläufigen Marineverwalters, wobei er versuchte, mit dem wenigen verbliebenen Material die noch vorhandenen Schiffe für den Kampf auszurüsten. Da eine große Zahl Seeleute abtrünnig geworden war, musste Wüllerstorf massiv neue Matrosen anwerben. Er erledigte seine neuen Aufgaben mit dem ihm eigenen Eifer und war damit erfolgreich. Anschließend wurde Wüllerstorf Eskaderadjutant bei Commodore Kudriaffsky und beteiligte sich an dessen Unternehmungen zur See. Anschließend war er in die erfolgreiche Verteidigung des Hafens von Triest

involviert. Dieser wurde einige Zeit durch eine italienische Flotte unter Admiral Albini blockiert. Wüllerstorf fand sich schließlich beim Kommandanten der Belagerungstruppen Venedigs, Baron Ludwig Welden, wo er als Verbindungsmann zur Flotte fungierte. Nach dem Sieg über die Revolution wurde Wüllerstorf mit dem *Orden der Eisernen Krone dritten Grades* ausgezeichnet und der neue Marinekommandant, Vizeadmiral Hans Birch von Dahlerup, ernannte ihn zum Militärreferenten. Er sollte nun bei der Neuorganisation der Marine bedeutenden Anteil nehmen. Es galt vor allem, die deutsche Sprache überall in der Flotte einzuführen, und Wüllerstorf übersetzte alle taktischen Vorschriften aus dem Italienischen. 1850 zum Korvettenkapität ernannt, war er in der Folge abwechselnd mit Stabsarbeit und einigen Schiffskommanden beschäftigt. So kreuzte er mit der Brigg *Montecuccoli* und der Fregatte *Venus* in der Levante, um die Piraterie zu bekämpfen. Er erhielt nun auch einen der besten Schüler der Marineakademie in Venedig als Offizier zugeteilt, den Fregattenleutnant Wilhelm von Tegetthoff. Es entwickelte sich in der Folge eine enge Freundschaft zwischen den beiden großen österreichischen Seemännern.

1851 wurde Wüllerstorf vom neuen Marine-Oberkommandanten Franz Emil Lorenz Graf Wimpffen zum Präsidialreferenten und Admiralitätsrat ernannt. Er sollte die Organisation der Kriegsmarine weiter verbessern. Auch hier war der fähige Seeoffizier rastlos tätig. Die Ära Wimpffen dauerte nicht allzu lang, und als Erzherzog Ferdinand Max 1854 das Oberkommando über die Marine übernahm, machte er den fähigen und allgemein anerkannten Wüllerstorf zu seinem ersten Berater. Wieder wurde einiges am System der Marine geändert und Neuerungen eingeführt, wobei diese steten Reformversuche von vielen sehr kritisch gesehen wurden. Der inzwischen zum Linienschiffskapitän beförderte Wüllerstorf war ständig mit Organisationsfragen beschäftigt, wenn er nicht auf See war, um Piraten zu jagen oder Übungsreisen mit den Zöglingen der Marineakademie zu unternehmen.

Wüllerstorf trat recht bald mit einem Plan an den fortschrittsfreundlichen Habsburger heran, für den sich Ferdinand Max auch rasch begeisterte. Die Marine sollte eine Weltumseglung durchführen, die offiziell in erster Linie wissenschaftlichen Zwecken dienen sollte. Allerdings sollten dabei auch eventuelle spätere koloniale Unternehmungen vorbereitet werden. Ursprünglich wollte Wüllerstorf diese Expedition nicht selbst befehligen, obwohl er der beste Mann dafür gewesen wäre. Der aufstrebende Tegetthoff sollte seiner Meinung nach das Unternehmen leiten. Doch Ferdinand Max hatte für Tegetthoff andere Pläne und wollte ihn für ein recht kühnes Unternehmen ins Rote Meer schicken. Im Herbst 1856 wurde also Wüllerstorf nach der Einwilligung des Kaisers mit dem Kommando der Weltreise und mit den gründlichen Vorbereitungen dafür betraut. Er tat dies mit der ihm eigenen Umsicht und mit viel Elan. Schon am 30. April 1857 stach die Expedition von Triest aus in See.

Die *Novara*-Weltumseglung war die erste groß angelegte wissenschaftliche Expedition dieser Art, welche die österreichische Kriegsmarine durchführte. Die Forschungsreise war von Wüllerstorf und der *Kaiserlichen Akademie der Wissenschaften* gründlich vorbereitet worden. Bei der Wahl des dafür benötigten Schiffes bewies man eine gute Hand. Die von Wüllerstorf nunmehr als Commodore befehligte Fregatte *Novara* galt als sehr gutes und seegängiges Schiff und sollte auch später noch eine bedeutende Geschichte haben. An Bord befand sich eine Anzahl Gelehrter verschiedener Fachgebiete unter der Leitung des Geologen Ferdinand von Hochstetter und des Zoologen Georg von Frauenfeld. Mit an Bord war auch Karl von Scherzer, der für die Erschließung neuer Handelsbeziehungen zuständig war. Er verfasste später eine auch heute noch sehr gut lesbare und unterhaltsame Schilderung der *Novara*-Expedition. Scherzer bezeichnete Wüllerstorf in einem von ihm verfassten Nachruf als „sublimen Charakter, voll Verehrung für die Wissenschaft, mit Begeisterung für alles Große und Schöne" und er lobte seinen Freimut und seine Humanität, die er bei jahrelangen gemeinsamen Reisen immer aufs Neue erlebt habe. Interessant erscheint, dass der kurzzeitige österreichische Marinekommandant Dahlerup in seinen Memoiren schreibt, Wüllerstorf sei ein verschlagener

Intrigant, rachsüchtig, faul und unberechenbar gewesen und habe alle um ihn herum manipuliert. Aber Dahlerup selbst war wohl eher ein problematischer Charakter.

Man segelte über Madeira nach Brasilien, von dort nach Südafrika, um das Kap der Guten Hoffnung und durch den Indischen Ozean nach Ceylon. Dabei wurden auch die Inseln Sankt Paul und Amsterdam, sowie die Nikobaren angelaufen, die unter Maria Theresia für kurze Zeit eine österreichische Kolonie gewesen waren. Man hatte diese halbherzig angelegte Kolonie später in

Übernahm 1854 das Oberkommando der Marine: Erzherzog Ferdinand Max mit dem Orden des „Goldenen Vlieses"

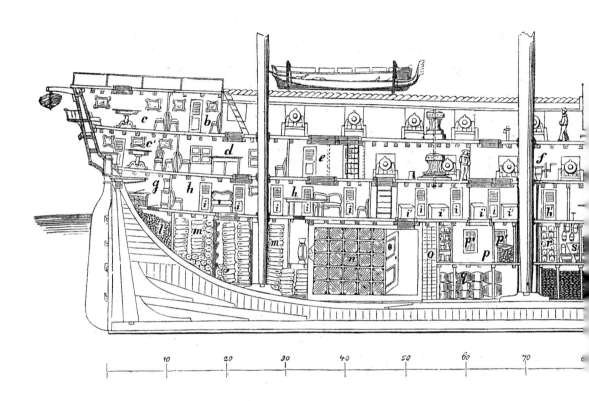

a. Reserve-Masten.	g. Credenz der Officiere.
b. Wohnung des Commandanten.	h. Officiers-Kajüte.
c. Schlafkajüte des Commodore.	h'. Vorrathskammer des Commodore.
c'. Wohnung des Commodore.	i. Cabinen der Officiere.
d. Lesezimmer der Officiere und Cadeten, zugleich Speisesaal des Commodore.	i'. Kisten für die Effecten der Cadeten.
	j. Banjerdeck (Locale der Mannschaft.)
e. Cabinen der Naturforscher und des ersten Lieutenants.	k. Unterofficiers-Cabinen.
	k'. Bordspital.
f. Pumpen.	l. Kugeldepot.
f'. Küche und Destillir-Apparat.	m. Brotdepot.

I. Fregatte Novara.

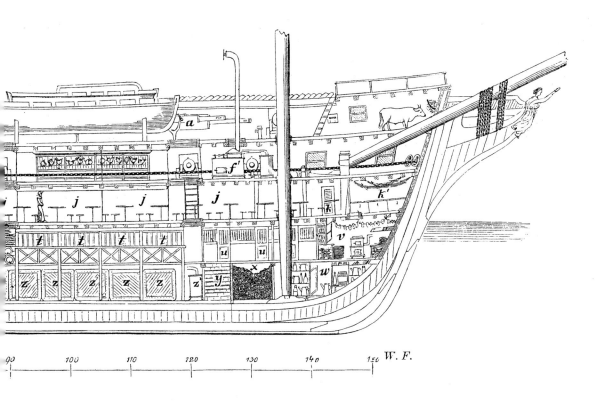

90   100   110   120   130   140   150 *W. F.*

n g :

n. Pulverkammer.

o. Depot für conservirte Lebensmittel des Commodore, der Officiere und der Kranken.

p. Bottlerei.

'. Depot für Reiss, Hülsenfrüchte, Cacao etc.

t. Wein- und Rum-Depot.

s. Pöckelfleisch-Depot.

s. Waschrequisiten (zum Deck scheuern).

. Segel-Depot.

u. Depots für Artillerie-, Steuer- und Handwerker-Geräthe etc.

v. Bootsmanns-Kammer.

w. Depot für Farben, Oel etc.

x. Kohlen-Depot.

y. Aufbewahrungsort des conservirten Fleisches für die Mannschaft.

z. Eiserne Wasserkisten.

z'. Eiserne Wasserkisten des Destillir-Apparates.

Hochdekorierter Seeheld: Karl von Scherzer, Altersbildnis

Das letzte große Abenteuer stellte die Fahrt um das berüchtigte und gefürchtete Kap Hoorn dar, die auch erfolgreich gemeistert wurde.

Auf dieser Reise wurde freilich wissenschaftliche Pionierarbeit geleistet, wie jene auf der Insel Sankt Paul, den Nikobaren und auf Neuseeland, wo die erste geologische Kartierung durch Hofstetter erfolgte. Spätere Forschungen konnten sehr gut darauf aufbauen. Durch die meereskundlichen Untersuchungen, welche insbesondere im Südpazifik stattfanden, ergaben sich neue Aspekte für die Ozeanografie und Hydrografie. Die mitgebrachten 26.000 Präparate botanischer und zoologischer Natur und das zahlreiche völkerkundliche Material sollten einige österreichische Museen in großem Maß bereichern. Während der gesamten Expedition wurden auch erdmagnetische Beobachtungen gemacht, was die entsprechenden Kenntnisse stark vermehrte. Nicht zuletzt wurde es durch die Mitnahme des Cocastrauches im Jahre 1860 erstmals möglich, Kokain rein zu erzeugen, was vielleicht ein etwas fragwürdiger Fortschritt war.

Auf dem Rückweg segelte die *Novara* mitten in ein Kriegsgeschehnis, das man bei ihrem Auslaufen noch kaum für möglich gehalten hatte. Vom drohenden Krieg zwischen Österreich und den Verbündeten Frankreich

Wien einfach vergessen. Dann ging es weiter nach Singapur und zu den Philippinen, danach die südchinesische Küste entlang und in den Stillen Ozean. Zwischendurch kam die *Novara* in einen schweren Taifun, den sie aber durch die hohe Qualität von Schiff und Besatzung recht gut überstand. Es ging im Stillen Ozean zu den Marianen, Karolinen und Salomonen, danach nach Australien und Neuseeland, bevor man in Chile den südamerikanischen Kontinent erreichte.

und Sardinien hatte Wüllerstorf bereits bei seiner Ankunft in Valparaiso am 17. April 1859 erfahren. Hatten sich während der langen Reise die Verluste an Menschenleben in engen Grenzen gehalten, so schien es nun, als würde das Schiff mit all seinen Schätzen im letzten Abschnitt der Reise Opfer der französischen Flotte werden. Man beschloss deshalb, auf möglichst direktem Weg die Heimreise anzutreten. Wüllerstorf wusste nicht, dass Napoleon III. die französische Flotte angewiesen hatte, die *Novara* nicht anzugreifen, da er ihre wissenschaftliche Mission für viel zu wertvoll hielt. Das Schiff erreichte Gibraltar ohne Probleme und wurde auch bei seiner Fahrt durch das Mittelmeer nicht behelligt. Als die *Novara* am 26. August 1859 nach Triest zurückkehrte, war der Krieg auch schon wieder beendet – durch den Vorfrieden von Villafranca zu Ungunsten Österreichs. Erzherzog Ferdinand Max gab mit einigen österreichischen Kriegsschiffen während der letzten Etappe den Heimkehrern Geleit. Die *Novara* hatte auf dieser Reise genau 51.686 Seemeilen zurückgelegt.

Für seine Verdienste um die Expedition erhielt Wüllerstorf den *Orden der Eisernen Krone zweiter Klasse* und wurde in den erblichen Freiherrnstand erhoben. Erzherzog Ferdinand Max beauftragte den erfolgreichen Weltumsegler mit der Zusammenstellung aller für die Marine relevanten Erkenntnisse der Reise. Wüllerstorf organisierte nun mit der ihm eigenen Energie die Aufstellung aller mitgebrachten Sammlungen, wobei er auch auf eine ethnografische Sammlung früherer Seereisen stieß,

die vergessen seit Jahrzehnten am Dachboden des zoologischen Hofkabinetts lag.

Dabei darf man auch nicht die Enttäuschung außer Acht lassen, die sich wegen des Scheiterns der hinter der Reise verborgenen Pläne zum Auffinden und Erwerb österreichischer Kolonien einstellten. Diese kolonialen Pläne und Erwartungen, die man an Wüllerstorf und seine Begleiter vor Antritt der Reise herangetragen hatte, wurden nie wirklich publik, waren aber ein Geheimauftrag hinter der wissenschaftlichen Expedition. Inwieweit diese Pläne gescheitert sind oder einfach nur willentlich unterlassen wurden, ist heute noch Anlass für Diskussionen.

Ein Seeheld auf Studienreisen an Land

Es dauerte nach der Rückkehr insgesamt 15 Jahre, bis alle 21 Bände des Werks der Akademie der Wissenschaften veröffentlicht waren, die die Resultate der Forschungsreise zusammenfassten. Der erste Teil der Reisebeschreibung erschien in drei Bänden und wurde von Karl von Scherzer herausgegeben. Er war reich mit vielen Holzschnitten illustriert. Es gab auch eine ungekürzte Volksausgabe, die sehr populär wurde. Zudem wurden natürlich viele Ergebnisse der Reise auch anderweitig veröffentlicht, wie zum Beispiel in den Sitzungsberichten der Kaiserlichen Akademie der Wissenschaften.

Im Mai 1860 erhielt der bereits zum Konteradmiral ernannte Wüllerstorf den Befehl, sich mit einem Geschwader nach

Sizilien zu begeben, um dort die österreichischen Interessen während des Eindringens der Freischaren Giuseppe Garibaldis zu schützen. Diese Mission war nicht einfach, doch bewies Wüllerstorf auch hier, dass er der richtige Mann war. Er ging mit einer Mischung aus diplomatischem Fingerspitzengefühl und militärischer Stärke vor, was sich als sehr erfolgreich erwies. Nach dieser heiklen Mission wurde der vielseitige Konteradmiral für einige Monate Hafenadmiral und Festungskommandant von Pola. Dann wurde er nach Wien berufen, wo er als Vertreter der Kriegsmarine die Verhandlungen im Reichsrat verfolgte. Während dieser Zeit heiratete er auch zum zweiten Mal. Seine zweite Frau galt als sehr gebildet und war die Tochter eines Feldmarschall-Leutnants.

1862 erhielt Wüllerstorf eine neue interessante Aufgabe. Er absolvierte im Auftrag der Regierung eine mehrmonatige Studienreise nach Frankreich sowie durch verschiedene deutsche Staaten und Holland, um dort die Eisenindustrie und die Bewaffnung von Kriegsschiffen zu erkunden. Wüllerstorf war auch hier sehr gewissenhaft und sammelte eine Vielzahl von Informationen. Anschließend erstellte er einen sehr umfassenden Bericht, in dem er zahlreiche Vorschläge für den Aufbau einer österreichischen Eisen- und Stahlindustrie machte. Danach gab es ein kurzes Intermezzo, das Wüllerstorf als Hafenadmiral und Arsenalkommandanten von Venedig sah. Nun kündigte sich auch schon der unselige Entschluss von Erzherzog Ferdinand Max an, sich als Kaiser nach Mexiko zu begeben. Dabei sollte Wüllerstorfs *Novara* eine wich-

tige Rolle spielen, denn sie brachte als inzwischen auf Dampfbetrieb umgebautes Schiff 1864 Kaiser Maximilian nach Mexiko und drei Jahre später seine sterblichen Überreste wieder zurück. Somit wurde der Weltumsegler schließlich auch noch ein Schicksalsschiff des Hauses Habsburg.

Vom Pech verfolgt im Kriegseinsatz

Das Jahr 1864 sah Wüllerstorf wieder im Kriegseinsatz. Im deutsch-dänischen Krieg wurde er beauftragt, sich mit einem Geschwader in die Nordsee zu begeben, um den bereits dort befindlichen Tegetthoff zu unterstützen. Doch dieser konnte dort bereits durch seinen wagemutigen Einsatz in der Seeschlacht vor Helgoland für klare Verhältnisse sorgen, ehe ihn die Verstärkung erreichte. Später machte man Wüllerstorf völlig ungerechtfertigte Vorwürfe, er sei mit seinen Schiffen zu spät gekommen. Dabei hatte er energisch darauf gedrängt, möglichst schnell von Pola aus aufzubrechen, was allerdings durch einen Mangel an Arbeitern und Material im dortigen Seearsenal verhindert wurde. Einige wichtige Arbeiten wurden groteskerweise erst während der Fahrt durchgeführt. Zudem hatte man ihm für seine kleine Flotte, die größtenteils aus bereits veralteten Schiffen bestand, sehr viele Rekruten zugeteilt, die während der Fahrt erst ausgebildet werden mussten. Dann gab es auch noch heftige Stürme in der Adria und im Mittelmeer, die die Fahrt weiter verzögerten. Als ein britischer Admi-

Station bei der Weltumsegelung der „Novara": der Hafen von Papeete auf Tahiti

ral beim Bunkern in Gibraltar die seltsam zusammengewürfelte österreichische Flotte sah, bekundete er Wüllerstorf sein Erstaunen, dass dieser eine so schlecht ausgerüstete und bemannte Ansammlung von Schiffen übernommen hatte. Der konterte, dass er es sich in Österreich nicht leisten könne, ein solches Kommando nicht zu übernehmen. Das Pech verfolgte ihn jedoch weiter, denn im Atlantik kamen heftige Stürme auf, die einigen seiner Schiffe sehr zusetzten, weshalb er Lissabon anlaufen musste, um Reparaturen durchzuführen. Als er sich bei der Weiterfahrt im Ärmelkanal befand und währenddessen seine Mannschaft taktisch und artilleristisch weiter ausbildete, erhielt er bereits die Nachricht, dass Tegetthoff sein Seegefecht bei Helgoland glücklich

überstanden hatte. Während des daraufhin folgenden Waffenstillstands wartete Wüllerstorf in Cherbourg ab und lief erst wieder aus, als dieser aufgehoben war. Er vereinigte sich schließlich mit Tegetthoff in Cuxhaven. Nun konnte die überlegene österreichische Flotte den letzten Widerstand der Dänen brechen und diese zur Kapitulation zwingen. Wüllerstorf hatte einmal mehr aus einer problematischen Situation trotz aller Widerstände das Beste gemacht. Allerdings trat nun eine gewisse Konkurrenzsituation und Entfremdung zu Tegetthoff ein – dem aufgehenden Stern der Kriegsmarine.

Wüllerstorf wurde nach seiner Rückkehr in Pola mit großem Hurra von der Flotte verabschiedet, da er wegen gesundheitlicher Probleme seine Flagge strich.

Station der „Novara" auf ihrer Weltumsegelung: die Salomonen

Trotz der großen Ovationen war ihm nicht wohl ums Herz und er sagte, es komme ihm dieser Abschied wie seine „maritime Begräbnisfeier" vor. Er sollte auch nie mehr in der Marine tätig sein, obwohl er sich noch einige Zeit mit dem Plan beschäftigte, eine Polarexpedition auszurüsten und anzuführen. Als ihn 1865 Ministerpräsident Richard Graf Belcredi aufforderte, das Handelsministerium zu übernehmen, lehnte Wüllerstorf auch dieses Mal nicht ab, obwohl er es besser hätte tun sollen. Denn hier gab es für ihn wenig zu gewinnen. Die politisch äußerst umstrittene Regierung, welche scherzhaft das „Dreigrafenministerium" genannt wurde, agierte äußerst erfolglos und sah sich massiver Opposition ausgesetzt. Doch Wüllerstorf bemühte sich auch in dieser neuen Funktion wieder mit sehr viel Energie und Kraft und arbeitete am Abschluss von Handelsverträgen mit den europäischen Großmächten, an Verbesserungen im Zoll- und Postwesen sowie der Vervollständigung des Eisenbahnnetzes. Seine Pläne bezüglich der Eisenbahn gelangten später auch weitgehend zur Ausführung. Das Projekt, dem sich Wüllerstorf aufgrund seiner Herkunft besonders widmete, war der Ausbau des Hafens von Triest. Auch hier wurde später einiges von seinen Plänen umgesetzt. Der von ihm offensichtlich nicht sehr geschätzte Ausgleich mit Ungarn veranlasste Wüllerstorf schließlich zum Rücktritt.

Sehr wesentliche positive Hinterlassenschaften aus Wüllerstorfs Ministerzeit waren die allgemeine Senkung des Briefportos

BERNHARD VON WÜLLERSTORF-URBAIR

von 15 auf fünf Kreuzer, was für das Postwesen einen großen Aufschwung bedeutete, und die Einführung der Postkarte, die danach in allen anderen Ländern Europas kopiert wurde. Bemerkenswert erschien schon den Zeitgenossen Wüllerstorfs, dass er im Krieg von 1866 durchsetzte, dass zivile italienische Schiffe auf See nicht gekapert werden durften. Der Gegner revanchierte sich und verschonte österreichische Handelsschiffe, was die Kriegsschäden stark verminderte. Wüllerstorf richtete in seinem Ministerium auch erstmals eine Abteilung für Statistik ein. Außerdem trieb er die Einführung des metrischen Maß- und Gewichtssystems voran, und er ließ die Adria neu kartografieren.

Der Ausgleich mit Ungarn führt in den Ruhestand

Es wurde positiv vermerkt, dass sich der wissenschaftlich interessierte Weltumsegler, der zum Minister wurde, niemals persönlich bereichert oder spekuliert hat. Er sah sich als Diener des Staates und der Marine, denen er stets mit vollem Einsatz und einer gewissen Selbstlosigkeit zu dienen bereit war. Als erneut eine ostasiatische Marineexpedition geplant wurde, wollte ihm der Kaiser auch dieses Mal den Oberbefehl übertragen. Doch hatte sich der Gesundheitszustand des rastlosen Wüllerstorf so stark verschlechtert, dass er davon Abstand nehmen musste. Er litt an einem Nervenleiden, das immer wieder in heftigen Anfällen auftrat.

Sich bereits mit Rücktrittsplänen beschäftigend, wurde Wüllerstorf vom Ausgleich mit Ungarn überrascht. Man setzte ihn erst in Kenntnis, als der verhängnisvolle Umbau der Monarchie bereits beschlossen war. Er war der Meinung, dass damit die Macht des Kaisers gebrochen und der Keim für den Untergang gelegt wird. Kaiser Franz Joseph gab seinem Entlassungsgesuch nun nach, und Wüllerstorf erhielt als Abschiedsgeschenk das *Großkreuz des Leopoldordens* und wurde zum lebenslangen *Mitglied des Herrenhauses* ernannt. Da er nach seinem Ministerposten offiziell wieder in seine Funktion als Vizeadmiral in die Marine eintrat, wofür er gesundheitlich nicht mehr geeignet schien, wurde Wüllerstorf 1869 bei vollen Bezügen in den Ruhestand versetzt. Die ihm verbliebene Lebenszeit verbrachte er sehr zurückgezogen, nur mit seinen wissenschaftlichen Arbeiten beschäftigt, größtenteils auf den Besitzungen seiner zweiten Frau in der Nähe von Graz. Er veröffentlichte eine Vielzahl von Publikationen und war korrespondierendes Mitglied verschiedener wissenschaftlicher Vereinigungen. Besonders Anteil nahm Wüllerstorf am Schicksal und den Ergebnissen der Polarexpedition von Julius Payer und Carl Weyprecht, da er eine solche selbst gern durchgeführt hätte. Gegen Ende seines Lebens verbrachte er gesundheitlich schwer angeschlagen einige Zeit in Italien und Südtirol. Bernhard von Wüllerstorf-Urbair starb am 12. August 1883 in Bozen und wurde auf dem Friedhof im Stadtteil Gries-Quirein beigesetzt. Er hatte keine große Seeschlacht gewonnen, aber auf vielen Gebieten einen nicht zu unterschätzenden Beitrag für die österreichische Kriegsmarine geleistet.

1549·1715·1402·1847·1653·1394·1847·161**1827—1871**72·1967·1801·1809·1871·1986

Wilhelm von Tegetthoff
Der einsame Mann vom Praterstern

WILHELM VON TEGETTHOFF

Der einsame Mann vom Praterstern

D ort wo Wien sicherlich nicht am schönsten ist, steht auf einem verkehrsumtosten Platz ein Denkmal mit der Statue eines einsamen Mannes, der in dieser Umgebung irgendwie verloren wirkt. Auf diesen Platz, der durch verschiedene Umbauten in letzter Zeit nur noch hässlicher wurde, verirren sich Touristen, wenn überhaupt, nur unfreiwillig. Kaum einer von ihnen weiß auch, an wen dieses Denkmal eigentlich erinnern soll. Doch auch viele Einheimische wissen oft nicht, wer Tegetthoff gewesen war. Dabei ist der einsame Mann, der auf dieser seltsam geformten Säule steht, Österreichs wohl größter Seeheld: Wilhelm von Tegetthoff, der Sieger der denkwürdigen Seeschlacht bei Lissa. Er ist nun dazu verdammt, jeden Tag an diesem ungastlichen Ort eine Schlacht gegen Autoabgase und Taubenkot zu verlieren.

Der spätere österreichische Seeheld wurde am 23. Dezember 1827 in Marburg an der Drau als Sohn eines adeligen kaiserlichen Offiziers geboren. Die Tegetthoffs stammten ursprünglich aus Westfalen, sein Urgroßvater war aber bereits in österreichischen Diensten. Auch sein Vater Carl diente als Offizier in der kaiserlichen Armee. Dieser erzog den kleinen Wilhelm und dessen Brüder mit unerbittlicher Strenge, die nur durch die Sanftmut seiner Mutter etwas gemildert wurde. Nach einem Elementarunterricht durch einen Lehrer aus dem Regiment seines Vaters kam Wilhelm von Tegetthoff an das Marburger Gymnasium. Während sein älterer Bruder Karl in die Armee eintrat und sein jüngerer Bruder Albrecht später Mathematiker wurde, zeigte Wilhelm schon als Kind großes Interesse an der Seefahrt, und so bestimmte sein Vater, dass er Seeoffizier werden soll. Dabei wäre der Junge bei seinem ersten nautischen Versuch auf einem Teich in der Nähe von Marburg fast ertrunken, was aber seiner Begeisterung für das nasse Element keinen Abbruch tat.

Im September 1840 kam der 13-jährige Tegetthoff in das Marinekolleg nach Venedig, wo er sich zuerst mühsam an die dortige italienische Unterrichtssprache gewöhnen musste und sehr unter Heimweh litt. Trotz der anfänglichen Schwierigkeiten war er bereits nach einem Jahr einer der besten Schüler seiner Klasse und entschuldigte sich in einem Brief an seine Mutter, dass er nur der Drittbeste sei. Überhaupt schrieb er viel an die Eltern und Verwandten, von denen er nun jahrelang getrennt war. Schon bald erlebte er auch seine erste Ausfahrt auf einem Kriegsschiff und seinen ersten Seesturm, den er ohne Furcht überstand, wie er stolz berichtete. Nach fünf harten Jahren verließ Tegetthoff das Kollegium mit einem hervorragenden Abgangszeugnis.

Als junger Marinekadett begann er seinen ersten Dienst auf der Brigg *Montecuccoli*, später war er an Bord der Korvette *Adria* bei Sicherungsfahrten zum Schutz der österreichischen

Auch so mancher Wiener weiß nicht, wer der Mann auf der Säule auf dem Praterstern ist

Handelsflotte gegen griechische Piraten eingesetzt. Mit nur 21 Jahren beschäftigte er sich schon sehr kritisch mit der Situation der Marine und schrieb: „Unsere Seemacht ist wirklich miserabel." Er ortete als Hauptursachen dafür den permanenten Geldmangel und die Bürokratie in Wien. 1848 wurde Tegetthoff zum Fregattenfähnrich befördert, einige Monate später war er bereits Linienschiffsfähnrich. Wobei diese raschen Beför-

derungen wohl auch mit der Lage der Marine durch die Revolution in diesem Jahr zu tun hatte. Immerhin gerieten dadurch ein großer Teil der Offiziere und viele Schiffe auf die Seite des Gegners. Als nach den Siegen Radetzkys zu Lande die Belagerung Venedigs durch die Reste der Flotte und das Landheer erfolgte, kam auch Tegetthoff zum Einsatz. Er nahm an der Blockade der Lagunenstadt an Bord der Korvette *Adria* teil und bewies

Zögling Tegetthoff an der Marine-Akademie in Venedig

cano, trotz heftigsten feindlichen Beschusses erfolgreich aus der Gefahrenzone abzuschleppen. Mit ihm schickte der österreichische Artillerieoffizier Franz von Uchatius seine berühmten Ballonbomben gegen das belagerte Venedig. Tegetthoff berichtete darüber: „Ich commandirte und so ward mein seit Langem genährter Wunsch erfüllt, Kugeln pfeifen zu hören." Der Kommandant der *Vulcano* schrieb über ihn, er habe sich „sehr gut und tüchtig benommen". Als Anfang August ein venezianischer Brander gegen die Blockadeflotte geschickt wurde, bewahrte der junge Seeoffizier wieder kühlen Kopf und ließ sich nicht aus der Ruhe bringen. Tegetthoff zog schließlich am 28. August 1849 als einer der Begleitoffiziere an der Seite seines Marinekommandanten als Sieger in Venedig ein. Es wollte sich aber kein Hochgefühl bei dem jungen Mann einstellen, denn einer seiner Brüder hatte kurze Zeit davor Selbstmord begangen. Die vormals stark venezianisch-italienisch geprägte österreichische Flotte wurde nun tiefgreifend umgebaut und Deutsch als Dienstsprache eingeführt.

Nach seinem Dienst auf der *Adria* wurde Tegetthoff Gesamtdetailoffizier auf dem Kriegsdampfer *Marianna,* später tat er

dabei einiges von seiner später so sprichwörtlichen Tapferkeit. So gelang es ihm in der Nacht vom 4. auf den 5. Juli 1849, den auf Grund gelaufenen Kriegsdampfer *Vul-*

Dienst an Bord der Fregatte *Carolina*, deren Kommandant Fregattenkapitän von Preu ihn aber ablehnte. Dieser schrieb über ihn: „Gutes, jedoch reizbares Temperament, trotziger Charakter. Hat viele Talente, oft mürrisch, dem Spötteln geneigt, nicht aufrichtig, wankelmütig und leidenschaftlich." Andere Beschreibungen in seiner Qualifikationsliste sind viel weniger negativ und betonen mehr seine positiven Eigenschaften, doch fielen allen Vorgesetzten sein „Trotz", sein „Spötteln" und seine „Reizbarkeit" auf. Tegetthoff war kein angenehmer und bequemer Untergebener und hielt sich mit seiner Meinung und Kritik niemals zurück. Sehr oft hatte er aber auch guten Grund dafür.

1853 befand sich Tegetthoff mit der *Carolina* in Konstantinopel, wo er die Entwicklung in der orientalischen Frage und den Konflikt, der zum Krimkrieg führte, sehr klug beobachtete und kommentierte. Er hoffte auf ein energisches Eingreifen Österreichs in dieser Auseinandersetzung, wurde aber enttäuscht. Die österreichische Regierung und ganz besonders der junge Kaiser schafften es, sich zwischen alle Stühle zu setzen und am Ende politisch isoliert dazustehen. Tegetthoff sollte noch viele Enttäuschungen bezüglich seiner politischen Hoffnungen erleben.

Am 13. Juli 1854 übernahm er die von ihm sogenannte Alleinherrschaft über die Goélette *Elisabeth* mit ihren 63 Mann und zwölf Kanonen, um „dem österreichischen Namen und der Flagge Ehre zu machen". Sein Ehrgeiz zeigte sich sogleich, als er versuchte, seine kleine Goélette zu einem Musterschiff zu machen. Ungefähr zu dieser Zeit schrieb

Bernhard von Wüllerstorf-Urbair in der Dienstbeschreibung Tegetthoffs: „Ist von gutem, doch reizbarem Temperament, trotzigem und stolzem Charakter. Hat sehr viel Talent, ist etwas dem Spötteln geneigt, ist fleißig und auf Selbstbildung bedacht mit bestem Erfolg." Auch der Tegetthoff sehr geneigte Wüllerstorf konnte seine Augen nicht ganz vor dessen problematischer Persönlichkeit verschließen.

Die Beziehung zu Erzherzog Ferdinand Max

Am 10. September 1854 wurde der Bruder des Kaisers, Erzherzog Ferdinand Max, zum Konteradmiral und Marinekommandanten ernannt. Dieser später so tragisch endende junge Habsburger litt immer unter seinem nicht zu befriedigenden Ehrgeiz. Da er schon vor längerer Zeit seine Liebe zur Seefahrt entdeckt hatte, weshalb er sich auch zum Seeoffizier ausbilden ließ, wollte er zumindest als Marinekommandant seine Fähigkeiten unter Beweis stellen. Schon 1855 führte er mit einer Eskader von immerhin 14 Schiffen eine Kreuzfahrt im Mittelmeer durch. Dabei handelte es sich in erster Linie um eine Machtdemonstration, da nie zuvor eine größere österreichische Flottenabteilung unterwegs gewesen war. Diese Aktion war ganz nach dem Geschmack Tegetthoffs, der sich nun großen Aufschwung für die Marine erhoffte.

Tegetthoff erlernte während eines Aufenthalts mit der *Elisabeth* in Smyrna die türkische Sprache und freute sich, dass er schon bald von österreichischer Seite als Dolmetsch eingesetzt wurde. Er segelte von Smyrna aus über die Meere, da die Gefahr durch Seeräuber weiterhin bestand und er stets auf der Suche nach griechischen Freibeutern war, um ihnen das Handwerk zu legen. Da Tegetthoff immer wieder das Abenteuer suchte, war ein Kampf mit Seeräubern sicher ganz nach seinem Geschmack. Er blieb dabei in jeder gefährlichen Situation scheinbar völlig furchtlos und kaltblütig.

Das österreichische Seearsenal in Pola

1855 übernahm Tegetthoff das Kommando über den Raddampfer *Taurus*, das Stationsschiff in Sulina, das an einem der Mündungsarme der Donau lag. Hier konnte er zum ersten Mal in großem Maße seine bedeutenden diplomatischen, organisatorischen und militärischen Fähigkeiten unter Beweis stellen. Durch den Krimkrieg hatten die Ortschaften und Häfen im Donaudelta sehr gelitten, zahlreiche Schiffe lagen ohne Mannschaft oder stark beschädigt als Hindernisse in den Fahrrinnen. Deshalb und wegen der schlechten Ausbaggerung kam die Donauschifffahrt fast zum Erliegen. Tegetthoff wurde nun aktiv und organisierte gemeinsam mit britischen und griechischen Offizieren die nötigen Arbeiten zur Räumung. Er konnte alle Probleme meistern und schon bald fand der Donauhandel wieder Anschluss an das Schwarze Meer. Dass mit einem Mann wie Tegetthoff nicht zu spaßen war, merkte auch ein griechischer

Kapitän, der glaubte, die österreichische Flagge schmähen zu können. Tegetthoff demütigte daraufhin den Griechen und zwang ihn, den Österreichern Salut zu schießen, wobei unglücklicherweise einer der griechischen Matrosen einen Arm verlor.

Die Kunde vom konsequenten und erfolgreichen Handeln des jungen Kapitäns drang auch nach Österreich, und Erzherzog Ferdinand Max begann sich sehr für Tegetthoff zu interessieren. Die beiden Männer wurden in gewisser Weise Freunde, soweit dies aufgrund ihrer gesellschaftlichen Stellung möglich war. Dabei hatten sie sehr unterschiedliche Charaktere. Tegetthoff war sehr entschlossen, direkt und zielbewusst, während Ferdinand Max ein romantischer Träumer war, der sich seinen Stimmungen hingab und oft wenig Bezug zur Wirklichkeit hatte. Es gab manchmal auch Konflikte zwischen den beiden Männern, doch kam es niemals zu einem wirklichen Bruch, da der Erzherzog genau wusste, wie sehr er einen Mann wie Tegetthoff brauchte.

1856 wurde der Grundstein für das Seearsenal in Pola gelegt. Diese Stadt mit dem großartigen Naturhafen sollte das verwundbare Triest nun endgültig als Hauptstützpunkt der Kriegsmarine ablösen. Auch das war im Sinne Tegetthoffs. Es wurden nun auch vermehrt Schraubenschiffe gebaut, was später als in anderen Ländern erfolgte. Erstaunlich genug, denn Josef Ressel, der Erfinder der Schiffsschraube, war Österreicher und hatte für die Marine gearbeitet.

Doch 1857 fuhr eine weitere große Flotteneskader der k. k. Marine rund ums Mittelmeer, die schließlich nur mehr aus

Schraubenschiffen bestand. Durch die zahlreichen Neubauten wurden natürlich auch die österreichischen Werften und die Stahlindustrie gefördert. Alles schien auf Erfolgskurs, doch sollten sich die Hoffnungen von Ferdinand Max und Tegetthoff, dass Österreich zu einer erstrangigen Seemacht aufsteigen könne, nicht ganz erfüllen. Wegen seiner großen Fähigkeiten wurde Tegetthoff 1857 beauftragt, an den Küsten des Roten Meeres einen geeigneten Platz für die Errichtung einer österreichischen Kohlestation zu suchen. Man erwartete sich aufgrund der Projektierung des Suezkanals für die Region eine große Zukunft. Im Hintergrund stand natürlich die Idee, womöglich eine österreichische Kolonie zu begründen und Gebiete dafür zu erwerben. Die Aufgabe war nicht einfach für den inkognito als Zivilist reisenden Seemann. Tegetthoff musste unter anderem die Wüste auf Kamelen durchqueren, worauf eine Reise auf arabischen Segelbooten folgte. Er sammelte unermüdlich Informationen entlang seiner Reiseroute. Doch dann wurde Tegetthoff mit einem Reisebegleiter Opfer eines Überfalls und einer Entführung, von der sich die beiden freikaufen mussten. Tegetthoff setzte trotzdem seine Erkundungsreise fort und erreichte über Aden schließlich So-

kotra, während er fleißig Arabisch lernte. Nachdem er sich über die Insel informiert hatte, reiste er wieder zurück.

Nach seiner Rückkehr trat Tegetthoff für den Kauf der Insel Sokotra ein, da er sie für den geeigneten Stützpunkt hielt. Obwohl Ferdinand Max dieses Projekt sehr befürwortete, konnte er sich damit nicht

Konteradmiral Wilhelm von Tegetthoff auf seinem Flaggschiff „Schwarzenberg" vor Helgoland am 9. Mai 1864

durchsetzen. Wie üblich wurde Geldmangel als Verhinderungsgrund genannt. Einige Jahre später pachteten die Briten die Insel und installierten dort einen Marinestützpunkt. Womit sie Tegetthoffs Ansicht eigentlich bestätigten.

Tegetthoffs Leben wurde immer wieder von privaten Problemen überschattet. So litten er und besonders seine Mutter unter dem schroffen und ungeliebten Vater. Tegetthoff tat alles, um seine geliebte Mutter zu unterstützen, bei der sich bald Depressionen einstellten. Auch ihr Sohn litt immer wieder an heftigen Depressionen, was seine Briefe bezeugen. Auch begingen zwei seiner Brüder Selbstmord. Tegetthoff und seine Mutter atmeten schließlich auf, als der ungeliebte Vater verstarb.

Der Krieg von 1859 gegen Frankreich und Sardinien zeigte nicht nur erhebliche Mängel beim Landheer auf, dessen Hauptachillesferse wohl seine oberste Kommandoebene war, sondern ließ auch klar die starke quantitative und qualitative Unterlegenheit der Flotte gegenüber den Seestreitkräften der beiden Feindländer erkennen. Weshalb man sich von Seiten der Marine auf rein defensive Aufgaben beschränkte, auch wenn Tegetthoff und sehr viele andere Offiziere gerne zum Angriff übergegangen wären. Sie waren der Meinung, dass eine größere und entschlossene Flotte diesem Krieg eine ganz andere Wendung hätte geben können. Eine Abordnung von Seeoffizieren erschien sogar bei Erzherzog Ferdinand Max und äußerte die Bitte, wenigstens mit den Schraubenschiffen offensiv gegen den Feind vorzugehen. Aber der wollte nichts riskieren und

so musste sich der grollende Tegetthoff auf den Küstenschutz beschränken. Er arbeitete danach für das Marineoberkommando aufgrund der schmerzlichen Erfahrung einen Entwurf für die Vergrößerung der Flotte und die Verbesserung der Strukturen aus. Einige seiner Vorschläge wurden aufgegriffen und so zum Beispiel die Fregatte *Novara* in ein Schraubenschiff umgebaut und das Linienschiff *Kaiser* vollendet. Da nun die Großmächte England und Frankreich Panzerschiffe bauten, wollte auch Tegetthoff solche für die österreichische Marine. Wie üblich wurden die Mittel nicht bewilligt, woraufhin der Erzherzog ohne Rückfrage zwei dieser neuartigen Schiffe in Auftrag. gab Dadurch wurden die Verhinderer in Wien überrumpelt und man konnte schließlich fünf Panzerschiffe bauen, ohne die ein Sieg bei Lissa nicht denkbar gewesen wäre.

Wie ein Fels in der Brandung

Nachdem im Herbst 1859 der für Österreich unerfreuliche Friede mit Frankreich geschlossen worden war, hatte Erzherzog Ferdinand Max eine neue Aufgabe für seinen Lieblingskapitän. Er begab sich mit Tegetthoff auf dem Raddampfer *Elisabeth* für einige Zeit nach Brasilien. Bei dieser Reise machten sie einen Ausflug in den Urwald und einen Besuch beim brasilianischen Kaiser in Rio de Janeiro. Als eine große und gefährliche Giftschlange an Bord eines Bootes die Mannschaft bedrohte, reagierte Tegetthoff geistesgegenwärtig und furchtlos. Er schaltete das Tier durch Schläge mit einem Ruder gekonnt aus. Auf dieser Reise beobachtete Tegetthoff die Gegebenheiten wie immer sehr genau und erhielt viele Einblicke in die Situation Brasiliens und ganz Südamerikas. Erzherzog Ferdinand Max sandte zahlreiche Berichte an seinen kaiserlichen Bruder in Wien, die zumeist von Tegetthoff verfasst worden waren. Nach seiner Rückkehr wurde Tegetthoff zum Fregattenkapitän ernannt und erhielt das Kommando über die Fregatte *Radetzky*.

Als bei Unruhen in Syrien viele Christen ermordet wurden, entsandten die Seemächte eine größere Anzahl Schiffe an die Küsten dieses Landes. Auch Wien wollte nicht zurückstehen und so schickte man Tegetthoff mit der *Radetzky* in den Nahen Osten. Während er vor der syrischen Küste kreuzte, brachte Giuseppe Garibaldi Sizilien und Neapel unter seine Kontrolle und der König von Sardinien ließ sich zum Herrscher Italiens ausrufen. Das versetzte natürlich auch die österreichische Marine in Alarm und Tegetthoff wurde mit seiner Fregatte zurückberufen, um die italienische Küste zu überwachen. Es kam aber nicht zu Kampfhandlungen, und Tegetthoff nahm nach einiger Zeit wieder seine Tätigkeit im Marineoberkommando auf, wo es zu heftigen Auseinandersetzungen um die Rolle der Flotte kam. Tegetthoff vertrat wie immer vehement den Standpunkt, dass die österreichische Marine kein Handlanger der Armee und keine reine Küstenverteidigungstruppe zu sein habe, sondern Handel und Schifffahrt auf hoher See zu schützen habe und zu offensivem Vorgehen fähig sein sollte.

Tegetthoff, der in Krisensituationen wie ein Fels in der Brandung breitbeinig auf der Kommandobrücke stand, wurde immer wieder als „sensibel und etwas depressiv" und als „öffentlichkeitsscheu" beschrieben. Doch wenn es um die Zukunft seiner Flotte ging, dann agierte er kämpferisch und vertrat seine Standpunkte nachhaltig. Zeitgenossen berichten, dass Tegetthoff von einer Aura umgeben schien, die signalisierte, dass künftiger Ruhm auf ihn warten würde. 1862 wurde er zum jüngsten Linienschiffskapitän ernannt und wurde Commodore der österreichischen Levanteflotte. Sein Ansehen hatte zu jener Zeit einen vorläufigen Höhepunkt erreicht und viele betrachteten es als besondere Ehre, unter ihm zu dienen. Die meisten jungen Offiziere betrachteten Tegetthoff als ihr Vorbild und als große Hoffnung für die Zukunft der Marine.

Da in Griechenland die Revolution ausgebrochen war und der König das Land verlassen musste, sollte Tegetthoff nun mit seinem Geschwader österreichische Bürger und Interessen schützen sowie die politische Situation beobachten und Bericht über alle Vorgänge erstatten. Tegetthoff tat dies wie immer sehr gekonnt und überzeugend. Seine Berichte sind auch heute noch eine interessante Quelle. Er hielt das griechische Volk für „sehr verkommen" und hatte mit seinen Berichten großen Einfluss auf den Erzherzog und den Kaiser. Immerhin konnte er verhindern, dass sich der ehrgeizige Ferdinand Max in Griechenland als Thronkandidat anbot.

Tegetthoff wollte für die *Schwarzenberg* und andere Schiffe neue Hinterlader-

Die versammelte Besatzung der Fregatte „Schwarzenberg", Cuxhaven, 1864

kanonen mit Wahrendorf-Verschlüssen, die eine weitaus höhere Feuergeschwindigkeit erlaubt hätten. Außerdem wollte er die Geschütze auf verstärkten Deckbohlen fix lagern, was beim Feuern eine Zeitersparnis bedeutet hätte, da man eine rollende Lafette nach jedem Schuss erst wieder in die richtige Position bringen musste. Doch wie nicht anders zu erwarten, scheiterten seine Vorstellungen an der militärischen Bürokratie, die Umsetzung entsprechender Neuerungen möglichst in die Länge zog. Mit den Geschützen seiner Wahl hätte Tegetthoff bei Helgoland und Lissa wohl noch viel erfolgreicher sein können.

Der Krieg, den Österreich mit Preußen gegen Dänemark führte, brachte für Tegetthoff die Gelegenheit zu seiner ersten großen Heldentat. Er hielt sich 1864 mit seiner *Schwarzenberg* in der Nähe von Rhodos auf, als er den Befehl erhielt, Kurs auf Smyrna zu nehmen. Sofort manchte er sich mit seiner Schiffsabteilung auf den Weg und erhielt dort die Weisung, im Mittelmeer zu kreuzen. In Korfu schließlich kam der von Tegetthoff gewünschte Befehl, sich mit einigen ausgewählten Schiffen in die Nordsee zu begeben. Da man sich mit Dänemark bereits im Kriegszustand befand, wurde unterwegs gleich ein dänisches Handelsschiff aufgebracht und als Beute nach Pola geschickt. Tegetthoff entwickelte noch viel mehr Energie als sonst und wollte so rasch wie möglich die Nordsee erreichen. Der sich an Bord der *Schwarzenberg* befindliche deutsche Batterieoffizier Karl Heinrich Theodor Paschen schrieb: „Ihm [Tegetthoff] könnte die gesamte portugiesische Flotte nicht widerstehen."

Klar Schiff zum Gefecht!

Tegetthoff passierte mit seinem kleinen Geschwader die Meerenge von Gibraltar und erreichte England, wo ihm eine eisige Stimmung entgegenschlug, da man die Österreicher nahezu als Feinde betrachtete, lagen doch die britischen Sympathien auf Seiten der Dänen. Das Tegetthoffs Fregatten begleitende Kanonenboot *Seehund* erlitt im Hafen Ramsgate einen schweren Schaden durch das Verschulden des Lotsen, sodass es für die weitere Unternehmung ausfiel. Am 23. April lief Tegetthoff mit seinen beiden Fregatten die deutsche Nordseeküste an, um sich mit den nicht sehr kampfkräftigen Kanonenbooten zu vereinen, die als deutsche Flotte fungierten. Fast wäre es am Weg zu einem Kampf mit einem englischen Schiff gekommen, das die Österreicher wohl bewusst provozierte und sich erst im letzten Moment zu erkennen gab.

Gemeinsam mit den preußischen Kanonenbooten lief Tegetthoff am 5. Mai 1864 mit der *Schwarzenberg* und der *Radetzky* in Cuxhaven ein, wo man ihm einen be-geisterten Empfang bereitete. Er war nun mit seinen Schiffen an der Front und wollte der Welt einen militärischen Erfolg bieten. Vorerst brachte die Suche nach dem Feind jedoch kein Ergebnis. Doch am 9. Mai kam die Nachricht, dass dänische Schiffe vor Helgoland liegen. Tegetthoff lief umgehend aus, und es dauerte nicht lang, bis er drei dänische Kriegsschiffe vor sich sah.

Die dänischen Schiffe standen unter dem Kommando von Commodore Eduard Suenson, einem sehr erfahrenen Offizier, der wohl über seine artilleristische Überlegenheit Bescheid wusste. Immerhin standen den Dänen 102 Geschütze gegen 88 auf österreichischer Seite zur Verfügung. Noch dazu waren die dänischen Kanonen durchwegs moderner und Suenson hatte viel mehr gezogene Geschütze als Tegetthoff.

Beide Befehlshaber schienen davon überzeugt gewesen zu sein, den Gegner besiegen zu können, weshalb sie den Kampf auch nicht scheuten. Tegetthoff dachte in erster Linie daran, den Dänen den Weg nach Helgoland zu versperren, während Suenson den Österreichern den Weg nach Cuxhaven zu blockieren trachtete. Tegetthoff richtete an Deck der *Schwarzenberg* anfeuernde Worte an seine Besatzung und die Männer riefen begeistert: „Hurra!" Der Hornist blies: „Klar Schiff zum Gefecht!"

Tegetthoff ließ folgendes Signal setzen: „Unsere Armeen haben Siege erfochten, tun wir das Gleiche." Es waren schließlich die Österreicher, die auf eine Distanz von 18,5 Kabel mit ihren Pivot-Geschützen das Feuer eröffneten. Einer der ersten Schüsse der *Schwarzenberg* traf die *Niels Juel* und riss dort einem Seekadetten ein Bein ab. Nachdem die Distanz auf zehn Kabel verringert worden war, begannen die Breitseitengeschütze zu feuern. Doch schon bald zeigte sich die Überlegenheit der dänischen Kanonen; dazu kam noch, dass nur die *Schwarzenberg* und die *Radetzky* voll im Kampf gegen die dänischen Schiffe *Niels Juel*, *Jylland* und *Heimdal* standen, da die preußischen Kanonenboote lediglich aus sicherer Entfernung ziemlich nutzlose Weitschüsse abgaben.

Tegetthoff gegen Suenson vor Helgoland

Tegetthoff verringerte die Entfernung zum Gegner möglichst rasch, denn er wollte unter allen Umständen eine Entscheidung herbeiführen. Die *Schwarzenberg* erhielt nun Treffer auf Treffer, da sich das dänische Feuer hauptsächlich auf sie konzentrierte. Die meisten feindlichen Geschosse trafen den hölzernen Rumpf der Fregatte. Selbst als die Granaten rings um ihn einschlugen und auf seinem Flaggschiff ein gefährlicher Brand ausgebrochen war, ließ sich Tegetthoff nicht aus der ihm eigenen Ruhe bringen. Zwei Mal soll er auf die Meldung, dass Feuer ausgebrochen sei, ganz ruhig geantwortet haben: „Nun, so lösche man." Die Bekämpfung des Feuers gestaltete sich aber weitaus schwieriger, als man aufgrund der knappen Anordnung Tegetthoffs annehmen sollte.

Der Fockmast war in Brand geschossen worden. Obwohl die Segel eingerollt waren, entstand ein heftiges Feuer, das zunächst kaum unter Kontrolle zu bringen war, da die Schiffsschläuche und Löscheimer von feindlichen Granatsplittern durchlöchert waren. Tegetthoff ordnete an, die zusammengerollten Hängematten zum Ersticken des Feuers einzusetzen, was einen gewissen Erfolg hatte. Alle diese Aktivitäten geschahen im heftigsten feindlichen Feuer, was auch dazu führte, dass sich die Verluste mehrten.

Tegetthoff ließ aber weiterschießen und dachte nicht daran, das Gefecht abzubrechen. Denn auch die Dänen wurden massiv getroffen und erlitten Verluste. Besonders gravierend war, dass eine österreichische Granate die Steuervorrichtung der *Jylland* zerstörte, wodurch sie weitgehend manövrierunfähig wurde. Als auch das Vormarssegel der *Schwarzenberg* lichterloh zu brennen begann, entschied Tegetthoff widerwillig, zum Löschen die Gefechtslinie zu verlassen. Nun konzentrierte sich das feindliche Feuer auf die *Radetzky*. Diese folgte nun dem Flaggschiff und beide Schiffe schossen fortwährend mit ihren Heckgeschützen, bis sie außer Reichweite des Gegners waren. Überraschenderweise folgten die Dänen nicht, sondern brachen den Kampf ab und zogen sich später ebenfalls zurück.

Die *Schwarzenberg* erreichte in der Nacht des 9. Mai 1864 die Reede von Cuxhaven. Das einst so stolze Schiff machte einen sehr lädierten Eindruck. Insgesamt 153 feindliche Geschosse hatten es getroffen, der Fockmast wies noch Glutnester auf und es gab eine beträchtliche Anzahl gefallener und verwundeter Besatzungsmitglieder. Insgesamt waren 37 Tote, 62 Schwer- und 31 Leichtverwundete zu beklagen. Als der österreichische Oberst Graf Bellegarde ei-

Kommandant der dänischen Flotte im Seegefecht vor Helgoland: Eduard Suenson

nen Tag später die *Schwarzenberg* besuchte, war er sehr verwundert, dass das Schiff trotz der vielen Treffer einen sehr ordentlichen Eindruck machte. Die Gefallenen wurden am 10. Mai unter großer Anteilnahme der Bevölkerung beerdigt.

Der Konteradmiral vor seiner größten Aufgabe

Es wurde viel darüber spekuliert, ob Helgoland ein österreichischer oder dänischer Sieg war oder ob die Schlacht unentschieden blieb. Für Tegetthoff und die Anhänger der bisher so stiefmütterlich behandelten Kriegsmarine war das Gefecht vor Helgoland in erster Linie ein Beweis für deren Daseinsberechtigung. Dass der Kampf vor Helgoland in seinen Auswirkungen auf jeden Fall ein Sieg für Tegetthoff war, lag in erster Linie an der Entscheidung seines Gegners Suenson, sich aus dem umkämpften Seebereich zurückzuziehen und damit seinem Gegner das Feld zu überlassen. Tegetthoff hatte damit das erreicht, was er wollte.

Da er ein sehr genauer Beobachter war, erkannte er auch die rasche Verschlechterung des Verhältnisses zu Preußen und er war für die Stationierung österreichischer Schiffe in Norddeutschland, um der Bevölkerung stets zu zeigen, wer sie vom dänischen Joch befreit hatte. Übrigens existiert eines der Schiffe aus der Schlacht bei Helgoland noch heute. Es ist die Fregatte *Jylland*, die die Zeiten überdauert hat und im Museumshafen von Ebeltroft in Dänemark besichtigt werden kann.

Tegetthoff wurde bereits am 10. Mai 1864 zum Konteradmiral ernannt und nach dem Ende der Feindseligkeiten nach Wien beordert, wo es wieder um die Neuorganisation der Flotte ging. Dabei hatte sich die Situation für die Marine insofern verschlechtert, als sich Ferdinand Max zu seinem unglücklichen Mexikoabenteuer entschlossen hatte und Erzherzog Leopold sein Nachfolger als Marinekommandant wurde. Dieser kannte die Flotte kaum und hatte erkennbar weniger Sympathien für sie als sein Vorgänger. Tegetthoff stieß mit seinen Vorstellungen beim neuen Marinekommandanten und dessen Clique auf taube Ohren und wurde nach einiger Zeit wieder in das östliche Mittelmeer geschickt. In Korfu traf er seinen Gegner von Helgoland Commodore Suenson und – man verstand sich prächtig. Danach kreuzte Tegetthoff mit seinem Geschwader vor der Küste Ägyptens, wo es wieder einmal zu Unruhen gekommen war. Der Konteradmiral nutzte die Gelegenheit, um die Arbeiten am Suezkanal in Augenschein zu nehmen, und berichtete darüber nach Österreich.

Einer der sehnsüchtigsten Wünsche Tegetthoffs, eine Expedition nach Ostasien zu kommandieren, sollte sich niemals erfüllen, kam ihm doch Wüllerstorf seinerzeit mit seiner Weltumsegelung zuvor. Tegetthoff glaubte an eine große Zukunft des ostasiatischen Raumes, las viel Literatur darüber und interessierte sich für die Möglichkeit des Abschlusses von Handelsverträgen mit China und Japan, das sich erst kurze Zeit zuvor für den Westen geöffnet hatte. Seit Wüllerstorf das Handelsministerium leitete, wurde diese Idee auch von ihm gefördert, und Tegetthoff sollte die Führung dieser Ostasien-Expedition übernehmen. Im März 1866 wurde er deshalb zu Beratungen nach Wien beordert. Tegetthoff schien am Ziel seiner Wünsche zu sein. Aber die politische Entwicklung erwies sich als ungünstig für das Projekt, zeichneten sich doch der Bruch mit Preußen und ein Krieg ab. In Graz besprach Tegetthoff mit General Ludwig von Benedek, den man für die große militärische Hoffnung Österreichs hielt, den Einsatz einer aufgerüsteten Marine in einem Krieg mit Preußen. Benedek bestärkte ihn, und

mit diesem Rückenwind ging Tegetthoff nach Wien – und holte sich hier eine kalte Dusche: Beim Kriegsminister wurde er nicht einmal vorgelassen. Sonst hörte man ihn zwar an, aber niemand dachte ernsthaft daran, mehr Geld für das Stiefkind Marine zur Verfügung zu stellen. Nur der ansonsten sehr verknöcherte Erzherzog Albrecht erwärmte sich für Tegetthoffs Vorschläge. Zu spät, denn die Dinge nahmen nun rasch ihren Lauf, ohne dass die Situation der Marine hätte verbessert werden können.

Tegetthoff wurde erst am 18. April 1866 vom Kaiser zum Eskader-Kommandanten

Der Kriegshafen von Pola mit der Schraubenfregatte „Schwarzenberg"

ernannt. Seine Aufgabe: die Kriegsmarine so schnell wie möglich auf einen eventuellen Kampf vorzubereiten.

Tegetthoff war sich der Probleme dabei nur zu bewusst: Die meisten Schiffe waren abgerüstet, zwei dringend benötigte moderne Panzerfregatten befanden sich in Bau, und die bestellten neuen Geschütze von Krupp in Essen wurden natürlich aufgrund der politischen Situation nicht mehr geliefert. Es musste also so viel wie möglich improvisiert werden. Was bedeutete, dass man auch die längst als veraltet geltenden Holzschiffe in den Kampf schicken musste. Tegetthoff ließ sie mit Eisenplatten, Eisenbahnschienen und Ketten behelfsmäßig panzern. Das größte dieser Schiffe war das sehr imposant wirkende, aber völlig veraltete Linienschiff *Kaiser*. Tegetthoff wählte die vergleichsweise moderne Panzerfregatte *Ferdinand Max* zu seinem Flaggschiff. Er verlangte nun sich und seinen Untergebenen das Letzte ab, trieb und drängte ohne Pause, war selbst ständig präsent, wusste über alles Bescheid und schien unermüdlich zu arbeiten.

Auch wenn die meisten Beobachter seiner solchermaßen improvisierten Flotte gegen die mehr als zweifach überlegene Armada der Italiener so gut wie keine Chance gaben, so glaubte Tegetthoff fest an den Sieg. Um die artilleristische Unterlegenheit auszugleichen, trainierte er seine Kanoniere darauf, das Feuer auf jeweils einen Punkt im gegnerischen Lager zu konzentrieren. In zahlreichen Besprechungen wurde die Rammtaktik erläutert. Damit sollte der Feind keine Möglichkeit erhalten, sein stärkeres Geschützpotenzial auszunützen. Gleichzeitig sollte mit einem Rammstoß die gegnerische Schiffsflanke zerstört werden, und mehrere Einheiten sollten so ein feindliches Objekt kampfunfähig machen.

Italiens Flotte vor Anker

Im Frühjahr 1866 brach der Krieg zwischen Preußen und Österreich aus. Italien, mit Preußen alliiert, erklärte Österreich am 20. Juni 1866 den Krieg und sandte Truppen in die Lombardei. Bereits am 24. Juni erfocht die kaiserliche Südarmee unter Erzherzog Albrecht ihren Sieg bei Custozza. Tegetthoff hisste an diesem Tag seine Admiralsflagge auf dem Panzerschiff *Erzherzog Ferdinand Max* und versammelte seine Flotte um sich. Er brannte wie immer vor Ungeduld und wollte möglichst sofort eine „scharfe Rekognoszierung" an der feindlichen Küste vornehmen, wozu er aber erst am 26. Juni die Erlaubnis aus Wien erhielt. Tegetthoff verließ am gleichen Tag mit dem Großteil seiner Flotte die Reede von Fasana und war bereits am Morgen des 27. Juni 1866 vor Ancona.

Wider Erwarten traf Tegetthoff die italienische Flotte fast vollständig auf der Reede von Ancona vor Anker an. Er verblieb nun einige Zeit in der Nähe des Hafens, obwohl sich dadurch natürlich die Gefahr für ihn erhöhte. Doch wollte er dem Feind gegenüber Stärke demonstrieren. Der Held von Helgoland suchte nicht das Weite, wenn er sich einer feindlichen Flotte gegenübersah. Die Italiener gerieten über das kühne Vorgehen der Österreicher auch in einige Verwirrung und fürchteten einen Angriff auf ihre unvorbereiteten Schiffe. Die Gelegenheit schien nun trotz der italienischen Überlegenheit günstig für einen Angriff, doch Tegetthoff zögerte. Der Hauptgrund, warum er sich letztlich gegen diesen Angriff entschied, war die Gefahr, in der verminten Zufahrt aufgerieben zu werden. Außerdem verfügte Ancona über eine große Anzahl von Küstenbatterien, was sicherlich auf Seiten der Österreicher zu erheblichen Verlusten geführt hätte. So unterblieb eine potenzielle Sensation der Seekriegsgeschichte; Tegetthoff lag zwei Stunden vor Ancona und zog sich dann wieder zurück. Die Italiener waren während dieser Zeit in großer Aufregung, wagten aber keinen Angriff. Sie hatten ihre erste Lektion erhalten. Trotzdem tat der italienische Admiral Graf Carlo Pellion di Persano letztlich so, als hätte er die österreichische Flotte vertrieben.

Am 4. Juli erhielt Tegetthoff vom Statthalter von Triest die Mitteilung über die schwere Niederlage der österreichischen Nordarmee bei Königgrätz. Auch wenn diese erschütternde Nachricht ihn und seine Männer schwer traf, so waren sie weiterhin zum Kampf bereit und weitgehend siegesgewiss. Tegetthoff wollte nun der Niederlage des Landheeres einen Sieg der Flotte gegenüberstellen. Er hoffte, dass Persano ihm bald dazu Gelegenheit geben würde. Am selben Tag – spät, aber doch – führte die Flotte ein von Tegetthoff initiiertes neues deutsches Signalbuch ein, das das italienische ablöste.

Als Tegetthoff am 18. Juli erfuhr, dass die italienische Flotte die Insel Lissa angriff und beschoss, dachte er zunächst an eine Kriegslist, denn er hatte eher mit einem Hauptangriff der Italiener auf die wichtigsten Hafenstädte Triest und Pola gerechnet. Deshalb hatte er die österreichische Flotte im Kanal von Fasana ankern lassen, von wo aus er rasch sowohl nach Norden als auch nach Süden auslaufen konnte. Im Hafen von Pola wäre er zudem auch unter Umständen von Gegnern eingeschlossen worden. Tegetthoff ließ aber den Verteidigern von Lissa telegrafieren: „Ausharren! Es kommt Entsatz!" Am 19. Juli war schließlich klar, dass Persano tatsächlich Lissa erobern wollte, und Tegetthoff lief um 13 Uhr mit seiner Flotte aus.

Österreichs Entsatzangriff

Die Insel Lissa (kroatisch Vis) wurde auch „Gibraltar der Adria" genannt, obwohl dies etwas übertrieben erscheint. Die niemals bedeutende kleine Insel ist ungefähr 200 Seemeilen von Triest entfernt und hatte zu jener Zeit nur zwei Ortschaften und einige tausend Bewohner. Die Engländer, die sie während der Napoleonischen Kriege besetzt hielten, hatten auf ihr starke Befestigungen errichtet, die von den Österreichern weiter ausgebaut wurden. 1866 befand sich eine Besatzung von 1.833 Soldaten auf der Insel, die durch mehrere Festungen und Küstenbatterien geschützt war und insgesamt über 88 Kanonen verfügte. Zudem gab es eine

Polizeistation auf dem 585 Meter hohen Hügel Hum, die eine Telegrafenverbindung zum Festland hatte.

„Da kommen die Fischer"

Der Befehlshaber der italienischen Flotte, Admiral Graf Carlo Pellion di Persano (1806–1883), war aus einem etwas anderen Holz geschnitzt als Tegetthoff. Er hatte bereits als sardischer Fregattenkapitän im Jahr 1848 eine Niederlage gegen die Österreicher erlitten, als er mit einigen venezianischen Schiffen erfolglos die Stadt Caorle an der Mündung der Livenza angriff. In den Jahren 1860 und 1861 hatte er aber als Oberbefehlshaber Erfolge bei der Belagerung von Messina und Gaeta sowie vor Ancona vorzuweisen. 1862 wurde er kurzfristig italienischer Marineminister, 1865 erhielt er einen Sitz im Senat. Bei Kriegsausbruch 1866 wurde Persano wieder mit der Führung der Flotte betraut. Der vom italienischen Marineminister vorgesehene Kriegsplan sah vor, die österreichische Flotte in der Adria anzugreifen. Persano lief deshalb am 16. Juli von Ancona aus und begann am 18. Juli mit seinen 34 Kriegsschiffen den Beschuss der österreichischen Festungs- und Hafenanlagen auf der Insel Lissa. Die Beschießung dauerte bis 20. Juli und führte bereits am 19. zu einer heftigen Auseinandersetzung mit den beiden Persano unterstellten Admiralen Giovanni Vacca und Giovan Battista Albini. Die beiden äußerten massive Zweifel an der Wirkung des Artillerieeinsatzes auf Lissa, was den charakterlich nicht unproblematischen Persano sehr erregte. Dieser Streit sollte für ihn und seine Flotte am folgenden Tag schlimme Folgen haben.

Als am 20. Juli bei sehr böigem, regnerischem und etwas nebeligem Wetter ein Dampfer mit 500 Mann Marineinfanterie zur italienischen Flotte stieß, entschloss sich Persano trotz aller Gefahren, um 7 Uhr früh zu landen. Der Kampf um Lissa tobte heftig und die österreichischen Batterien versuchten, sich tapfer zu behaupten. Nachdem das überlegene Feuer der italienischen Flotte nach und nach eine größere Anzahl der Landbatterien zum Schweigen gebracht hatte, wurden die ersten Landungsversuche unternommen, die aber scheiterten. Nach zweitägigen Kämpfen waren auf österreichischer Seite 24 Mann gefallen und 70 Mann verwundet, während die Italiener nur 16 Tote dafür aber 96 Verwundete zu beklagen hatten. Eigentlich relativ geringe Verluste, wenn man bedenkt, dass von beiden Seiten tausende Schüsse abgefeuert worden waren. Die Beschädigungen an italienischen Schiffen waren bis auf jene der *Formidabile* relativ unbedeutend. Mit zunehmender Dauer des Gefechts wurde die Lage für die Italiener unerfreulicher. Ein österreichischer Entsatzangriff wurde immer wahrscheinlicher und der noch immer nicht gebrochene Widerstand der Verteidiger machte gemeinsam mit dem zunehmend schlechten Wetter eine Landung immer gefährlicher. Doch Persano nahm dieses Risiko in Kauf, da er dringend einen Erfolg brauchte.

Als die gefechtsbereite *Ferdinand Max* an der Spitze von Tegetthoffs Flotte auf den Feind zufuhr, meinte ein abergläubischer

Blick auf den Hafen von Triest 1888

Unteroffizier: „Hm! Freitag heute. Schlechte Vorbedeutung!" Tegetthoff, der unruhig auf der Brücke hin und her gegangen war, hörte diese Bemerkung und stellte den Mann zur Rede: „Du Hundesohn, glaubst du, die Italiener haben heute Sonntag?" Damit hatte er die Bedenken aller zerstreut, die Zeuge des Vorfalls geworden waren.

Tegetthoff hatte sich entschlossen, seine Flotte in drei Divisionen aufzuteilen, wobei die erste aus den Panzerfregatten *Erzherzog Ferdinand Max*, *Habsburg*, *Kaiser Max*, *Prinz Eugen*, *Don Juan d'Austria*, *Drache* und *Salamander* bestand. Dann folgte die zweite Division, die aus Schraubenholzschiffen mit dem Linienschiff *Kaiser* bestand, sowie die dritte Division, die aus den Kanonenbooten und kleineren Dampfern gebildet worden war. Alle drei Abteilungen fuhren in Keilformation, um zügig in die feindlichen Reihen eindringen zu können und die Italiener zum Nahkampf zu zwingen; man hoffte so zu erreichen, dass der Feind seine überlegene Artillerie möglichst wenig ausspielen konnte.

Als der italienische Admiral Persano die heranrückende österreichische Flotte sah, sagte er angeblich herablassend: „Da kommen die Fischer …" Das dürfte für einige Heiterkeit unter den ihn umgebenden

Ein solches 15-Zentimeter-Geschütz bewährte sich im Artillerie-Duell mit den Italienern

schmucken Flottenoffizieren gesorgt haben. Ihnen sollte das Lachen aber recht bald vergehen.

Ungefähr zur gleichen Zeit meldeten die ersten österreichischen Vorausschiffe: „Dampfer in Sicht!" Gegen 9 Uhr wurde es heller und die See etwas ruhiger. Tegetthoff erwartete nun recht bald Feindberührung und gab die Anweisung zum Abspeisen der Mannschaft. Dabei bekamen die Leute auch Wein ausgeschenkt. Eine Ladung Rum vor der Schlacht war damals bereits nicht mehr üblich. Als um 10 Uhr der Himmel aufklärte, sah man die Insel Lissa und bald darauf die italienische Flotte. Das Feuer wurde von den italienischen Schiffen um 10 Uhr 45 eröffnet, die Österreicher feuerten erst etwas später. Das erste Opfer auf österreichischer Seite war der Kommandant der Panzerfregatte *Drache*, dem eine Granate den Kopf abriss. Schon bald entstand dichter Rauch, der die Flotten einhüllte.

Der erste österreichische Angriffskeil der Panzerschiffe drang in die gegnerische Linie ein und es entwickelte sich ein sogenanntes Melée, wobei die Initiative vorwiegend von Tegetthoffs Schiffen ausging. Die Holzschiffdivision hielt währenddessen eher in Richtung auf die Insel Lissa zu, wo es ebenfalls zu heftigen Kämpfen kam. Persano hatte sich zu Beginn der Schlacht mit seinem Stab von der *Ré d'Italia* zur *Affondatore* rudern lassen, weil er diese für das stärkste und schnellste Schiff seiner Flotte hielt. Da dies aber nicht bis zu seinen Schiffskommandanten durchgedrungen war, herrschte schon bald heilloses Chaos, und Persano konnte keine Befehle mehr übermitteln. Die Kommandanten der italienischen Panzerschiffe versuchten, die österreichischen Holzschiffe anzugreifen, die sie für leichte Beute hielten, wurden allerdings selbst von Tegetthoffs Panzerschiffen heftigst bedrängt. Es kämpfte schließlich Schiff gegen Schiff auf kurze Distanz, so wie es Tegetthoff erhofft hatte.

Während der Schlacht blieb Tegetthoff die ganze Zeit über mit einem über die Schulter gehängten langen Fernrohr auf der Kommandobrücke der *Ferdinand Max*, ihm sein Flaggenstab und einige Signalgeber Gesellschaft leisteten. So wie dazumal vor Helgoland blickte der Admiral ohne Rücksicht auf seine Person der Gefahr ins Auge.

Viele österreichische Schiffe, aber auch einige italienische, versuchten, den Feind zu rammen. Tegetthoff tat sich mit seinem Flaggschiff *Ferdinand Max* mit dieser Taktik besonders hervor, wobei ihn dessen Kommandant Maximilian von Sterneck unterstützte. Trotz eines nicht gerade optimalen Winkels konnte er das italienische Panzerschiff *Palestro* mit solcher Wucht am Heck rammen, dass eine Anzahl italienischer Matrosen, die sich am Heck ihres Schiffes befunden hatten, gegen den Bug der *Ferdinand Max* geschleudert wurden. Auch ein Teil der beschädigten Takelage mit der italienischen Flagge fiel auf das Deck des österreichischen Flaggschiffs. Tegetthoff sah eine günstige Gelegenheit und rief: „Wer will die Flagge haben?" Daraufhin sprintete der Offiziersanwärter Nikola Karkovic zur Flagge des Italieners, riss sie los und lief so

schnell wie möglich in sichere Deckung zurück, obwohl ihn italienische Seesoldaten unter wütendes Gewehrfeuer nahmen. Tegetthoff hatte die erste Trophäe dieser Schlacht erbeutet.

Die Kaiser gegen die „Ré d'Italia"

Die zahlreichen österreichischen Holzschiffe, an deren Spitze die optisch beeindruckende *Kaiser* unter dem Befehl des Linienschiffskapitäns Anton von Petz stand, sollten nach dem Plan von Tegetthoff in erster Linie die wenigen italienischen Holzschiffe bekämpfen. Doch sie bekamen es hauptsächlich mit den italienischen Panzerschiffen zu tun. Besonders umkämpft war die *Kaiser*, die als einziges Linienschiff alle ihre Gegner überragte, aber dadurch auch ein gutes Ziel bot. Besonders aggressiv rückte ihr das italienische Panzerschiff *Affondatore* zu Leibe und diese versuchte auch sie zu rammen, während andere Schiffe zu Hilfe kamen. Die *Kaiser* rammte die *Affondatore* nun ihrerseits, die daraufhin den Kampfplatz verließ. Nach einem weiteren Rammstoß gegen die *Ré di Portogallo* verlor das Linienschiff sein Bugspriet, und seine Takelage geriet in Brand. Die *Kaiser* fuhr kämpfend in den Hafen von Lissa, der ihr einen gewissen Schutz bot. Die *Affondatore* war im Kampf sehr schwer beschädigt worden und sank nach ihrer Rückkehr nach Ancona.

Das Schlachtgeschehen erreichte seinen Höhepunkt, als die Ruderanlage der

Alexander Kircher: „Die Seeschlacht bei Lissa am 20. Juli 1866"

Ré d'Italia beschädigt wurde und sie mehr oder weniger manövrierunfähig war. Tegetthoff wurde darauf aufmerksam und ließ die *Ferdinand Max* mit voller Geschwindigkeit auf den Italiener zusteuern. Ein heftiger Rammstoß traf die *Ré d'Italia* an der Backbordseite. Die Wirkung war verheerend, und das todwunde italienische Panzerschiff sank innerhalb von drei Minuten, wobei es 381 Mann der Besatzung mit in die Tiefe nahm, und auch die italienische *Palestro* explodierte nach einem Treffer auf die Pulverkammer. Wegen des heftigen Kampfes konnten kaum Überlebende aus dem Wasser gefischt werden.

Nach zwei Stunden war die Schlacht im Wesentlichen vorbei. Die Italiener zogen sich Richtung Ancona zurück. Die italienischen Verluste beliefen sich auf 612 Tote, 38 Verwundete und 19 Gefangene. Die österreichische Flotte hatte 38 Tote und 138 Verwundete zu beklagen. Bei den Österreichern fielen die Linienschiffskapitäne Moll und der aus Schweden stammende Erik af Klint. Die Österreicher konnten die italienische Flotte nicht verfolgen, da deren Schiffe einfach schneller waren. Am Abend dieses ereignisreichen Tages schickte Tegetthoff den Dampfer *Stadium* nach Split, um dem Kaiser eine Depesche mit der Siegesmeldung zu senden.

Das Ergebnis der Schlacht war eindeutig: Italien hatte in der nur zwei Stunden dauernden Schlacht drei moderne Panzerschiffe verloren, Österreich kein einziges Schiff. Die personellen Verluste der Italiener waren ein Vielfaches der österreichischen. Nach diesem katastrophalen Misserfolg

traf Persano der allgemeine Zorn der italienischen Öffentlichkeit und man gab ihm alle Schuld, ohne auf das Versagen seiner Geschwaderkommandeure einzugehen. Als Flottenchef trug er auch die Verantwortung für alle Handlungen seiner Verbände. Persano wurde am 15. April 1867 vom Senat seines Amtes und Ranges enthoben, nachdem man ihm einen rechtmäßigen Prozess gemacht hatte.

Reif überlegt, kalt und kühn

Das einzige österreichische Schiff, das wirklich schwer beschädigt wurde, war die optisch als Linienschiff sehr beeindruckende, aber eigentlich völlig veraltete *Kaiser*, die tapfer gekämpft hatte, aber ein Relikt einer bereits vergangenen Phase der Seekriegsgeschichte darstellte. Admiral Nelson hätte mit so einem Schiff sicher seine Freude gehabt, 1866 hatte sie in einer Seeschlacht ungefähr so viel zu suchen wie ein Schlachtschiff aus dem Zweiten Weltkriegs in einem heutigen maritimen Konflikt. Die Seeschlacht von Lissa war übrigens auch die letzte, an der Holzschiffe teilnahmen.

Die Zeitungen in Italien wollten die Niederlage einige Wochen lang nicht wahrhaben und druckten fantasievolle Berichte über einen großen Sieg ihrer Flotte ab, die teilweise voll mit absurden Details waren. So habe man die *Kaiser* versenkt, wobei 1.000 Tiroler Scharfschützen ums Leben gekommen wären, deren Zillertaler Hüte das Meer um Lissa geschmückt hätten.

Die Geschichte vom Untergang der *Kaiser* war auch in französischen und britischen Zeitungen zu lesen, was Tegetthoff dazu veranlasste, ausländische Kriegsberichterstatter und Offiziere zu einem Festessen an Bord des angeblich gesunkenen Schiffes einzuladen. Später verweigerte das Marineministerium dem großen Kriegshelden die Bezahlung der Rechnung für diese propagandistisch wertvolle Aktion.

Als der dänische Admiral Hans Birch von Dahlerup, der nach 1848 zur Rettung der österreichischen Flotte und zu ihrem Wiederaufbau tatkräftig beigetragen hatte, vom Sieg Tegetthoffs hörte, schickte er folgenden Gratulationsbrief: „Reif überlegt, kalt und kühn im entworfenen Plane, tapfer in der Ausführung, hat die Seeschlacht bei Lissa einen Glanz über die österreichische Flagge und Österreichs Kriegsmarine verbreitet, der sie im Kriegsruhm mit den größten Marinen der Welt gleichstellt ... Eine schöne Zukunft liegt der österreichischen Kriegsmarine offen, jeder Zweifel von ihrer Notwendigkeit und ihrem Wert für den Staat muß von nun an verstummen ...“

Leider ging dieser Wunsch nicht in Erfüllung, denn viele Verantwortungsträger der Monarchie wurden auch nach Lissa keine großen Freunde der Kriegsmarine, und der große Geldsegen blieb aus. Schuld daran war unter anderem das große Desinteresse von Kaiser Franz Joseph an maritimen Angelegenheiten. Jemand wie er, der sich nur widerwillig an Bord eines Schiffes begab, wurde niemals ein wirklicher Freund und Förderer dieser für ihn exotischen Waffengattung.

Die Seeschlacht bei Lissa wurde für die nächsten 30 Jahre von keinem größeren Seegefecht in den Schatten gestellt. Deshalb beherrschten die daraus gezogenen Lehren das Denken der Seekriegsstrategen und Schiffskonstrukteure über ebenso lange Zeit. Man setzte unter anderem auf den Rammsporn als wichtige Waffe eines Kriegsschiffes und die Kiellinie verlor ihre Bedeutung als wichtigste taktische Formation in einem Seegefecht.

Nach dem Ausgleich mit Ungarn

Tegetthoff wurde nach seinem Sieg im Alter von nur 39 Jahren zum Vizeadmiral befördert, was nur eine der zahlreichen Ehrungen war, die er erhielt. Übrigens wurden auch 120 Offiziere der Flotte und fast 500 Kadetten und Angehörige der Mannschaften ausgezeichnet. Lissa wurde für die österreichische Flotte der zentrale Mythos, sodass spätere Marinekommandanten davon träumten, ein zweites Lissa zu inszenieren. Besonders traf dies auf Admiral Horthy zu, der in die Fußstapfen Tegetthoffs treten wollte. In großer Zahl wurden Gemälde mit Lissa-Motiven fabriziert, die bis heute eine Vorstellung der Dramatik jener Schlacht vermitteln. Ein hervorragendes Beispiel dafür gibt das berühmte Lissa-Gemälde des Malers Anton Romako (siehe Abbildung rechts). Tegetthoff, der ein großer Kunstfreund war und immer wieder Ausstellungen besuchte, wurde auf Romakos Gemälde schier zu einer sakralen Figur.

Das Jahr 1867 brachte den Ausgleich mit Ungarn und es gab von nun an eine Doppelmonarchie. Die bisherige „kaiserlich-königliche Kriegsmarine" wurde zur „kaiserlich und königlichen Kriegsmarine", was die grundsätzlichen Probleme der Flotte aber nicht veränderte, sondern einige neue dazubrachte. Tegetthoff war kein Freund des Ausgleichs, denn er sah darin eine Schwächung der Monarchie.

Auf Befehl des Kaisers wurde Tegetthoff 1867 zu einer Inspektionsreise nach England und in die USA geschickt. Er sollte die dortigen Marineinstitutionen erforschen, um die gewonnenen Erkenntnisse später bei der Reorganisation der österreichischen Marine umsetzen zu können. Tegetthoff war ein sehr aufmerksamer Beobachter und er berichtete ausgiebig über die aufstrebenden Vereinigten Staaten nach Beendigung des Bürgerkrieges. Die Unwissenheit der Amerikaner über die europäischen Verhältnisse versetzte ihn in Erstaunen. In Amerika nannte man ihn „Duke of Lissa" und hielt ihn für einen der größten Seehelden aller Zeiten. Tegetthoff hingegen schlug entschlossen das Angebot der Amerikaner aus, Admiral der US-Navy zu werden, und lehnte auch die Einladung des Paschas von Ägypten ab, Oberbefehlshaber der ägyptischen Marine zu werden.

Als er Anfang Juli 1867 von einem Besuch der Industrieausstellung in Paris zurückkehrte, erhielt Tegetthoff von Franz Joseph persönlich den Auftrag, den Leichnam Kaiser Maximilians von Mexiko nach Triest zu bringen. Wieder sollte die *Novara*, die Maximilian dazumal bereits zu seinem verhängnisvollen Abenteuer nach Übersee gebracht hatte, als Transportmittel dienen. Die kaiserliche Familie hatte dem erfolgreichen Vizeadmiral alle Vollmachten gegeben, um von der mexikanischen Regierung die Herausgabe des Leichnams zu erreichen. Tegetthoff reiste mit einem kleinen Gefolge auf einem zivilen Schiff in die USA, um sich dort etwas Rückhalt zu holen. Nach seiner Ankunft in Mexiko musste er in langwierigen Verhandlungen, bei denen es vor allem um die Anerkennung der neuen mexikanischen Regierung durch Österreich ging, sein ganzes diplomatisches Geschick einsetzen, um seinen Auftrag erfüllen zu können. Dabei war er auch immer wieder in direktem Kontakt mit Benito Juarez, dem Bezwinger Maximilians. Tegetthoff konnte denn auch einiges für die sichere Rückkehr der überlebenden Soldaten der Österreichischen Legion und die Freilassung österreichischer Offiziere erreichen. Daraufhin begann die traurige Rückreise mit der inzwischen eingetroffenen *Novara* und den Überresten des an seinem Ehrgeiz gescheiterten Habsburgers. Auf der *Novara* hatte Maximilian 17 Jahre zuvor seine erste Seewache gehalten, dann hatte sie ihn nach Mexiko gebracht und nun brachte sie seinen Leichnam zurück. Als sie am 15. Januar 1868 in Triest ankam, war die gesamte Bevölkerung auf den Beinen und die Kanonen aller k. u. k. Kriegsschiffe feuerten Salut. Dann wurden die sterblichen Überreste des gescheiterten Kaisers nach Wien in die Kapuzinergruft gebracht.

Nach seiner Rückkehr trat man an Tegetthoff heran, er solle ein Gutachten über den weiteren Aufbau der Kriegsmarine erstellen. Er schlug die Schaffung eines selbstständigen Marineministeriums vor, was aber von den Ungarn nicht akzeptiert wurde. Der Seeheld musste widerwillig einlenken und forderte sodann eine dem Kriegsministerium angeschlossene Marinesektion. Das war zwar nur die zweitbeste Lösung, sie wurde aber genehmigt, und der Kaiser ernannte Tegetthoff am 25. Februar 1868 zum Chef der Marinesektion im Reichskriegsministerium und zum Marinekommandanten. Sein Amtssitz war nun in Wien, und er entfaltete eine hektische Reformtätigkeit, obwohl er bereits gesundheitliche Probleme hatte. Für besonders wichtig hielt Tegetthoff die Verbesserung der Ausbildung der Seeoffiziere und Marineingenieure. Außerdem tat er alles, um möglichst viele Schiffe der k. u. k. Flotte auf Missionsreisen in alle Welt zu schicken, nicht nur um Flagge zu zeigen, sondern auch um Seekadetten auszubilden und internationale Kontakte herzustellen.

Zur Eröffnung des Suezkanals

1869 begleitete Tegetthoff Kaiser Franz Joseph zur Eröffnung des Suezkanals und ins Heilige Land. Es war dies die letzte längere Seereise Tegetthoffs und die wohl längste Seereise der Landratte Franz Joseph, der immer wieder an der Seekrankheit litt. Man reiste per Bahn nach Varna und von dort mit der kaiserlichen Jacht *Greif* durch die Dardanellen in Richtung Jaffa. Dort betrat der Kaiser am 8. November 1869 das Heilige Land. Nach der Rückkehr vom Besuch der heiligen Stätten am 14. November kam es beinahe zu einer Katastrophe, die den Lauf der österreichischen und europäischen Geschichte wohl ziemlich verändert hätte. Schon vor der Einschiffung des Kaisers auf die *Greif* herrschte extrem schwerer Seegang und die Berater des Kaisers rieten von einer Fahrt mit der kleinen Barkasse zur Jacht ab. Doch Franz Joseph und Tegetthoff entschieden sich dafür, das Wagnis einzugehen, da sonst der Terminplan schwer zu halten gewesen wäre. An Bord des Bootes den stürmischen Wogen ausgeliefert, befand sich der Kaiser kurzfristig in Lebensgefahr, mit viel Glück erreichte die Barkasse aber das Schiff, dort konnte aber das Fallreep – eine über die Bordwand ausgebrachte Leiter mit Holztritten – nicht benützt werden. Franz Joseph musste ziemlich unwürdig mit einer Art von Kran an Bord gehievt werden, wie man das sonst nur mit lebloser Fracht tat. Dieses Ereignis hat die kaum vorhandene Liebe des Kaisers zur Seefahrt wohl noch weiter abgekühlt. In der internationalen Presse und in Marinekreisen wurde der Vorfall ausgiebig besprochen. Verschiedene Versionen der Geschichte entstanden, wobei etwa behauptet wurde, dass Tegetthoff bei der Bergung des Kaisers, auf den angeblich schon ganze Rudel von Haifischen warteten, selbst Hand angelegt hätte. Franz Joseph mied von nun an Fahrten über das offene Meer und blieb stets in Küstengewässern. Die Marine konnte daher von ihm auch nicht allzu viel Verständnis erwarten.

Als am 16. November 1869 der Suezkanal offiziell eröffnet wurde, hatte sich Franz Joseph wohl schon von seinem Schock etwas erholt und durchfuhr gemeinsam mit Tegetthoff an Bord der *Greif* den Suezkanal. Die kaiserliche Jacht war das dritte Schiff, das den Kanal passierte, womit die Bedeutung Österreichs als maritime Macht dokumentiert wurde. Für Tegetthoff war es wohl eine Auszeichnung, an der Seite des Kaisers mit dabei zu sein. Nach der Rückkehr von dieser Reise, die wohl das letzte wirklich erfreuliche Ereignis in seinem Leben gewesen war, begann für Tegetthoff ein jahrelanger, zermürbender und weitgehend erfolgloser Kampf um den Ausbau der Flotte. Der große Seeheld machte einen zunehmend verbitterten Eindruck, da er trotz aller Mühen kaum eines seiner Vorhaben verwirklichen konnte.

Eine Geschwulst auf seiner Lippe begann ihn zu plagen, und er verbrachte den Sommer 1870 in einem Kurort, wo er die Nachrichten über den Krieg zwischen Deutschland und Frankreich aufmerksam verfolgte. Die Sorgen um das Budget für die Marine ließen ihn nicht los. Immer noch bereitete es dem Seehelden Unbehagen, gesellschaftliche Verpflichtungen wahrzunehmen, denn er war alles andere als eine gesellige Natur, auch wenn er im Laufe der Jahre gelernt hatte, mit einer gewissen Gewandtheit mit den Menschen zu verkehren. In der Marinesektion in Wien hatte er niemanden, der ihm wirklich nahestand und er vermisste stets den Kontakt zu seinen Mannschaften. Auch konnte er mit seiner Heroisierung nicht viel anfangen.

Am 2. April 1871 fühlte sich Tegetthoff ziemlich unwohl, folgte aber einer Einladung der Fürstin Schwarzenberg. Als er nach Hause kam, hatte er hohes Fieber und konnte das Bett nicht mehr verlassen. Die herbeigerufenen Ärzte stellten eine Lungenentzündung fest. Bald war zu erkennen, dass sein Zustand angesichts der medizinischen Möglichkeiten ziemlich hoffnungslos war. Als er zeitweilig bei Besinnung war, sagte er: „Nun legen wir uns nieder, um zu schlafen, und stehen nicht mehr auf." Es wird berichtet, Tegetthoff habe in seinen Fieberfantasien den Kampf um das Marinebudget gegen seine ignoranten Widersacher weitergeführt. Der große Seeheld starb am Karfreitag, dem 7. April 1871, im Alter von nur 43 Jahren in Wien. Am Ostermontag, dem 10. April, wurde er auf dem Matzleinsdorfer Friedhof beerdigt. An der Stelle des Friedhofs befindet sich heute der Waldmüller-Park. Die Überreste Tegetthoffs wurden schon ein Jahr später exhumiert und in die Familiengruft nach Graz überführt. Dort ruhen sie noch heute.

Was blieb von Tegetthoff?

Der Tod Tegetthoffs war für seine Marinekameraden ein schwerer Schlag, und große Resignation machte sich breit. Sein alter Freund und Kampfgefährte Max von Sterneck schrieb: „Der Tod unseres lieben Tegetthoff macht mir das Fortdienen zur beschwerlichsten Aufgabe. Obgleich der Wunsch und Wille vorhanden ist, die Leitung der Marine im Sinne des Verstorbenen fortzuführen, so fehlt es doch an Kraft, Geist und Verständnis, das Ziel, welches er sich vorgestreckt hat, der Aufschwung der Marine, wird schon zur Seite geschoben …

In ein paar Jahren erkennt man die Marine nicht mehr!"

Die Marine sollte viele Jahre brauchen, um sich vom Tod ihres größten Protagonisten zu erholen. Fast könnte man sagen, dass keiner der Nachfolger Tegetthoffs mehr dessen Format erreichte.

Am 24. September 1886 wurde am Wiener Praterstern das Tegetthoff-Denkmal eingeweiht. Auf einer etwa 20 Meter hohen Säule aus Granit, besetzt mit bronzenen Schiffsschnäbeln, steht das von Carl Kundmann geschaffene Standbild Tegetthoffs. Über die Gestaltung des Denkmals und den Aufstellungsort kann man, wie schon angedeutet, geteilter Meinung sein. Auch in Pola wurde zu Ehren des großen Seehelden ein Denkmal errichtet, das optisch vielleicht ansprechender ist als jenes in Wien. Dieses Denkmal wurde nach dem Ersten Weltkrieg abgebaut, verblieb einige Zeit als Kriegsbeute in Italien und wurde 1935 letztlich in Graz aufgestellt.

Trotz der alles überragenden Erinnerung an den Sieger von Lissa soll hier auch an einen anderen österreichischen Seehelden des Jahres 1866 erinnert werden: Korvettenkapitän Moritz Manfroni von Montfort war Kommandant der österreichischen Gardasee-Flottille, die aus zwei Raddampfern und sechs Kanonenbooten bestand und in heftige Kämpfe mit italienischen Einheiten, die der Freiheitskämpfer Giuseppe Garibaldi befehligte, verwickelt war. Manfronis Auftrag war es, die Landung der Italiener auf österreichischem Gebiet zu verhindern und dieses unter allen Umständen zu halten. Die Kontrolle über die einzige Uferstraße am

Carl Kundmanns Standbild Wilhelm von Tegetthoffs auf dem Wiener Praterstern

Ostufer des Sees sollte das Vordringen der Italiener nach Südtirol verhindern. Außerdem sollte der italienische Nachschub über den See unterbunden werden. Manfroni erledigte diese Aufgaben mit seiner Flottille erfolgreich und ging selbst in die Offensive. Er kaperte zwei italienische Schiffe, beschoss am 25. Juni 1866 italienische Einheiten, die in Richtung Riva del Garda vordrangen und sich daraufhin zurückzogen. Manfroni besetzte mit seinen Matrosen die Stadt und kam damit den erneut vordringenden Italienern zuvor. Riva del Garda konnte gehalten werden und blieb bis 1918 bei Österreich. Der erfolgreiche Flottillen-Kommandant wurde daraufhin mit dem *Ritterkreuz des Maria-Theresien-Ordens* ausgezeichnet.

Julius von Payer und Carl Weyprecht
Die Helden von Franz-Joseph-Land

JULIUS VON PAYER UND CARL WEYPRECHT

Die Helden von Franz-Joseph-Land

N ie zurück!" Zwei Dutzend Männer kämpfen sich verzweifelt durch die zerklüftete arktische Eiswüste, sie ziehen schwer beladene Beiboote eines rettungslos im Eis gefangenen Schiffes unter dem Einsatz aller Kräfte Kilometer um Kilometer nach Süden, dem weit entfernten offenen Meer zu. Doch dann, nach wochenlangen Mühen, die schreckliche Erkenntnis: Man hat sich nur wenige Kilometer vom Ausgangspunkt entfernt, das Eis ist unter ihren Füßen weiter nach Norden gewandert! Sind sie hoffnungslos verloren, wie so viele andere Expeditionen zuvor? Einige wollen einfach aufgeben, doch zwei Männer bewahren ruhig Blut und glauben fest an die Rettung. Nach ihnen wird später eine der spannendsten Expeditionen der Polarforschung benannt …

Eine der heldenhaftesten Leistungen der österreichischen Marine war interessanterweise eine, die nicht kriegsbedingt war: die Entdeckung von „Franz-Joseph-Land" und der Überlebenskampf der vom Eis einge-

schlossenen Entdecker. Die beiden Führer dieser Expedition ins ewige Eis waren zwei österreichische Offiziere, unter deren Namen das Unternehmen in die Geschichte einging: Julius von Payer und Carl Weyprecht. Da die Expedition entgegen dem üblichen Sprachgebrauch eigentlich Weyprecht-Payer-Expedition heißen müsste, soll hier mit einer biografischen Skizze des Ersteren der beiden Helden begonnen werden.

Carl Weyprecht wurde am 18. September 1838 im hessischen Darmstadt als Sohn eines Juristen geboren. Schon in recht jungen Jahren hatte er den Wunsch, Seeoffizier zu werden. Er entschied sich schließlich für die österreichische Marine und wurde 1856 als provisorischer Kadett aufgenommen. Weyprecht diente auf verschiedenen Schiffen und wurde 1861 zum Linienschiffsfähnrich ernannt. Er galt als sehr fähig und machte auch großen Eindruck auf Wilhelm von Tegetthoff, als er unter ihm an Bord der Fregatte *Radetzky* diente. Die Begegnung wurde für die Zukunft Weyprechts von gro-

ßer Bedeutung, denn Tegetthoff tat später alles, um die Karriere des jungen Marineoffiziers zu fördern, und trat mit Nachdruck für ihn ein, als es um das Kommando über die österrreichische Polarexpedition ging. Weyprecht war in den Jahren 1863–1865 als Instruktionsoffizier an Bord des Schulschiffs *Husar* tätig, wo er eine hohe Begabung in der Menschenführung zeigte.

Carl Weyprechts Leben lässt sich durch seine zahlreichen Briefe gut dokumentieren. Schon in jungen Jahren berichtete er seinen Eltern während der 1850er und 1860er Jahre viel über den Alltag, die Probleme und Mentalitäten in der österreichischen Kriegsmarine. Weyprecht interessierte sich schon sehr früh für die Arktisforschung. Bereits im Jahre 1865 nahm er an der deutschen Geografentagung in Frankfurt teil, auf der August Petermann die deutsche Arktisforschung begründete. Die Faszination, die der Nordpol auf ihn ausübte, sollte ihn für den Rest seines Lebens nicht mehr loslassen. Genauso wie die führenden Geografen jener Zeit nahm auch Weyprecht an, dass es in den Sommermonaten einen direkten Zugang per Schiff zum Nordpol geben müsse.

1866 zeichnete sich Weyprecht in der Seeschlacht bei Lissa aus. Er kämpfte auf der Panzerfregatte *Drache* und übernahm das Kommando, als der Kommandant tödlich verwundet wurde, womit er vermutlich das Schiff rettete. Für dieses sehr tapfere Verhalten erhielt er den *Orden der Eisernen Krone 3. Klasse* mit der Kriegsdekoration, verzichtete aber auf das damit verbundene Recht einer Erhebung in den Ritterstand. Kurze Zeit danach führte ihn der Dienst an

Die Namengeber einer spannenden Polarexpedition: Carl Weyprecht (oben) und Julius von Payer (unten)

Die „Tegetthoff" im Treibeis, Doppel-Stereofoto

Bord des Dampfschiffs *Elisabeth* nach Mexiko, wo sich Kaiser Maximilian vergeblich zu behaupten versuchte. Weyprecht wurde Zeuge des Scheiterns und des Untergangs des mexikanischen Kaisertums. Er erkrankte während seiner einjährigen Mexikoreise lebensgefährlich an Sumpffieber und lag monatelang unter schlechtesten hygienischen Bedingungen im Spital in Havanna. Nach seiner Rückkehr wurde er im Oktober 1868 zum Linienschiffsleutnant befördert. Da Weyprecht so lang krank war, konnte er nicht wie geplant an den beiden deutschen Polarfahrten nach Ostgrönland teilnehmen.

Als Mitglied der Küstenaufnahme-Kommission für die Adria in den Jahren 1869 und 1870 konnte er sein wissenschaftliches Talent unter Beweis stellen. Im Dezember 1870 reiste er im Auftrag der Marine mit drei österreichischen Astronomen nach Tunis, um dort eine totale Sonnenfinsternis zu beobachten. Einige Zeit davor hatte er den Oberleutnant Julius von Payer, der bei den Tiroler Kaiserjägern diente, kennen gelernt. Bald merkte man, dass man ähnliche Interessen hatte, und diskutierte den Plan einer österreichisch-ungarischen Polarexpedition. Die beiden Männer waren charakterlich recht unterschiedlich, doch schweißte sie ihre gemeinsame Leidenschaft für die Polarforschung eng zusammen.

Vier Männer und die Polarforschung

Julius Payer wurde am 2. September 1842 in Schönau bei Teplitz geboren. Sein Vater war ein pensionierter Offizier und starb, als Julius erst 14 Jahre alt war. Für den jungen Payer schien auch nur eine Militärkarriere in Frage zu kommen. Er besuchte das Kadetteninstitut Lobzowa bei Krakau und ab 1857 die Theresianische Militärakademie in Wiener Neustadt. Danach wurde er, 17-jährig, als Unterleutnant nach Oberitalien versetzt. Hier erlebte er auch die Niederlage von Solferino; er selbst zeichnete sich in diesem blutigen Gemetzel durch kühne Tapferkeit aus. Payer blieb danach in Oberitalien stationiert

und unternahm sehr viele Bergtouren, davon 60 Gipfelbesteigungen in der Ortlergruppe und 30 Erstbesteigungen im Adamello-Presanella-Gebiet. 1864 wurde er Kommandant des venezianischen Lagunenforts Lombardo bei Chioggia.

Während des Krieges von 1866 eroberte er bei Custozza ein feindliches Geschütz, wurde dafür ausgezeichnet und zum Oberleutnant befördert. Danach führte er seine bergsteigerischen Erkundungen weiter fort, erforschte viele Gletscher und fertigte Karten und Zeichnungen an. Ab 1868 diente er nach persönlicher Anforderung des Kriegsministers als Generalstabsoffizier am Militärgeographischen Institut in Wien. Im selben Jahr verlieh ihm die Universität Halle für seine Forschungen und Publikationen den Titel Dr. phil. honoris causa. Bei seinen Vorträgen zur Militärgeschichte an der Militärakademie argumentierte er sehr kritisch und unangepasst und galt schon vor seinem dreißigsten Lebensjahr als erstrangiger Hochgebirgsforscher und begabter Publizist. Er machte großen Eindruck auf den deutschen Geografen August Petermann, der ihn zur Teilnahme an der zweiten deutschen Nordpolexpedition einlud. Payer ließ sich von der k. u. k. Armee beurlauben und nahm 1869 und 1870 als Topograf und Leiter für Schlittenreisen an dem Unternehmen teil. Danach arbeitete er wieder für das Militärgeographische Institut.

Es waren schließlich vier Männer, die aus Eigeninitiative den Einstieg Österreich-Ungarns in die Polarforschung zuwege brachten. Neben Carl Weyprecht und Julius Payer waren dies Johann Graf Wilczek

Die Mannschaft verlässt die „Tegetthoff"

und Edmund Graf Zichy, die als Förderer und Mäzene auftraten, wobei besonders Weyprecht und Wilczek ein sehr gutes freundschaftliches Verhältnis verband. Was die Männer antrieb, war auch der Vorsatz, die Arktisforschung nicht allein dem Deutschen Reich zu überlassen. Österreich sollte auch im Norden Flagge zeigen.

Die vielleicht wichtigste Rolle für das Zustandekommen der österreichisch-ungarischen Nordpolexpedition spielte Johann Nepomuk Graf Wilczek (1837–1922), eine der schillerndsten Persönlichkeiten der späten Habsburgermonarchie. Der sehr vielseitige und abenteuerlustige Wilczek studierte Archäologie, Kunst- und

Kosten für den Bau und die Ausrüstung der *Tegetthoff*, die ca. 175.000 Gulden betrugen, einen Anteil von 40.000. 1872 leitete er die „Zweite Isbjörn Expedition" zwecks Anlegens eines Proviant- und Kohlendepots für die geplante Polarexpedition. In der Folge traf er mit der *Tegetthoff* zusammen, deren Bau und Ausrüstung er bezahlt hatte. Anschließend reiste er auf der Petschora und der Wolga durch Russland. Als die Payer-Weyprecht-Expedition im Sommer 1874 nach Wien zurückkehrte, war das auch für Wilczek ein großer persönlicher Erfolg.

Die Finanzierung der Nordpolexpedition

Graf Wilczek war als Präsident der Österreichischen Geographischen Gesellschaft ab 1875 für die Einrichtung fixer meteorologischer Stationen rund um den Nordpol aktiv. 1882 rüstete er mit seinem Geld eine österreichische Station auf der Insel Jan Mayen aus. Nebenbei widmete er sich gemeinnützigen Tätigkeiten und begründete das Rudolfinerhaus in Wien, die Freiwillige Wiener Rettungsgesellschaft und das Wiener Studentenkonvikt. Außerdem entfaltete er eine breit angelegte Sammlertätigkeit auf verschiedenen Gebieten und war mit vielen herausragenden Persönlichkeiten seiner Zeit eng befreundet. Durch die Errichtung der monumentalen Burg Kreuzenstein bei Wien als „Museum des Mittelalters" in den Jahren 1874 bis 1906 setzte er sich selbst ein Denkmal und schuf Platz für seine umfangreichen Kunstsammlungen, die letztlich aus

Naturgeschichte, hielt sich einige Zeit im südlichen Russland, auf der Krim und im Kaukasus auf, nahm als Freiwilliger am Deutschen Krieg von 1866 teil und bereiste 1868 bis 1870 weite Gebiete Afrikas. Nach dem Schwarzen Erdteil begeisterte er sich für eine Nordpolexpedition und wurde ihr wichtigster Förderer. So bezahlte er von den

100.000 Objekten bestanden. Im Jahr 1879 arrangierte er in Wien den später berühmten Makart-Festzug, der in die Geschichte einging. Dieser so bedeutende und in mehrfacher Weise interessante Mann wurde leider bis heute nicht durch eine umfassende Biografie gewürdigt. Ohne ihn hätte es wohl die Heldentat von Weyprecht und Payer nicht gegeben.

Gegen alle sonstigen Gepflogenheiten im alten Österreich gelang es den Betreibern der österreichisch-ungarischen Polarexpedition in kurzer Zeit genügend Geld aufzutreiben, bürokratische Hindernisse zu überwinden und die nötigen Organisationsstrukturen zu schaffen. Bedeutende Förderer des Unternehmens, wie zum Beispiel Erzherzog Rainer, Commodore von Wüllerstorf, einige Bankiers, die Akademie der Wissenschaften und die Handelskammern, stellten sich ein, und es schien fast ein allgemeiner Konsens der Elite des Habsburgerreiches zu sein, dass man dieses Unternehmen durchziehen müsse. Ein Beteiligter meinte, dass noch nie „ein großes Unternehmen der Art so schnell zu Stande gekommen sei als die jetzige Expedition".

Vor dem Hauptunternehmen wurde eine kleinere Vorexpedition unternommen, die die meteorologischen Gegebenheiten, die Eisverhältnisse und Meeresströmungen untersuchen sollte. Dazu charterte man die Jacht des österreichischen Konsuls in Tromsø, die *Isbjörn*. Dieses nur knapp über 17 Meter lange Schiff wurde mit wissenschaftlichen Geräten und Instrumenten der k. u. k. Kriegsmarine und des Militärgeographischen Instituts ausgestattet. Die Besat-

zung war relativ klein und bestand aus Payer und Weyprecht, einem norwegischen Kapitän, einem Harpunier, einem Zimmermann, einem Koch und vier Matrosen. Die Fahrt wurde am 20. Juni 1871 begonnen und ging über Spitzbergen nach Nowaja Semlja, wo man die günstigste Route nach Norden feststellen wollte. Dabei wurde die Jacht allerdings, sozusagen als kleiner Vorgeschmack auf das spätere Schicksal der *Tegetthoff*, elf Tage lang im Eis eingeschlossen und beinahe zermalmt. Auch mit einem heftigen Sturm und drei kranken Seeleuten wurde man konfrontiert. Als Payer und Weyprecht am 4. Oktober 1871 mit der *Isbjörn* wieder in Tromsø einliefen, hatten sie jedoch einige wichtige Informationen und Erfahrungen für ihre spätere Reise gesammelt.

Die Vorbereitungen zur Expedition

Zur endgültigen Vorbereitung der Hauptexpedition wurde im darauffolgenden Jahr eine zweite Fahrt mit der *Isbjörn* unternommen, die man überholt und neu adaptiert hatte, da nun eine größere Besatzung an Bord sein sollte. Die Fahrt begann am 20. Juni 1872 und an Bord befanden sich dieses Mal neben der nötigen Besatzung auch Graf Wilczek und der österreichische Admiral Max von Sterneck sowie ein Geologe, ein Fotograf, ein Bergführer und ein Gebirgsjäger. Man wollte möglichst weit östlich ein Proviant- und Kohlendepot für die Hauptexpedition anlegen und wissenschaftliche Untersuchungen verschiedener Art durch-

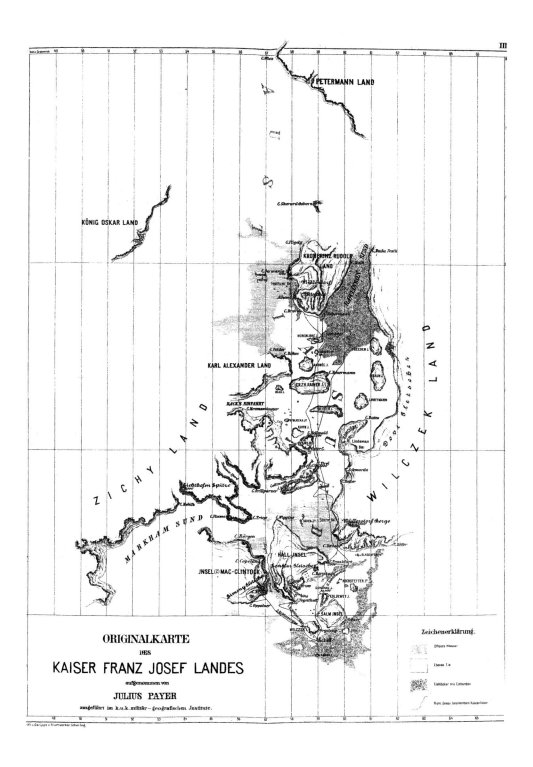

III

PETERMANN LAND

KÖNIG OSKAR LAND

C.Sherard Osborne

C.Flügely
KRONPRINZ RUDOLF LAND
Buda Pesth
Hall

C.Germania
Middendorf

C.Broru

C.Brou

HOHENLOHE I.

C.Felder
C.Böhm

KARL ALEXANDER LAND

ERZ.H.RAINER I.

MAK I.

BACK'S EINFAHRT
C.Kremsmünster

KUHN I.

Lindeman Bai

ZICHY LAND

Richthofen Spitze
C.Rohlfs
C.Grillparzer

C.Bronu

C.Trier

Wollersdorf berge

C.Börgen

C.Tirol

C.Copeland
HALL INSEL
Sonklar Gletscher
Frankfurt
C.Berghaus

JNSEL(?) MAC-CLINTOCK
HOCHSTETTER J.
KOLDEWEY J.

C.Oppolzer
SALM JNSEL

WILCZEK
Rawlinson
Sonn

WILCZEK LAND

MARKHAM SUND

ORIGINALKARTE
DES
KAISER FRANZ JOSEF LANDES
aufgenommen von
JULIUS PAYER
ausgeführt im k.u.k.militär-geografischen Institute.

Zeichenerklärung.

Offenes Wasser

Ebenes Eis

Eishöcker mit Linbeteien

Nicht genau bestimmtes Küstenlinder

führen. Am Weg wurden auch verschiedene Neuentdeckungen mit sehr österreichischen Namen wie Wilczek-Spitze, Adria-Bucht, Palffy-Kap und Hohenlohe-Spitze benannt. Auf einer Insel mit dem schönen Namen „Die drei Särge" wurde ein Depot für die *Tegetthoff*-Expedition angelegt, das dann aber nie benutzt wurde. Kurz vor dem Start der *Isbjörn* war bereits am 13. Juni 1872 die *Admiral Tegetthoff* von Geestemünde bei Bremerhaven ausgelaufen. Die Route führte die Weser abwärts in die Nordsee, dann die Küste Norwegens entlang bis nach Tromsø, wo man am 3. Juli ankam. Von dort aus steu-

„Wir erblicken ein russisches Boot": die Rettung der Besatzung der „Tegetthoff"

erte das Schiff schließlich seinem Schicksal entgegen.

Die *Admiral Tegetthoff* war eine hölzerne Schonerbark mit einer mit Kohlen befeuerten Dampfmaschine. Um sie eisgängig zu machen, hatte sie einen speziell geformten verstärkten Rumpf zur Vermeidung von

Eispressungen erhalten. Das Schiff wurde in einer deutschen Werft bei Bremerhaven im August 1871 fertiggestellt. Seine Länge betrug inklusive Klüverbaum 44,81 Meter bei einer Breite von 7,30 Metern, die Tragfähigkeit war mit 520 Tonnen angegeben. Die Besegelung entsprach vollkommen einem Schiff dieser Klasse und auch die Dampfmaschine mit einer Leistung von 100 PS stellte keine Besonderheit dar. Dieses Schiff sollte letztlich für die Besatzung unter Kapitän Weyprecht drei Jahre lang eine Art Heimat sein.

Die Besatzung des Schiffes bestand aus 24 Männern, die aus fast allen Teilen der Monarchie bunt zusammengewürfelt waren. In Tromsø wurde noch ein norwegischer Harpunier an Bord genommen. Weyprecht und Payer teilten sich das Kommando zu Wasser und zu Land und hatten sich schriftlich verpflichtet, sich wechselseitig unterzuordnen. Beide erhielten den Titel eines Kommandanten. Es hatte bei der Auswahl der Besatzung gewisse Diskussionen gegeben, ob Dalmatiner und Italiener überhaupt zur Mannschaft gehören sollten, da man ihnen nicht zutraute, mit dem nordischen Klima fertig zu werden. Weyprecht wollte aber unbedingt Matrosen vom Küstenland in der Mannschaft haben, da er sie für besonders ausdauernd, unerschrocken und heiter hielt. Der Besatzung gehörten neben den 16 Matrosen auch ein Arzt, die Marineoffiziere Brosch und Orel und zwei Tiroler Bergführer aus dem Passeiertal an. Mit an Bord befanden sich auch sieben Schlittenhunde, die sich während vieler Ausfahrten bewähren sollten.

Am 12. August 1872 begegneten einander die *Admiral Tegetthoff* und die *Isbjörn* in der Nähe der Bucklingen-Inseln. Man leerte gemeinsam eine Flasche Champagner und wünschte sich gegenseitig ein gutes Gelingen. Auch der Geburtstag des Kaisers wurde am 18. August gemeinsam gefeiert. Man tafelte mit Schildkrötensuppe, Krammetsvögeln, Rentierbraten, Hühnerragout und allerlei Süßigkeiten und rauchte hinterher gute Zigarren. Am 20. August trennten sich die beiden Schiffe und die *Tegetthoff* dampfte weiter nach Norden, während die *Isbjörn* in die entgegengesetzte Richtung segelte; sie sollte auch für lange Zeit die letzten Nachrichten über die *Tegetthoff* nach Europa bringen. Wilczek, Sterneck und die Wissenschaftler verließen an der russischen Küste die Jacht und reisten auf abenteuerlichem Wege über Land weiter, während die *Isbjörn* nach Tromsø segelte.

Die Expedition an Bord der *Admiral Tegetthoff* bekam es schon nach zwei Tagen mit einer unerwartet starken Vereisung zu tun, die das Schiff völlig einschloss. Weyprecht schrieb: „Am 22. August um Mitternacht hatte uns das Eis erfaßt, vergeblich war jegliche Bemühung, uns aus den Banden zu befreien, mit denen es uns umschlungen hielt …" Das gefangene Schiff wurde nun in einer mehrmonatigen Drift ziemlich weit über die nördliche Spitze der Insel Nowaja Semlja hinausgetrieben. Weyprecht, Payer und ihre Männer nutzten die Zeit, um meteorologische und astronomische Messungen durchzuführen. Außerdem versuchten sie einige Male, sich den Weg durch das Eis freizusprengen, was aber erfolglos blieb. Man schien für alle Ewigkeit im Packeis gefangen zu sein und bewegte sich immer weiter nach Norden. Dabei kam erschwerend hinzu, dass mit dem beginnenden Winter die Zeit der Eispressungen begann. Dadurch war die *Admiral Tegetthoff* in ständiger Gefahr, zermalmt zu werden. Zudem kam sie in eine Schräglage. In der langen Polarnacht sanken die Temperaturen auf minus 46

Julius von Payer mit einem erlegten Seebären, zeitgenössischer Kupferstich

„Nie zurück!" – das von Julius von Payer nach seiner Rückkehr von der Nordpolexpedition angefertigte Gemälde

Grad. Dennoch breitete sich keine übermäßige Hoffnungslosigkeit unter den Männern aus, Payer und insbesondere Weyprecht gaben ihr Bestes, um die Stimmung nicht kippen zu lassen. So überstanden sie schließlich auch ihren ersten Polarwinter, der mit dem Verschwinden der Sonne am 28. Oktober einsetzte, als Gefangene des Eises.

Als das Eis im darauffolgenden polaren Sommer wieder etwas schmolz, bemerkten die Männer, dass sich im Winter eine riesige Eisscholle unter das Schiff geschoben hatte. Auf dieser trieb die *Admiral Tegetthoff* auch den ganzen Sommer über nach Norden. An ein Entkommen war nicht zu denken. Am 30. August 1873 lichtete sich der Nebel, der das Schiff die meiste Zeit umgab, und mit

einem Mal sahen die Männer „den Anblick eines strahlenden Alpenlandes". Großer Jubel brach aus und die Expeditionsteilnehmer konnten es kaum erwarten, dieses Land näher zu erforschen. Sie mussten noch lang warten, denn erst am 2. November war die *Admiral Tegetthoff* nahe genug, um die Inselgruppe betreten zu können. Sie nannten sie Franz-Joseph-Land und die erste Insel, die sie betraten, Wilczek-Insel.

Diese Insel ist etwa 12 Kilometer lang und weitgehend von Eis bedeckt. Payer und Weyprecht ließen eine etwa einen Meter hohe Steinpyramide errichten und deponierten darin ein Fass, in dem sie einen Bericht über die Neuentdeckung hinterlegten. Dieses Fass mit dem Schreiben wurde 1991 entdeckt und befindet sich nun im Schifffahrtsmuseum in Bremerhaven. Von Franz-Joseph-Land aus unternahmen Payer und Weyprecht mit ihren Leuten Schlittenreisen und Expeditionen zu Fuß. Das gesamte Gebiet wurde möglichst umfassend kartografisch erfasst und eine Vielzahl von Daten gesammelt.

Otto Krisch, der als Maschinist an Bord der *Tegetthoff* war, führte ein Tagebuch, das eine interessante Quelle für die Rekonstruktion des Verlaufs der Expedition darstellt. Er vermerkte viele Details, beschrieb hautnah die Spannung und Ungewissheit während der langen Zeit im Eis und dokumentierte auch seinen eigenen körperlichen Verfall im Zuge seiner Erkrankung. Maschinist Otto Krisch starb am 16. März 1874 an Lungentuberkulose und wurde an der Küste der Wilczek-Insel begraben, in dem für lange Zeit nördlichsten Grab der Welt. Er sollte das einzige Todesopfer der Expedition bleiben. Wenn man bedenkt, wie hoch die Opferzahlen bei Polarexpeditionen oft waren und wie gefährlich lang der Aufenthalt der Expeditionsteilnehmer in der Eiswüste dauerte, so war diese Bilanz eigentlich sensationell. Weyprecht beschrieb später auch, wie großartig die Disziplin während der ganzen langen Zeit auf der *Tegetthoff* gewesen sei. Nie sei jemand bestraft worden und alle hätte ein spezielles Ehrgefühl verbunden.

Im Frühjahr 1874 fassten Weyprecht und Payer einen Entschluss: Während der Großteil der Mannschaft an Bord der *Admiral Tegetthoff* ausharren sollte, machte sich Payer mit Schiffsfähnrich Eduard Orel und dem Matrosen Antonio Zaninovich

Ende März auf den Weg nach Norden. Sie wollten den 82. Breitengrad erreichen, um den seit fast 50 Jahren bestehenden Rekord des britischen Polarforschers John Ross zu brechen, welcher diesen Punkt bisher als Einziger erreicht hatte. Nach einem sehr anstrengenden Marsch von 17 Tagen erreichten Payer und seine Begleiter am 12. April 1874 auf 82 Grad 50' den nördlichsten Punkt des Archipels, den sie Kap Fligely nannten. Nach diesem Triumph musste ein gewaltiger Rückmarsch von 300 Kilometern angetreten werden.

Weyprecht beschließt, das Schiff zu verlassen

Weyprechts Entscheidung, sich an einen bereits am 23. Februar gefassten Plan zu halten, keinen dritten Winter auf der *Admiral Tegetthoff* zu riskieren, das im Eis gefangene Schiff zu verlassen und einen Fußmarsch über das Packeis in Richtung Sibirien anzutreten, hat den Expeditionsteilnehmern rückblickend betrachtet wohl das Leben gerettet. Später wurde hervorgehoben, dass es sich bei diesem Marsch um eine der spektakulärsten Mannschaftsleistungen der Polargeschichte gehandelt hat.

Payer und Weyprecht ließen alles Lebensnotwendige und die vielen wissenschaftlichen Aufzeichnungen in drei Beibooten der *Admiral Tegetthoff* verstauen. Die Boote wurden dann auf die Schlitten gesetzt und nach einer wehmütigen Verabschiedung von dem Schiff, das ihnen nun einige Jahre lang Heimat gewesen war, setzten sich die Männer am 20. Mai 1874 in Bewegung. Für alle Beteiligten waren die nun folgenden Wochen der weitaus anstrengendste Teil der Reise. Sie schoben und zogen die drei Boote viele Kilometer über die scheinbar endlose zerklüftete Eisfläche in Richtung Süden, stets von der Hoffnung beseelt, noch vor dem Nachlassen der letzten Kräfte das rettende offene Meer zu erreichen. Da die Lasten zu schwer waren, um sie auf einmal fortzuschaffen, wurde eine Wegstrecke jeweils dreimal zurückgelegt. Während der ersten Tage kehrte Payer jeden Tag zum Schiff zurück, um den Proviant zu ergänzen, während die anderen Männer die Boote mühsam vorwärtsschoben. Dabei entdeckten sie am neunten Tag ihres mühevollen Marsches die Lamont-Insel, wo sie eine Fla-schenpost hinterließen, die über

Carl Weyprechts Entscheidung, das Schiff zu verlassen, rettete der Mannschaft das Leben

hundert Jahre später gefunden werden sollte. Mit Erschrecken mussten sie immer wieder feststellen, dass sie sich noch nicht allzu weit von ihrem Ausgangspunkt entfernt hatten. Ungünstige Winde aus dem Süden und die Norddrift der Eismassen trugen sie immer wieder zurück. War bisher das Eis sehr fest gewesen, so fiel ab 3. Juni Regen, der den Untergrund immer weicher und schwerer passierbar machte.

Am 4. Juni kehrte Weyprecht zum letzten Mal zur *Admiral Tegetthoff* zurück, um das vierte Beiboot zu holen. Am 7. Juni war er wieder bei der Mannschaft, und sie kämpften sich verzweifelt weiter durch die zerfurchte Schnee- und Eiswildnis. Als sie sich trotz scheinbar zügiger Fortbewegung am 15. Juli wieder auf der Höhe der Lamont-Insel befanden, machte sich Verzweiflung breit: Man hatte sich trotz aller Anstrengungen nur 22 Kilometer vom Ausgangspunkt entfernt! Einige der Männer gerieten in Panik und wollten wieder zurück an Bord des Schiffes. Doch Weyprecht hielt eine bewegende Ansprache und konnte die Mannschaft mit der Bibel in der Hand dazu bewe-

DIE BOMBE.

Erscheint jeden Sonntag.

PAYER und WEYPRECHT.

Als Helden gefeiert: Bericht in der satirischen Zeitschrift „Die Bombe" vom September 1874

und rohem Fleisch gewöhnen musste? Um den Matrosen ein gutes Beispiel zu geben, schnitt er von einem geschossenen Seehund ein Stück ab und aß es mit einem Stück Brot, „allerdings mit großem anfänglichem Widerwillen", vor den Augen der Mannschaft. Er heuchelte und meinte, es schmecke „ganz vortrefflich". Schon bald aßen die Männer den Robbenspeck, für dessen Nachschub Payer als unermüdlicher Jäger sorgte. Danach ging es verbissen weiter, Tag für Tag.

Am 14. August, als die Hoffnung sank, erreichten sie endlich die offene See. Sie hatten auf dem Eis insgesamt 556 Kilometer, in Luftlinie 242 Kilometer, zurückgelegt. Weyprecht schrieb: „Das Tosen und Brausen der Brandung war eine köstliche Musik für unsere Ohren." Sie hatten das Glück, dass in diesem Jahr die Eisgrenze weit nach Norden gerückt war. Sie fuhren nun auf ihren Booten durch die unruhige

gen, weiter nach Süden zu marschieren. Das berühmte Ölgemälde „Nie zurück!" von Payer, das sich im Heeresgeschichtlichen Museum in Wien befindet, gibt uns ein Zeugnis von der dramatischen Lage.

Ob sich Weyprecht wohl an das große Festessen anlässlich der Begegnung von *Tegetthoff* und *Isbjörn* erinnerte, als er schrieb, dass er, „um Lebensmittel zu sparen", die Leute an den Geschmack von Tran

See in Richtung Süden. Am 18. August legten sie in einer Bucht auf Nowaja Semlja an, um sich bei einem kurzen Aufenthalt an der so lang entbehrten üppigen Vegetation zu erfreuen. Die Lage wurde jedoch kritischer, da die Proviantvorräte endgültig zur Neige gingen. Sie hofften, endlich auf ein Schiff zu stoßen.

Am 24. August 1874 wurden die Männer vom russischen Fischereischoner *Nikolaj* in einer Bucht der Insel Nowaja Semlja an Bord genommen, als gerade der letzte Proviant aufgebraucht war. Sie wurden gegen Bezahlung nach Vardø in der Nähe des Nordkaps gebracht, wo sie am 3. September ankamen. Bereits zwei Tage später konnten sie mit dem Segler *Finnmarken* nach Hamburg weiterreisen. Sie waren trotz der jahrelangen Strapazen in einem überraschend guten Zustand, und Weyprecht schrieb: „Da kletterten nicht abgemattete, sieche Schiffbrüchige über die Bordwände, sondern eine abgehärtete, wohldisciplinirte Schiffsbemannung." Die Nachricht ihrer Rettung eilte ihnen voraus und die Männer der *Admiral Tegetthoff* wurden überall, wo sie durchkamen, wie Helden gefeiert. In Hamburg und Breslau hatte es bereits große Empfänge gegeben, aber in Wien war die Begeisterung am Höhepunkt. Weyprecht litt unter dem Trubel und meinte, dieser würde ihn „seekrank machen". Er machte sich auch Sorgen um die einfachen Seeleute der Besatzung. Sie kamen mit ihrem Heldenstatus einfach nicht zurecht und einige fanden nie mehr in ihr normales Leben zurück.

Weyprecht, der am 18. Februar 1872 die österreichische Staatsbürgerschaft erhalten hatte, wurde nach seiner Rückkehr mit vielen Ehrungen und Orden bedacht. So wurde er Ehrenbürger von Brünn, Fiume und Pola, Ehrenmitglied verschiedener wissenschaftlicher und geografischer Vereine, erhielt den Leopoldsorden 3. Klasse sowie preußische, englische, italienische, portugiesische und weimarische Auszeichnungen. Weyprecht war nun ein sehr bekannter und angesehener Mann, auch wenn er offiziell unverdienter-

maßen immer etwas im Schatten von Payer stand. Dieser hatte den Vorteil, dass er als Künstler viele Erlebnisse anschaulicher darstellen konnte.

Die Rezeption nach der Rückkehr

Gemeinsam mit seinem Freund Wilczek formulierte Weyprecht im Dezember 1874 die Idee einer Einrichtung von gleichzeitig an beiden Polen arbeitenden zirkumpolaren Messstationen. Weyprecht wurde nun der Propagandist dieses Vorhabens und erntete großen Zuspruch. Die Realisierung des Vorschlags eines Internationalen Polarjahres war einigen Schwierigkeiten ausgesetzt und schien beinahe zu scheitern. Doch konnte er das Projekt mit Hilfe von Graf Wilczek durchsetzen. Als es 1882/83 mit großem Erfolg durchgeführt wurde, war Weyprecht allerdings nicht mehr am Leben.

Die Strapazen der Nordpolexpedition waren nicht spurlos an ihm vorübergegangen. Weyprecht litt seit seiner Rückkehr an einem chronischen Bronchialkatarrh, der sich im Lauf der Zeit verstärkte. Die vielen Vorträge, die er halten musste, waren seiner Gesundung auch nicht förderlich und er wurde immer stimmloser. Als sich sein Gesundheitszustand im Februar 1881 rapide verschlechterte, wurde bei ihm Miliartuberkulose diagnostiziert. Weyprecht informierte seine Angehörigen nicht, doch die erfuhren davon aus der Zeitung. Sein Bruder, der als Arzt tätig war, holte den Schwerkranken in seine hessische Heimat. Hier lebte er nur noch wenige Tage und starb am 29. März 1881. Kaiser Franz Joseph ließ auf das Grab Weyprechts durch Marineoffiziere einen großen Lorbeerkranz niederlegen.

Julius von Payer, wie er sich nun nach der Erhebung in den erblichen Ritterstand nannte, wurde genauso wie Weyprecht mit Orden und Ehrungen überhäuft. Doch sah er sich nach seiner Rückkehr mehr als sein Partner einem großen Maß an Misstrauen und Neid ausgesetzt. Die Offiziere des Landheeres zeigten sich wieder einmal viel intoleranter als jene der Marine. Manche meinten sogar, die Berichte über Franz-Joseph-Land und die Erlebnisse der Expedition wären erfunden. Nachdem er sich gezwungen sah, seine Erlebnisse mit dem mitgebrachten Material und anhand von Zeugenaussagen zu beweisen, quittierte Payer seinen Armeedienst – mit einem letzten Sold von 44 Gulden.

Das internationale Polarfieber bricht aus

Der Polarforscher machte nun als Maler eine zweite Karriere. In Franzensbad lernte Payer die jüdische Bankiersgattin Fanny Kann kennen. Nach ihrer Scheidung heiratete sie den malenden Polarforscher. Ab November 1877 wohnte Payer mit seiner Frau in Frankfurt und beschäftigte sich mit Malerei und anatomischen Forschungen. Er plante eine Afrikaexpedition, aus der aber letztlich nichts wurde. Danach studierte Payer an der Akademie in München, wo er Bilder von Polarexpeditionen malte, die aus-

gezeichnet aufgenommen wurden. Ab 1883 lebte das Paar mit seinen beiden Kinder in Paris, wo Payer ein Auge durch eine Infektion verlor, allerdings erfolgreich weitermalte. Payer erhielt im Lauf der Jahre eine Vielzahl von Auszeichnungen, und seine Gemälde hängen heute in einigen prominenten Museen.

1890 trennte sich Payer von seiner Frau und den Kindern und ging nach Wien zurück, wo er im einstigen Atelier von Hans Makart eine Malschule für junge Damen eröffnete. Hier entstand auch sein berühmtestes Bild „Nie zurück". Ab 1895 war er an den Planungen einer deutschen Südpolexpedition beteiligt, hatte Kontakt mit Fridtjof Nansen und hielt unermüdlich Vorträge. Er soll 1.228 Referate in 18 Jahren gehalten haben. Nach der Jahrhundertwende geriet Payer zunehmend in Vergessenheit. 1912 dachte er an die Teilnahme an einer geplanten Polarexpedition per U-Boot. Doch machte ein Schlaganfall im gleichen Jahr alle diese Pläne zunichte. Payer, der nicht mehr sprechen konnte, lebte nun mit einer ehemaligen Malereischülerin zusammen, die für ihn sorgte. Er starb am 29. August 1915 in Veldes. Seine letzte Lebensgefährtin folgte ihm recht bald durch Selbstmord in den Tod. Payer erhielt ein Ehrengrab auf dem Wiener Zentralfriedhof. Nach ihm sind interessanterweise gleich zwei Straßen in Wien benannt.

Auch nach der Payer-Weyprecht-Expedition gab es weitere Forschungsunternehmen der k. u. k. Kriegsmarine nördlich des Polarkreises. So konzentrierte man sich auf die Insel Jan Mayen, eine 377 Quadratkilometer große Insel zwischen Island, Grönland und Spitzbergen. Wieder war Hans Graf Wilczek einer der federführenden Mäzene und übernahm auch einen großen Teil der Kosten des Unternehmens. Diese Expedition begann am 2. April 1882 und wurde von Linienschiffsleutnant Emil von Wohlgemuth geleitet. Man hatte ursprünglich an Carl Weyprecht als Kommandant gedacht, der zu diesem Zeitpunkt aber nicht mehr lebte. Die 4. Internationale Polarkonferenz in Wien im April 1884 stand jedoch noch ganz im Zeichen Carl Weyprechts. Diese hatte erstmals zu einer breiten internationalen Zusammenarbeit im Bereich der Wissenschaft geführt. Es wurde darauf hingewiesen, dass die Expedition von Payer und Weyprecht international reges Interesse für die Polarforschung auslöste, eine Art Polarfieber, das schließlich in den Unternehmen der großen Norweger Fridtjof Nansen und Roald Amundsen gipfelte. Sie und viele andere Forscher stützten sich auf die Erfahrungen von Weyprecht und Payer.

Franz-Joseph-Land ist nur 900 Kilometer vom Nordpol entfernt, besteht aus 191 Inseln, umfasst 16.090 Quadratkilometer und ist heute Teil der Russischen Föderation und weitgehend menschenleer. Die von Payer und Weyprecht verliehenen Namen sind

Auch „Der Floh" setzt sich satirisch mit dem Abenteuer Polarforschung auseinander

inzwischen russifiziert worden und wirken deshalb auf uns etwas seltsam. Es gab einige österreichische Gedächtnisexpeditionen, bei denen auch einige Hinterlassenschaften der Payer-Weyprecht-Expedition gefunden wurden. In jüngster Zeit entwickelt sich das Gebiet zu einem touristischen Geheimtipp für betuchte Polarreisende.

Guadalcanal
Im Kampf gegen Kannibalen

GUADALCANAL

Im Kampf gegen Kannibalen

Es war ein Kampf auf Leben und Tod, der sich am 10. August 1896 auf einer kleinen Pazifikinsel ereignete, deren Namen in Europa kaum jemand kannte. Eine größere Anzahl von Männern, die unterschiedlicher nicht hätten sein können, hatte sich scheinbar friedlich auf einer Lichtung im Dschungel niedergelassen. Plötzlich hörte man das Echo ferner Schüsse, dunkelbraune Einheimische stürzten sich nun auf weiße Männer in Tropenuniformen, Keulen und Beile trafen auf Köpfe, Oberkörper und zum Schutz empor gerissene Arme, Blut spritzte und helle Uniformen färbten sich rasch blutrot. Dann fielen Schüsse, vereinzelt zuerst, dann immer häufiger, alle weißen Männer, die noch dazu in der Lage waren, feuerten nun wie wild mit ihren Repetiergewehren und Armeerevolvern. Als es keine erkennbaren Ziele mehr gab, verebbte das Schießen und das Schlachtfeld bot eine gespenstische Szene. Außer dem Stöhnen der Verwundeten war nichts zu hören, einige weiße Männer in blutigen Uniformen lagen am Boden, andere standen mit ihren Waffen in den Händen geschockt und irgendwie ratlos da. Rundherum lagen die Körper einiger der braunen und fast nackten Männer, die angegriffen hatten, die meisten leblos, nur wenige zuckten noch. Einer der weißen Männer begann schließlich Befehle zu geben. Er sprach deutsch mit österreichischem Akzent.

Die meisten der weltumspannenden Missionen der k. u. k. Kriegsmarine verliefen friedlich. Doch es gab – abgesehen vom Kriegseinsatz beim chinesischen Boxeraufstand im Jahr 1900 – einige wenige, bei denen es zu gewalttätigen Auseinandersetzungen kam. So wurde die Besatzung der Korvette *Erzherzog Friedrich*, die unter Linienschiffskapitän Tobias von Österreicher im Mai 1874 von Pola aus in Richtung ostasiatische Gewässer auslief, auf Borneo beim Holzfällen von Einheimischen angegriffen. Die Männer der *Erzherzog Friedrich* mussten sich gegen eine starke Übermacht wehren und es kam zu einem längeren lebhaften Feuergefecht, in dem zwei Matrosen fielen und zwei schwer verwundet wurden, während bei den Angreifern der Häuptling und eine größere Anzahl seiner Krieger den Tod fanden.

Obwohl sie eine eindeutige Niederlage erlitten hatten, konnten die Einheimischen den Österreichern ihr Landungsboot entführen. „Unverzüglich vorgenommene Rekognoszierungen" entlang der Küste führten zu nichts und die Besatzung der *Erzherzog Friedrich* konnte weder der flüchtigen Angreifer noch des gestohlenen Bootes habhaft werden. Die Fahrten in überseeische Gebiete waren also nicht ganz ungefährlich, wie auch andere Vorfälle zeigen. Die vielleicht bekanntesten sind die Mission des Kanonenbootes *Albatros* und das Massaker auf Guadalcanal.

Ende des 19. Jahrhunderts zählten die Salomon-Inseln zu den am wenigsten erforschten Inselgruppen der Welt. Sie bestehen aus sieben größeren und ungefähr zwanzig kleineren Eilanden, von denen Choiseul und Guadalcanal am bekanntesten sind. Als im Zweiten Weltkrieg heftige Kämpfe zwischen den angreifenden Amerikanern und den japanischen Verteidigern stattfanden, stellte man mit einer gewissen Überraschung fest, dass es in dieser abgelegenen Gegend eine Vienna-Insel und eine Austria-Bucht gab. Und noch eine weitere Besonderheit befand sich auf dieser Insel: ein Gedenk-

kreuz für 1896 im Kampf gefallene Angehörige der k. u. k. Kriegsmarine.

Alles begann 1893 mit einem Wettschießen. Es wurde jedoch nicht auf Scheiben, sondern auf Stahlplatten geschossen, denn man wollte in einer Zeit, in der die Geschütze immer leistungsfähiger wurden, den besten Panzerstahl finden. Trotz starker internationaler Konkurrenz ging Arthur Krupp aus Berndorf in Niederösterreich als Sieger hervor. Dieser Arthur Krupp war ein Verwandter der viel berühmteren Krupps aus dem Ruhrgebiet. Er machte mit

Der wissenschaftliche Leiter der Expedition Heinrich Baron Foullon de Norbeeck (1850–1896)

Expedition der österreichisch-ungarischen „Albatros" nach den Salomon-Inseln
im südwestlichen Pazifischen Ozean: Lengo (Insel Guadalcanal), Juni 1897

seiner Berndorfer Firma in etwas kleinerem Rahmen das Gleiche wie seine Essener Verwandtschaft. Arthur Krupp produzierte Stahlwaren aller Art und insbesondere auch solche für das Militär. Nun witterte er das große Geschäft. Doch für den sehr beschussfesten Stahl des Herrn Krupp benötigte man Nickel, ein eher seltenes Metall. Die Nickelbergwerke in Österreich waren

bereits im 19. Jahrhundert wegen mangelnder Rentabilität geschlossen worden. Frankreich bezog reichlich Nickel aus seiner im Südpazifik befindlichen Kolonie Neukaledonien, womit es am Weltmarkt eine Art von Monopol innehatte. Damit war man weder bei Krupp in Berndorf noch von Seiten des offiziellen Österreich-Ungarn zufrieden. Krupp vermutete, dass es im Pazifik weitere

das Geld für den Kauf von Land, falls Nickel gefunden wurde. Da Fernmissionen zu Ausbildungs- und wissenschaftlichen Zwecken sowieso ständig auf dem Programm der k. u. k. Marine standen, wurden Schiffe zur Verfügung gestellt und die Expeditionen mit dem Nötigen ausgerüstet. Wobei der wirkliche Zweck dieser Reisen geheim bleiben sollte, da man offiziell nicht als neue Kolonialmacht im Südpazifik dastehen wollte. Es wurden in der Folge drei Reisen mit den Schiffen *Saida*, *Fasana* und dem Kanonenboot *Albatros* durchgeführt.

Das geheime Anliegen der Mission

Die Reise der *Albatros* fand unter dem Kommando von Korvettenkapitän Josef Mauler von Elisenau statt, dessen Instruktionen recht vielseitig waren. Die offizielle Version lautete:

Beschaffung von genauen hydrografischen Daten über das Inselgebiet und die dort befindlichen Fahrstraßen, die Durchführung meteorologischer, klimatologischer und magnetischer Beobachtungen, Messung der Erdschwere, das Anlegen von Sammlungen naturhistorischer, ethnografischer und anthropologischer Artefakte und geologische Untersuchungen der Inselgruppe.

Streng geheim war das Hauptanliegen der Mission, in Melanesien möglichst rentable Nickelerzlager zu finden. Die vorangegangenen Reisen der *Saida* in den Jahren 1892 bis 1894 und der *Fasana* in den Jahren 1893 bis 1895 hatten diesbezüglich einigen An-

Vorkommen von Nickel geben könnte, die möglicherweise auf Inseln lagen, die noch von keiner Großmacht beansprucht worden waren. Der einflussreiche Unternehmer machte also mobil und es gelang ihm, die Verantwortlichen der k. u. k. Kriegsmarine zu Erkundungsfahrten in den Südpazifik zu bewegen. Dazu versprach er die Finanzierung der wissenschaftlichen Forschung und

lass gegeben, auch wenn sie nicht unmittelbar erfolgreich gewesen waren.

Das Kanonenboot *Albatros* war ein älteres Schiff der Flotte, mittelgroß und aus Holz gebaut, ein mit einer Hilfsmaschine versehener Barkschoner. Die bereits 1873 in Pola gebaute, optisch recht ansprechende *Albatros* hatte eine Verdrängung von 570 Tonnen und war von ihrer Bauweise kein ideales Schiff für Langzeitexpeditionen in tropische Gebiete. Man baute sie deshalb vor ihrer Mission gründlich um, und es wurden die schweren Geschütze durch einige leichtere Maschinenkanonen ersetzt, wodurch mehr Platz entstand. Man errichtete zwei Deckhütten, die zusätzliche Kabinen und Räume für Vorräte enthielten. Es gab einiges an ungewohntem Luxus, wie eine Barkasse mit Benzinmotor und eine Eismaschine. Natürlich wurde auch eine große Anzahl an wissenschaftlichen Geräten an Bord gebracht. Von Seiten der Akademie der Wissenschaften nahm der Geologe Dr. Heinrich Foullon de Norbeeck an der Expedition teil, der zu seiner Bequemlichkeit auch zwei Diener mitbrachte. Foullon galt als bedeutener Experte auf seinem Gebiet und hatte bereits an der Reise der Fregatte *Saida* teilgenommen. Die Mannschaft der *Albatros* bestand aus insgesamt 114 Mann, wobei man teilweise auf sehr erfahrene Leute zurückgreifen konnte. Das Kommando führte Korvettenkapitän Josef Ritter Mauler von Elisenau, der als sehr erfahrener und besonnener Marineoffizier galt.

Mauler wurde am 12. Mai 1852 in Mailand als Sohn eines Offiziers geboren, besuchte die Marineakademie in Fiume, wurde

1868 als Seekadett zur Kriegsmarine ausgemustert und legte die für einen Marineoffizier typische Karriere hin. 1881 machte er als Linienschiffsleutnant bei der gewaltsamen Unterdrückung des Aufstandes in Süddalmatien mit. In den Jahren 1890/91 war er an Bord der Korvette *Zrinyi* bei deren transozeanischer Mission und kommandierte ab 1895 die *Albatros*. Zum Stab der *Albatros* gehörte auch der Linienschiffsfähnrich Franz Budik, der als Wachoffizier mit an Bord war. Er sollte ein weiterer tragischer Held auf Guadalcanal werden. Budik wurde am 4. September 1870 in Butschowitz in Mähren geboren und trat nach der Oberrealschule am 1. November 1888 in die Kriegsmarine ein. 1890 wurde er zum Seekadetten und 1893 zum Linienschiffsfähnrich ernannt.

Die Expedition wird zum Marsch in den Tod

Die Reiseroute der *Albatros* war so angelegt, dass man den Südost-Monsun zum Durchqueren des Arabischen Meeres Richtung Ceylon und des Bengalischen Golfes zur Malakka-Straße mit Segelantrieb benutzen konnte. Von hier ging die Fahrt durch die Karimata-Straße, die Sunda-, Flores- und Aratura-See zur Torres-Straße unter Ausnutzung des Nordwest-Monsuns. Danach führte der weitere Reiseverlauf entlang der australischen Nord- und Ostküste nach Sydney. Die *Albatros* erreichte den Hafen von Sydney am 5. April 1896, nachdem sie während des gesamten Reiseverlauf beinahe immer vom Wetter begünstigt gewesen war. Doch nun in Australien gab es das erste größere Missgeschick: Die Benzinbarkasse explodierte durch Selbstentzündung. Das führte zu Verzögerungen, denn man musste nun einen Segelkutter als Ersatz besorgen.

Die *Albatros* erreichte die Thousend-Ship-Bay von Guadalcanal am 24. Mai 1896 und ankerte auf der Reede von Gora, nachdem sie auf dem Weg dorthin an den Inseln St. George, Isabell und Savo angelegt hatte, weil man dort wissenschaftliche Untersuchungen und Bergbesteigungen absolvieren wollte. Die *Albatros* ankerte am Nordufer der Insel, obwohl die für Foullon interessantesten Berge Lion's Head und Tatuve am Südufer lagen. Da es aber dort keine geeigneten Ankerbuchten gab, mussten nun vom Nordufer aus die beiden Berge in Fußmärschen über die Insel erreicht werden. Ein Umstand, der sich allerdings als fatal erweisen sollte. Es wurde nun eine Landungsabteilung zusammengestellt, die aus etwa 30 Mann bestand. Das Kommando der mit Gasserevolvern und Mannlichergewehren gut bewaffneten Truppe hatte Linienschiffsfähnrich Franz Budik – der eigentlich entscheidende Mann und wissenschaftliche Leiter war Heinrich von Foullon, der mit seinen beiden Dienern an dem Marsch teilnehmen sollte. Man nahm reichlich Proviant mit und verzichtete auf jene Teile der vorgesehenen Tropenausrüstung, die sich als eher hinderlich erwiesen hatten. Natürlich wurden die nötigen wissenschaftlichen Geräte mitgenommen, sodass die Männer schließlich mitsamt ihrer Bewaffnung bis zu 30 Kilogramm zu tragen hatten.

Linienschiffsleutnant Franz Budik

Am 6. August 1896 um 7.30 Früh brach die Gruppe gemeinsam mit einigen Insulanern von der Küste auf, die als Führer dienen sollten. Man wollte die Erzvorkommen für die zukünftige österreichische Nickelversorgung erkunden und vielleicht den Grundstein für eine k.u.k. Kolonie legen. Stattdessen wurde es ein Marsch in den Tod. Man wollte das den Bergen vorgelagerte Flachland durchqueren, über ein Hochplateau weitermarschieren und schließlich die höchste Erhebung der Insel, den 5.500 Fuß hohen Lion's Head, besteigen. Dort sollte dann der Hauptteil der geologischen und mineralogischen Forschungen durchgeführt werden. Der Marsch erwies sich schon recht bald als sehr anstrengend, da man sich bei großer Hitze durch unwegsames Buschwerk und sumpfiges Gelände durchschlagen musste. Der Trupp schaffte es nur langsam voran und einige der nicht ans Marschieren gewohnten Matrosen kamen mit den Strapazen nicht zurecht. Am 8. August entschlossen sich Foullon und Budik, die zwei am schwersten leidenden Männer unter Führung des Seekadetten Maximilian Rosen zum Schiff zurückzuschicken. Ein einheimischer Führer ging ebenfalls mit. Das Landungskommando bestamd nur mehr aus 22 Mann, die durch eine unwegsame Gegend marschierten, die aber bewohnt zu sein schien. Denn aus den umliegenden Tälern hörte man immer wieder Rufe, die man nicht zuordnen konnte. Später wurde bekannt, dass es Kriegsrufe gewesen waren. Am nächsten Tag erreichte die Gruppe schließlich eine Stelle, die sich gut als Ausgangspunkt für den Aufstieg auf den Berg eignete. Hier wurde in 950 Meter Seehöhe ein Basislager errichtet.

Ausschiffung der „Albatros"-Landungstruppe auf Taura (Foto von Nikolaus Michieli von Vitturi)

Die Schiffsbesatzung war die ganze Zeit über von den Eingeborenen beobachtet worden, doch ohne bedroht zu werden. Nach anfänglichem Zögern kamen sie sogar unbewaffnet ins Lager und betrachteten interessiert all die fremden Gegenstände, die die Eindringlinge mit sich führten. Tags darauf stießen bei Sonnenaufgang wie vereinbart drei einheimische Führer zu der österreichischen Gruppe. Nun wurde ein fataler Fehler begangen und die ohnehin schon kleine Truppe geteilt, obwohl Budik eigentlich dagegen war. Man ließ den Seekadetten Armand de Beaufort mit acht weiteren Leuten zum Schutz des Lagers zurück. Der Rest der Truppe machte sich an den mühsamen Aufstieg auf den Berg. Budik ließ seine Leute in Gefechtsbereitschaft marschieren, die Mannlichergewehre schussbereit. Er selbst bildete das Schlusslicht. Als man weiter nach oben kam, tauchten immer mehr Eingeborene auf und marschierten mit. Sie hatten Beile und Keulen bei sich, verhielten sich aber vorerst ruhig.

Auf 1.040 Meter Höhe wurde Rast gemacht, um die Feldflaschen aufzufüllen. Einer der Eingeborenen versuchte, eine Keule gegen den Revolver von Budik zu tauschen. Dieser ging auf das Angebot natürlich nicht ein. Dann tauchte überraschend auch ein auffallend geschmückter Häuptling auf, der einiges an Anhang mitbrachte. Alle waren irgendwie nervös, und die Situation schien mit einem Male angespannt.

Plötzlich hörte man von der Ferne her einige Schüsse und in diesem Moment griffen auch die Eingeborenen die lagernde Gruppe an. Der Kampf war sehr kurz und blutig. Gleich zu Beginn, ehe man noch an eine wirksame Gegenwehr denken konnte, wurden Baron Foullon und einige Matrosen schwer verletzt. Dann jedoch wirkte sich das rasche Gewehrfeuer der noch kampffähigen Österreicher verheerend auf die primitiv bewaffneten Angreifer aus.

Gruppe von Einheimischen an Bord der „Fasana"

Was von den eingeborenen Kriegern noch laufen konnte, rannte schließlich davon. Nachdem sich die Überlebenden einigermaßen von ihrem Schrecken erholt hatten, offenbarte sich das ganze Elend der kleinen Schar. Baron Foullon war mehrfach verwundet und blutete stark, zwei Matrosen hatten schwerste Kopfwunden, davon einer sogar mit Gehirnaustritt, der Rest war mehr oder weniger leicht verwundet. Linienschiffsfähnrich Budik ordnete an, die Verwundeten einigermaßen zu versorgen und den Rückmarsch ins Lager anzutreten. Von dort waren immer noch Schüsse zu hören. Der Rückzug ins Lager dauerte zwei Stunden und bedeutete Riesenqualen für die Verwundeten in ihren Notverbänden, die sich mit letzter Kraft dahinschleppten.

Als die Gruppe endlich das Lager erreichte, zeigte sich, dass auch hier ein heftiger Kampf stattgefunden hatte. Seekadett de Beaufort, zwei weitere Matrosen und ein Führer waren bereits tot. Nur zwei der Überlebenden waren unverletzt. Nun starb auch noch der schwer verwundete Baron Foullon, den man mühsam mitgeschleppt hatte. Er hauchte sein Leben in den Armen Budiks aus. All das etwa eineinhalb Stunden nach dem Angriff. Man hüllte ihn und die anderen Toten in Zelte und Tücher und legte sie in den Urwald, wo man sie so gut wie möglich mit Laub bedeckte. Später sollten die Leichen trotz einiger Versuche nicht mehr gefunden werden, was gewissen Mutmaßungen über Kannibalismus durch die Eingeborenen Auftrieb gab.

Budik drängte auf einen raschen Aufbruch und die schwer angeschlagene Truppe, die zu einem großen Teil aus Verwundeten bestand, die man auf improvisierten Tragbahren mitschleppen musste, marschierte mühsam durch das unwegsame Gelände. Der Weg schien endlos, und sie mussten zweimal übernachten, bevor sie das Schiff erreichten. Budik schickte schließlich den ebenfalls leicht verwundeten Führer Johnny Paramatta, einen Häuptling, zum Schiff voraus, um Bericht zu erstatten und wohl auch, um Hilfe zu holen. Als gegen Ende des Rückmarsches erneut eine große Zahl Insulaner auftauchte, schleppten sich die Österreicher mit letzter Kraft so schnell wie möglich an die Küste.

Von der *Albatros* her kam ihnen ein gut bewaffneter Rettungstrupp von 30 Mann unter der Führung von Linienschiffsleutnant Ferdinand Bublay in Begleitung des englischen Regierungsvertreters C. M. Woodford entgegen. Budik und seine Männer konnten gerettet und vom Schiffsarzt versorgt werden. Man brachte sie an Bord des Schiffes, wo ein größerer Raum als Lazarett eingerichtet wurde. Ein Vorstoß eines weiteren Detachements der *Albatros* unter Ferdinand Bublay an den Kampfplatz, um die Toten zu bergen, verlief erfolglos – keine der Leichen wurde aufgefunden. Dieser Trupp kehrte schließlich völlig erschöpft, aber ohne Verluste wieder zurück.

Guadalcanal als Ressource für Nickel

Die *Albatros* verließ daraufhin die Reede von Gora und dampfte in eine geschützte Bucht, wo man die Genesung der Verwundeten abwartete. Einer der Männer starb später in einem britischen Militärspital in Cooktown, alle anderen überlebten ihre schweren Verletzungen. So fuhr die *Albatros* nach Sydney, um weitere Instruktionen abzuwarten. Fregattenkapitän Mauler von Elisenau wurde von dort zur Berichterstattung nach Wien zurückbefohlen. Nach einer Erholungspause in Sydney kam eine Ersatzmannschaft an

Bord, die ihre Mission nach neuen Instruktionen weiter fortsetzte. Sie kehrte erst am 7. Mai 1898 nach Pola zurück, Nickel hatte sie nicht gefunden. Doch wurden die Offiziere und Mannschaften des Schiffes wegen des „tapferen und vorzüglichen Verhaltens" bei dem „mörderischen Überfall" vom Kaiser belobigt und mit Orden versehen.

Neben einigen Gedenktafeln in der Marinekirche Madonna de Mare in Pola wurde auch ein drei Meter hohes Kreuz aus Porphyr angefertigt, das der Kreuzer *Leopard* im Jahr 1900 nach Guadalcanal brachte. Am 9. Februar 1901 wurde das graublaue Kreuz feierlich eingeweiht. Die Mannschaft der *Leopard* war angetreten, einige Ansprachen wurden gehalten, und der Häuptling Saki aus dem Dorf Teteré, in dessen Obhut sich die Gedenkstätte befand, versprach, sich um das Kreuz zu kümmern. Das Kreuz steht innerhalb einer eisernen Gitterumfriedung und erinnert in seiner Inschrift an das „Andenken der im Dienste der Wissenschaft beim Kampfe am Fuße des Berges Tatube heldenmüthig gefallenen Mitglieder der Expedition S. M. Schiffes ALBATROS von der k. u. k. Kriegs-Marine". Auch sind die Namen der Toten angeführt: „Heinrich Freiherr Foullon von Norbeeck, Chef-Geologe. Armand de Beaufort, k. u. k. See-Cadet. Marsgast Peter Maras. Matrose Jacob Dokovic. Matrose Gustav Chaloupka." Wie viele der eingeborenen Angreifer bei diesem Zwischenfall ums Leben kamen, ist freilich nicht verzeichnet. Auch die getöteten einheimischen Führer werden nirgends erwähnt. Es dürften wohl viel mehr Opfer gewesen sein als die fünf Genannten.

Die „Albatros" nach ihrer Rückkehr von der Expedition nach Guadalcanal

Was wurde nun aus den überlebenden Helden von Guadalcanal? Mauler von Elisenau wurde nach dem Zwischenfall Mitglied des Marinetechnischen Komitees und 1900 schließlich Kommandant des Kreuzers *Kaiserin Elisabeth*. 1904 wurde er Kommandant der Torpedoflotille und wirkte bis zu seiner Pensionierung 1909 als Kommandant des Seearsenals in Pola. 1910 erhielt er den Titel eines Vizeadmirals. Tragischerweise befand er sich bei Kriegsausbruch 1914 auf einer Reise in Russland und wurde dort als Spion verhaftet. Mauler starb schließlich am 24. Februar 1916 als Gefangener in Kiew. So hatte er zweimal in seinem Leben massives Pech. Das erste Mal auf der von ihm nicht geschätzten Insel Guadalcanal, deren Name er und die anderen Österreicher beharrlich „Guadalcanar" schrieben, was vielleicht auf einen Hörfehler zurückzuführen war.

Franz Budik erhielt nach seinem tapferen Verhalten beim Zwischenfall auf Guadalcanal den Orden der *Eisernen Krone 3. Klasse*. Budik machte weiterhin in der Marine Karriere und wurde mitten im Ersten Weltkrieg 1916 schließlich Linienschiffskapitän. Er trat am 1. April 1918 als Invalide in den Ruhestand und setzte am 9. August desselben Jahres seinem Leben in einem böhmischen Militärspital ein Ende.

Das in allen österreichischen Quellen sogenannte Guadalcanar, führt heute den Namen Guadalcanal. Die Insel erstreckt sich über 6.500 Quadratkilometer und zählt 110.000 Einwohner. Das österreichische Kreuz steht immer noch dort, wo es seinerzeit aufgestellt wurde. Es hat sogar die furchtbare Schlacht im Zweiten Weltkrieg überstanden und wurde 2005 von Österreichern restauriert. Dabei konnte angeblich auch geklärt werden, warum der Angriff auf die österreichischen Seeleute überhaupt erfolgt sei: Entgegen der ursprünglichen Annahme, dass die Eindringlinge ein Tabu verletzt hätten und deshalb attackiert wurden, erklärten Nachfahren der seinerzeitigen Führer, dass die Buschmänner geglaubt hätten, die weißen Männer wären von den höher entwickelten Bewohnern der Küste geholt worden, um sie zu vertreiben. So wurden die k. u. k. Seeleute nichtsahnend die Opfer einer Fehde zwischen zwei Bevölkerungsgruppen der Insel Guadalcanal. Auf Guadalcanal wird heute Gold und Kupfer abgebaut. Auf einer der Nachbarinseln, auf der die Österreicher auch geforscht haben, wird Nickel gewonnen …

Tsingtau 1914
Die tapferen Männer der „Kaiserin Elisabeth"

TSINGTAU 1914

Die tapferen Männer der „Kaiserin Elisabeth"

Selten wohl hat ein Kriegsschiff ein derart erschütterndes, trauriges, aber auch stolzes Ende gefunden. Bis zum letzten Schuss hat sich die *Kaiserin Elisabeth* gewehrt, bis zum letzten Atemzug gekämpft, bis sie, um nicht in Feindeshand zu fallen, versenkt werden mußte. Kampf und Ende dieses Schiffes werden stets ein Ruhmesblatt in der Geschichte der alten österreichisch-ungarischen Kriegsmarine bilden." (Valentin Perkonig, Matrose auf der *Liesl*)

1914 war die *Kaiserin Elisabeth* bereits ein betagtes Schiff. Mit ihr trat nach ihrer Fertigstellung im Januar 1892 Erzherzog Franz Ferdinand im Dezember desselben Jahres seine Weltreise an. Sie brachte den schießwütigen Habsburger nach Indien, wo er seine Jagdleidenschaft ungebremst ausleben konnte. Dann ging es weiter über verschiedene asiatische Häfen nach China und Japan. Auf diese große Reise in asiatische Gewässer folgten für den Kreuzer weitere Einsätze und Missionsreisen, so ging es 1899 wieder nach China. Kaum zurückge-

kehrt wurde das Schiff im Juli 1900 erneut zur Bekämpfung des Boxeraufstands nach China geschickt. Die inzwischen bereits leicht veraltete *Kaiserin Elisabeth* wurde in den folgenden Jahren immer wieder in asiatischen Gewässern eingesetzt und war wohl jenes Schiff der k. u. k. Marine, das sich am meisten in chinesischen und japanischen Häfen aufhielt. Der inzwischen betagte Veteran zeigte unermüdlich die österreichische Flottenpräsenz in ostasiatischen Gewässern und erfreute sich auch einer gewissen Bekanntheit. Einer der Gründe für den Einsatz alter Schiffe in Asien liegt wohl darin, dass man die moderneren und kampfstärkeren Einheiten für den Kriegsfall in der Adria vorgesehen hatte.

Das Schiff hatte trotz seiner technischen Mängel schon viel erlebt. Es war ein Rammkreuzer von nur 4.000 Tonnen, ein Produkt einer längst nicht mehr aktuellen Seekriegsstrategie, mit einer veralteten Maschine, die bei enormem Kohlenaufwand und Explosionsgefahr matte 18 Knoten lief.

Ein erschütterndes Ende: die „Kaiserin Elisabeth" in voller Fahrt

Sicherheitshalber fuhr man aber meistens langsamer. Die Bordartillerie war bereits einmal 1906 wegen Überalterung ausgetauscht worden. 1909 wäre die *Liesl*, wie das Schiff liebevoll von seiner Mannschaft genannt wurde, fast verloren gegangen, als es durch einen Fehler seines Kommandanten auf Grund lief und fünf Männer bei seiner Bergung ums Leben kamen. Der Kapitän Maximilian Herzberg verlor daraufhin seinen Posten, wurde aber später erfolgreicher

Marineflieger. Das Schiff wurde in Tsingtau repariert, wo es schließlich auch sein Schicksal ereilen sollte.

Die *Kaiserin Elisabeth* lief Mitte 1913 zu ihrer letzten Asien-Tour aus und löste die ebenso altersschwache *Franz Joseph I.* ab, die eineinhalb Jahre in asiatischen Gewässern verbracht hatte. Die Mannschaft, die zu 30 Prozent aus Deutschsprechenden aus allen Teilen der Monarchie, zu 35 Prozent aus Dalmatinern und zu 10 Prozent aus Un-

Belagerung und Eroberung des deutschen Pachtgebiets Kiautschou (China) durch japanische und englische Truppen: das von Japanern in Brand geschossene Ölmagazin auf der Werft von Tsingtau am
31. Oktober 1914, 6.30 Uhr

garn bestand – der übrige Teil setzte sich aus allen anderen Nationalitäten des Reiches zusammen –, war guter Dinge, denn eine Schiffsreise nach Asien galt allgemein als schönster Dienst in der Marine. Der Kapitän der *Liesl*, Linienschiffskapitän Richard Makowiz (1866–1946), galt als schneidiger und tüchtiger Offizier, war oft in Ostasien gewesen und sprach Chinesisch. Er war sehr beliebt bei seiner Mannschaft und wurde als sehr tatkräftig und ritterlich beschrieben. Gesamtdetailoffizier war ein Fregattenleutnant mit dem schönen Namen Pauspertl von Drachenthal. Einer der an Bord befindlichen Kadetten war der Sohn des ehemaligen Marinekommandanten Rudolf Montecuccoli. Der Dienst an Bord wurde den Seeleuten mit gutem Rotwein zweimal am Tag, ausreichenden Mengen an Zigaretten, einer angeblich guten Küche und einem Orchester von 25 Mann, das bei jeder sich bietenden Gelegenheit aufspielte, versüßt. Die Stimmung an Bord der *Liesl* wird in allen Quellen als sehr angenehm beschrieben. Es hätte fast eine Art von Vergnügungsreise werden können …

Am 29. Juni 1914 erreichte die Nachricht von der Ermordung des österreichischen Thronfolgers die *Kaiserin Elisabeth*, als sie gerade im Hafen von Chefoo lag. Die für diesen Tag geplante Abreise nach Port Arthur wurde deshalb nicht angetreten, stattdessen wurde der Kreuzer per telegrafischem Befehl der Marinesektion am 21. Juli in das deutsche Schutzgebiet Tsingtau geschickt. Hier sollte sich sein Schicksal erfüllen. In Tsingtau traf am 29. Juli die Nachricht vom Kriegszustand mit Serbien ein, dem am 1.

August der Befehl zur allgemeinen Mobilisierung und zum Verbleiben der *Kaiserin Elisabeth* in diesem deutschen Hafen folgte. Sieben Offiziere und zwei Unteroffiziere wurden über Shanghai in die Heimat geschickt. Die Situation war für Kapitän Makowiz und seine Männer nicht einfach, denn sie waren das einzige k. u. k. Schiff in der Region und eigentlich völlig isoliert. Ein Durchbruch in die Heimat schien ausgeschlossen und auch dem deutschen Geschwader unter Admiral Maximilian Graf Spee konnte man sich nicht anschließen, da die *Kaiserin Elisabeth* wegen ihres Alters nicht die nötige Geschwindigkeit hatte, um mit den moderneren deutschen Schiffen mithalten zu können. Was der Besatzung des alten Kreuzers wohl auch das Leben rettete, denn die Fahrt des Geschwaders unter Admiral Spee endete im Untergang. So war der Verbleib des Schiffes in Tsingtau bei den deutschen Verbündeten wohl auch die einzige sinnvolle Möglichkeit. Zumindest konnte man sich hier an der Abwehr des zu erwartenden feindlichen Angriffs beteiligen.

Kommandant Makowiz erklärte bereitwillig, solang er in dem deutschen Hafen liege, seien die Feinde Deutschlands auch die seinigen, und unterstellte das Schiff dem Kommando des Gouverneurs von Tsingtau. Man fügte das Schiff nun in das deutsche Verteidigungskonzept ein, es wurden Schießübungen veranstaltet und Gefechtsvorbereitungen getroffen. Am 16. August traf die Nachricht vom Kriegszustand mit England und Frankreich und vom Ultimatum Japans bezüglich Tsingtaus ein. Da nun klar wurde, dass es wie bereits erwartet zum

Kampf kommen würde, wurde die *Kaiserin Elisabeth* von der Seeseite abgezogen und zur Verteidigung gegen Land eingesetzt, und es wurde eine Minensperre verlegt. Die meisten Männer waren sehr jung und unerfahren und sahen dem Kampf mit einer gewissen Abenteuerlust entgegen.

Die „Kaiserin Elisabeth" beschießt die Japaner

Dann kam überraschend am 24. August der Befehl aus Wien, dass der Kreuzer abzurüsten sei und die Besatzung nach Tientsin abzureisen habe. Nachdem das eilig in die Wege geleitet worden war, traten 394 Mann per Bahn die Reise nach Tientsin an, an Bord des Schiffes verblieben nur der Kommandant und eine Wache von 16 Mann unter dem Kommando von Fregattenleutnant Oskar Fröhlich. Sie sollten den Kreuzer nach Verbrennung des Geheimmaterials versenken. Die Deutschen waren über den Abzug ihrer Bundesgenossen wie vor den Kopf geschlagen und bezichtigten die Österreicher der jämmerlichen Feigheit. Was besonders Kapitän Makowiz schwer traf, da er nur einen Befehl ausführte. Als jedoch die Besatzung der *Kaiserin Elisabeth* am 26. August in Tientsin eintraf, erreichte sie ein Befehl mit der Anordnung: „*Kaiserin Elisabeth* mitkämpfen!" Worauf 310 Männer in Zivil wieder nach Tsingtau zurückkehrten. Allerdings wurde eine Anzahl Österreicher in Tientsin an der Rückreise gehindert. Somit begann der österreichische Heldenkampf in Tsingtau mit einer Blamage. Denn bereits

am 24. August 1914 hatte der österreichisch-ungarische Botschafter im auswärtigen Amt in Berlin folgende Mitteilung gemacht: „Im allerhöchsten Auftrage ergeht an den Kommandanten S. M. Schiff *Kaiserin Elisabeth* in Tsingtau, sowie an den k. u. k. Botschafter in Tokio der telegrafische Befehl, dass die *Kaiserin Elisabeth* in Tsingtau mitzukämpfen hat." Wieder einmal waren österreichische Seeleute das Opfer der Wiener Marinebürokratie geworden.

Am 28. und 29. August wurden die Bug- und Heckgeschütze des Kreuzers ausgebaut und an die Landfront gebracht. Außerdem wurden am Schiff einige Umbauten vorgenommen, um es auf den Kampf vorzubereiten. Die zehn an Land gebrachten Geschütze wurden in selbstständigen Batterien aufgestellt. Sie verfügten insgesamt über 3.640 Schuss Munition, die während der Kämpfe restlos verschossen wurden. 122 Mann der Besatzung dienten in den Landbatterien. Die 15-Zentimeter-Geschütze des Schiffs brachten einige Probleme bei der Aufstellung mit sich, da man die schwere Lafettierung und die starken Panzerschilde in ausreichend Eisenbeton betten musste. Später hatten diese Kanonen einen wesentlichen Anteil im Artilleriekampf mit dem Gegner und stellten die deutschen 8,8-Zentimeter-Geschütze weit in den Schatten.

Am 2. September 1914 landeten die Japaner nördlich von Tsingtau und begannen ab 5. September ihren Vormarsch. Die ersten Gefechte zu Lande erfolgten am 13. September. Von nun an drangen die Japaner weiter vor, während ihnen die deutschen Truppen gemeinsam mit ihren österreichischen Verbündeten Verzögerungsgefechte lieferten, bis sie die vorbereiteten Stellungen um die Stadt erreichten. Die zahlenmäßige Überlegenheit der japanischen Truppen war etwa 15:1. Die Österreicher kämpften am linken Flügel unter Fregattenleutnant Fröhlich und in der Mitte der deutschen Front unter Oberleutnant von Schlick. Auch am deutschen Gegenangriff am 2. Oktober beteiligten sich die Österreicher. Dieser Angriff konnte zwar beachtliche Geländegewinne erzielen, doch erwies sich der Gegner als zahlenmäßig derart überlegen, dass der Rückzug angetreten werden musste.

Die *Kaiserin Elisabeth* beschoss von Anfang an die Stellungen der Japaner, wobei sie vom kleinen deutschen Kanonenboot *Jaguar* unterstützt wurde. Die Wirkung des Feuers war sehr effizient, da man vor Eröffnung der Kampfhandlungen genau die eventuellen Zielpunkte an Land erkundet und das Fahrwasser in der Bucht ausgelotet und mit Bojen versehen hatte. Auch erhielt man von Land aus immer wieder Angaben über vorrangige Zielobjekte übermittelt. Die Japaner mussten deshalb nach schweren Verlusten die Benutzung der küstennahen Straßen aufgeben, doch ihre Batterien und in Reich-

Gute Kämpfer auch an Land: k.u.k. Marinesoldaten

weite befindlichen Truppenmassierungen litten weiterhin massiv unter dem Feuer des k.u.k. Schiffes. Es mutet sehr seltsam an, dass die Japaner und ihre britischen Verbündeten das Schiff kein einziges Mal ernsthaft treffen konnten.

Die an Land befindlichen 15-Zentimeter-Geschütze der *Liesl* wurden von den Japanern sehr gefürchtet und konnten vorerst auch durch Beschuss und Luftangriffe nicht ausgeschaltet werden. Ihr Kommandant hatte die Batterie so gut befestigt, dass man sie scherzhaft „Batterie Lebensversicherung" nannte. Als man in Erfahrung gebracht hatte, wo genau sich das japanische Hauptquartier befand, schossen sich die österreichischen Kanonen darauf ein. Die Japaner wurden völlig überrascht, da sie den Geschützen diese Reichweite nicht zugetraut hatten. Einer der ersten Treffer krepierte beim Stab des Befehlshabers des englischen Hilfskorps, der knapp mit dem Leben davonkam. Da sich der japanische Befehlsstand im Dorf Litsun befand, erhielt die Batterie bei den Japanern und Engländern den Namen „Litsun-Express".

Ab 26. Oktober beschossen die Japaner immer heftiger das Stadtgebiet von Land und von See aus. Da man mit einem allgemeinen Sturm rechnete, ließ der Gouverneur die Werft und das Dock sprengen. Am 26. und 27. September versuchten die Angreifer, die Befestigungen in heftigen Sturmangriffen zu überrennen, was nicht gelang und nur zu schweren Verlusten führte. Die Stadt war aber nun völlig eingekreist und die Japaner bauten ihre Stellungen rasch aus. Sie setzten auch erstmals Flugzeuge von einem Flugzeugträger ein, was ein Novum in der Kriegsgeschichte darstellte. Die Beschießung durch die japanische Artillerie wurde immer intensiver, während die Deutschen nur zwei Flugzeuge hatten, die sie aber erfolgreich einsetzten.

„Addio Lisal!"

Eines der ersten Opfer der am 31. Oktober von den Japanern begonnenen planmäßigen Beschießung war die österreichische 15-Zentimeter-Batterie, die als die beste und erfolgreichste der Landfront galt und deshalb für den Gegner das Hauptärgernis darstellte. Hier schlugen innerhalb kurzer Zeit besonders viele gegnerische Granaten ein. Durch einen Volltreffer fielen fünf Österreicher und sieben wurden schwer verwundet. Eines der Opfer war der Kriegsfreiwillige Harding-Klimanek, der als Dolmetscher am österreichischen Konsulat gearbeitet hatte und sich wegen seiner Freundschaft zum Batteriekommandanten Fregattenleutnant Baierle am Kampf beteiligte. Dem jungen Mann, der alle durch seinen Schwung und Optimismus begeistert und der bis zum Schluss an den Sieg geglaubt hatte, wurde der Kopf abgerissen. Ein deutscher Arzt schrieb später über die verwundeten Österreicher: „Sie waren meine ersten Verwundeten an der Front und sie hatten sich hervorragend geschlagen, wie sich überhaupt draußen unsere Waffenbrüderschaft besonders bewährt hat."

Harding-Klimanek war übrigens nicht der einzige Österreicher, der freiwillig mitkämpfte, auch ein wegen eines chronischen

Leidens pensionierter k. u. k. Kavallerieoffizier, der in Tsingtau als Künstler lebte, beteiligte sich aktiv am Kampf. Seine Frau arbeitete unermüdlich als Krankenschwester im Lazarett.

Die *Kaiserin Elisabeth* stand im schwersten Feuer der japanischen Artillerie, hatte jedoch immer Glück. Trotz aller Anstengungen konnten die Japaner niemals einen entscheidenden Treffer landen. Auch die Angriffe der Flugzeuge blieben erfolglos. Am 1. November lief die Zeit des Schiffs jedoch ab. Von Tag zu Tag war die Munition weniger geworden und nun wurde die *Kaiserin Elisabeth* nach der letzten verschossenen Granate wehrlos. Der Kommandant fasste den Entschluss, das Schiff zu versenken. In der Nacht wurden die nötigen Vorbereitungen getroffen, um es an der tiefsten Stelle des Hafens in

Die Seehelden der „Kaiserin Elisabeth" in „Österreichs Illustrierter Zeitung"

57 Meter Tiefe untergehen zu lassen. Ein Unteroffizier berichtete: „Die Bemannung muß ihr letztes Stück Heimat verlassen, um nun an Land an den weiteren Kämpfen teilzunehmen. An Bord in den unteren Räumen werden vier Torpedo-Sprengköpfe aufgestellt und mit Zündschnüren versehen. Alle Kessel sind unter Dampf gesetzt. Wenige Minuten vor 3 Uhr früh werden die Bodenventile geöffnet und die Zündschnüre angeschlagen. Die letzten Leute der Bemannung verlassen mit ihrem tapferen Kommandanten, Linienschiffskapitän Makowiz, das Schiff. Wir sehen ihn mit den Worten ‚Addio Lisa!' entblößten Hauptes und feuchten Auges Abschied nehmen, während uns bei diesem Lebewohl ein Schluchzen übermannt. Die Dampfbarkasse fährt mit ganzer Kraft landwärts, aber auf etwa 100 Meter Entfernung läßt der Kommandant plötzlich halten. Er will noch einmal sein Schiff sehen und aus nächster Nähe Zeuge seines Unterganges sein. Ein Feuerball steigt gegen den Himmel, der von den Ex-

plosionen der Kessel und der Torpedoköpfe herrührt. Der Kreuzer wird in der Mitte auseinandergerissen und beginnt zu sinken. Nur wenige Sekunden währt dieser Anblick, dann sinkt S.M.S. *Kaiserin Elisabeth* mit wehender Flagge in die Tiefe. Wir fahren mit der Barkasse an die Sinkstelle und vernehmen nur mehr ein Gurgeln, während die Wellen sanft über das Grab unserer *Liesl* spielen. Das Gurgeln, das dem eines Ertrinkenden glich, dem wir nicht helfen können, grub sich unvergeßlich in unser Gehör. Wir haben unser Schiff, unsere Heimat verloren."

Das späte Ende des Krieges

Die Männer der *Elisabeth* mussten nun mit ihren Booten im Innenhafen durch heftiges Artillerie- und Infanteriefeuer fahren, um zu landen. Rundum auf den Hügeln tobte in den frühen Morgenstunden bereits ein erbarmungsloser Kampf.

Wie durch ein Wunder gelangten alle Besatzungsmitglieder des Schiffs heil an Land. Danach wurden die Männer in die Reihen der Verteidiger der Landfront eingeordnet. Der ungleiche Kampf sollte noch fünf weitere Tage dauern. Während dieses Endkampfs wurden fast alle ausgeschifften Geschütze der *Kaiserin Elisabeth* durch Volltreffer zerstört, obwohl sie wegen des Munitionsmangels keine große Gefahr mehr darstellten. Auch die Verteidigungsstellungen waren inzwischen schwer in Mitleidenschaft gezogen worden. Den Verteidi-

gern war mittlerweile völlig klar, dass ihr Widerstand aussichtslos geworden war, doch sie kämpften verbissen weiter.

In ihren zerschossenen Stellungen hielten die Männer tagelang dem Gegner stand. Als die Japaner zum erwarteten Großangriff ansetzten, konnte man ihnen zwar große Verluste zufügen, sie aber nicht mehr aufhalten. Als die japanischen Soldaten die Mitte der deutschen Linien durchbrachen, warf sich ihnen die Besatzung der *Kaiserin Elisabeth* unter der Führung von Oberleutnant von Schlick entschlossen entgegen. In heftigem Kampf und unter schweren Verlusten konnte ein weiteres Vordringen der Japaner vorerst verhindert werden. Doch dann musste unter dem zunehmenden Druck des Feindes die vordere Linie geräumt werden. Die letzten Granaten wurden verfeuert, man sprengte die Stellungen und zog sich in die Stadt zurück, die von See und von Land aus beschossen wurde.

Am 7. November war es schließlich so weit: Den Verteidigern war die Munition fast zur Gänze ausgegangen und die wichtigsten Befestigungsanlagen waren in der Hand des Feindes, jeder weitere Widerstand war sinnlos. Die weiße Fahne wurde gehisst und ein Parlamentär zu den Japanern geschickt. An manchen Stellen wurde noch bis 7.30 Uhr weitergekämpft, da die dortigen Truppen nichts von der Kapitulation wussten. Eine kleine deutsche Abteilung kämpfte sogar bis zum letzten Mann. Dann schwiegen die Waffen und hunderte japanische Soldaten begannen sogleich mit Plünderungen. Der bekannte deutsche Pilot Günter Plüschow, genannt „Der Flieger von Tsingtau", hatte zuvor die Stadt mit den wichtigsten Dokumenten verlassen. Anfangs wurden deutsche und österreichische Offiziere und Soldaten von den japanischen Siegern brutal behandelt, was aber bald von der militärischen Führung abgestellt wurde. Die Offiziere der geschlagenen Truppe durften nun sogar ihre Säbel behalten. In seinem letzten Bericht lobte der Gouverneur von Tsingtau die österreichischen Seeleute: „In würdiger Weise haben die Kameraden der *Kaiserin Elisabeth* unter Linienschiffskapitän Makowiz … wesentlich zur Verteidigung des Schutzgebietes in kameradschaftlicher, aufopfernder Weise beigetragen."

Von den insgesamt 3.700 Verteidigern fanden in den dreimonatigen Kämpfen 699 Mann den Tod oder wurden verwundet. Bei den Japanern mit einer Truppenstärke von 55.380 Mann gab es offiziell 1.303 Tote und 4.100 Verwundete. Die wirklichen Zahlen dürften aber viel höher gewesen sein. Natürlich war der Heldenkampf der Eingeschlossenen von Tsingtau von Anfang an aussichtslos, doch konnte es unter dem Geist der Pflichterfüllung für sie keine andere Alternative geben, als das Schutzgebiet zu verteidigen, solang es möglich war.

Für die überlebenden Verteidiger sollte nun eine bis zu fünf Jahre dauernde Gefangenschaft beginnen. Zuvor noch, am 9. November, durften die Gefallenen feierlich beerdigt werden, und die deutschen Truppen und wohl auch die Mannschaft der *Kaiserin Elisabeth* zogen geschlossen am deutschen Gouverneur Alfred Mayer-Waldeck vorbei. Danach ging es in verschiedene japanische Kriegsgefangenenlager, wo fünf österrei-

Postkarte, die zeitgenössische Heldenverehrung dokumentierend

chische Seeleute an Grippe starben. Am weiteren Schicksal der Gefangenen lässt sich der Zerfall der Monarchie ablesen. So verließ bereits 1916 ein Teil der Italiener nach heftigen internen Auseinandersetzungen Japan in Richtung Italien, um von dort gegen die Monarchie zu kämpfen. Im Sommer 1919 wurden alle Tschechen, Slowaken, Polen, Jugoslawen und die noch verbliebenen Italiener heimgeschickt. Ende 1919 wurden ein Offizier und sieben Mann auf eigenen Wunsch in holländische Dienste übernommen. Am 27. Dezember 1919 wurden dann die übrigen Gefangenen heimgeschickt. Als die japanische *Kifuku Maru* am 28. Februar 1920 in Wilhelmshaven anlegte, war für die 63 Österreicher und 70 Ungarn der Krieg endgültig zu Ende.

1549711702018470533594471618783187187189643088194871986 **1880–1947**

Georg Ludwig von Trapp
The Sound of Music and War

GEORG LUDWIG VON TRAPP

The Sound of Music and War

Der französische Panzerkreuzer *Léon Gambetta* war ein stolzes, kampfstarkes Schiff. Es fuhr in einem Verband von Kriegsschiffen auf Streifzug in der unteren Adria. Man wollte österreichische Schiffe aufspüren und versenken. Aber wie so oft in der Kriegsgeschichte wurden aus Jägern Gejagte. Die *Léon Gambetta* dampfte in den frühen Morgenstunden des 27. April 1915, einem Dienstag, in der Nähe der italienischen Küste dahin, etwa 20 Seemeilen vom Kap Santa Maria di Leuca, der Südspitze Apuliens, entfernt. Es war 1 Uhr 15. Der Großteil der 720 Mann Besatzung schlief ruhig, da niemand mit einem Angriff rechnete. Doch plötzlich ließ eine heftige Explosion den Schiffsrumpf erbeben. Torpedo! Alles war sofort hellwach, lief durcheinander und versuchte etwas zu unternehmen – da folgte ein zweiter Torpedotreffer, der das Schicksal des Schiffes besiegelte. Der Kommandant versuchte so rasch wie möglich, das sinkende Schiff an die Küste zu steuern, um es dort auflaufen zu lassen.

Doch zu spät: Die *Léon Gambetta* sank innerhalb von 15 Minuten. Von der Besatzung wurden schließlich 133 Mann geborgen, darunter nur ein Offizier. Es wurde berichtet, der Kommandant des Schiffes, ein Konteradmiral, habe Selbstmord begangen. Das österreichische Unterseebot, das dem stolzen Panzerkreuzer den Todesstoß versetzt hatte, blieb noch lang vor Ort und beobachtete das Ende seines Opfers. Der Kommandant des U-Bootes hieß Georg Ludwig von Trapp.

Trapp ist wohl in vielen Gegenden der Welt, insbesondere in den Vereinigten Staaten, bekannter als in seiner Heimat Österreich. Seine Bekanntheit verdankt er auch nicht seinen kriegerischen Heldentaten, sondern seiner Rolle als Oberhaupt der singenden Trapp-Familie und einem unsagbar kitschigen Film.

Georg Ludwig Ritter von Trapp wurde am 4. April 1880 im dalmatinischen Zara, dem heutigen Zadar, geboren. Sein Vater August von Trapp war Fregattenkapitän

Die Mannschaft der „U5" unter dem Kommando von Georg Ludwig von Trapp

und erst vier Jahre zuvor in den Ritterstand erhoben worden. August von Trapp hatte sich einige Male ausgezeichnet, wie beim Stranden der Kriegsbrigg *Saida* in einem Orkan, als er hervorragendes seemännisches Verhalten bewies.

Als Georg erst vier Jahre alt war, verstarb sein Vater an Typhus und seine Mutter Hedwig von Trapp zog ihn und seine zwei Geschwister allein auf. Die Familie lebte in bescheidenen Verhältnissen in einer einfachen Wohnung in Pola, da ihnen nur eine kleine Pension zur Verfügung stand. Georg von Trapp verbrachte in seiner Kindheit recht viel Zeit im Hafen von Pola und träumte von Seeabenteuern.

Die Familie unterhielt sehr freundschaftliche Kontakte zu Richard Banfield und dessen Familie. Zwischen den Kindern der beiden Familien entwickelten sich innige Lebensfreundschaften. Aus beiden Familien sollte je eine Heldenfigur des Ersten Weltkriegs hervorgehen.

Der junge Georg wurde als „hübscher, intelligenter, dunkeläugiger Bub mit großem Unternehmungsgeist" beschrieben. Schon bald war er der Anführer seiner Geschwister und Freunde. Er bewies sein Charisma bereits in in früher Jugend, als er die Offizierskinder in ihren Schlachten gegen italienische Gassenjungen oder bei der Erforschung der Höhlen und Gänge des bei Pola liegenden Monte Paradiso anführte.

Im Alter von 14 Jahren trat Georg von Trapp fast selbstverständlich in die Marine-Akademie in Fiume (dem heutigen Rijeka) ein, die er erfolgreich absolvierte. Am 1. Juli 1898 wurde er als Seekadett 2. Klasse Mitglied der k. u. k. Kriegsmarine. Wenig später befand er sich an Bord der Korvette *Saida*, die unter dem Kommando des Fregattenkapitäns Guido Couarde ab 1. Oktober 1898 eine ein Jahr dauernde Missionsreise nach Ostafrika, Ostasien und Australien unternahm. Für den jungen Trapp waren die Fahrt durch den Suezkanal und das Kennenlernen exotischer Gebiete eine prägende Erfahrung. Am 7. März 1899 erreichte die *Saida* trotz schlechten Wetters und schwerer Seegangs den Hafen von Freemantle in Australien. Nach einigen Wochen ging es weiter über Batavia nach Hongkong, es gab ein Treffen mit dem Kreuzer *Kaiserin Elisabeth* und einen Besuch in Schanghai. Danach trat man die Heimreise an und die *Saida* erreichte nach einigen Stationen – darunter die Seychellen – am 25. Oktober 1899 Pola, wo das Schiff außer Dienst gestellt wurde. Für Georg von Trapp war diese Reise, die vor allem unter Segel vor sich ging und oftmals mit Stürmen und schwerer See zu kämpfen hatte, die ideale Ausbildungsfahrt.

Der junge Trapp wurde nach seiner Rückkehr dem 5.500-Tonnen-Panzerschiff *Wien* zugeteilt, dessen verschiedene Schiffsteile nach Wiener Bezirken benannt worden waren. So hieß der Maschinenraum *Hietzing* und die Offiziersmesse *Speising*. Währenddessen wurden in China durch den Boxeraufstand die diplomatischen Vertretungen in Peking und die Interessen aller Großmächte zunehmend bedroht. So wie die anderen betroffenen Staaten entschloss sich Österreich-Ungarn zu einem militärischen Einsatz in China. Trapp wurde dem Kreuzer *Kaiserin und Königin Maria Theresia* zugeteilt, der am 23. Juni 1900 mit weiteren Schiffen von Pola Richtung China auslief.

Die Bevölkerung bereitete der abfahrenden Eskadre einen enthusiastischen Abschied, denn es bestand allgemeine Begeisterung für den Kreuzzug gegen die unbotmäßigen Chinesen. Es kam zu Szenen, die einen gewissen Vorgeschmack auf den Ausbruch des Ersten Weltkriegs lieferten. Erstmalig hatten k.u.k. Kriegsschiffe den Befehl für einen Kriegseinsatz in Übersee erhalten. Insgesamt bestand die k.u.k. Ostasieneskadre aus vier Kreuzern. Zuvor war Österreich-Ungarn nur durch den Kreuzer *Zenta* vor Ort vertreten gewesen. Dieser hatte ein Detachement zur Verteidigung der k.u.k. Botschaft nach Peking abgegeben, wo es zu heftigen Kämpfen kam, die einigen österreichischen Marineangehörigen das Leben kostete. Die Lage schien wegen der Übermacht der Boxer aussichtslos und die österreichisch-ungarische Botschaft wurde letztlich niedergebrannt. Doch inzwischen hatten die großen Mächte ihre Kriegsflotten mobilisiert und der Entsatz der bedrängten Missionen in Peking sollte gerade noch rechtzeitig erfolgen.

Vom Fähnrich zum U-Boot-Kommandanten

Nach der Ankunft der *Kaiserin und Königin Maria Theresia* vor Tianjin, wo sich schon eine große internationale Flotte eingefunden hatte, wurde Trapp dem Landungsdetachement zugeteilt. Für seine Teilnahme an der Eroberung des heiß umkämpften Taku-Forts bei Tianjin, wo er sich durch Kühnheit und Geschicklichkeit auszeichnete, wurde

U-Boot auf hoher See

Die Firma Whitehead baute in Fiume die ersten U-Boote:
eines der Modelle der k.u.k. Marine bei seiner ersten Ausfahrt

er mit der *Silbernen Tapferkeitsmedaille 2. Klasse* ausgezeichnet. Das war erst der Beginn des Vormarsches auf Peking, bei dem sich die verbündeten Truppen den Weg in blutigen Gefechten freikämpften. Als die Korvette *Donau* anlässlich ihrer Weltumsegelung auch China anlief, wurde Trapp an Bord dieses Schiffes mit einigen seiner Kameraden in die Heimat zurückgeschickt. Es wurde als Zeichen seines positiven Charakters angesehen, dass er seine während des Feldzugs gemachten Ersparnisse seiner Mutter zukommen ließ, die in ärmlichen Verhältnissen lebte.

Nach seiner Rückkehr aus China im Jahr 1902 legte Trapp seine Seeoffiziersprüfung ab. Danach nahm er an verschiedenen Übungsfahrten in der Adria und im Mittelmeer teil. Im Mai 1903 wurde Trapp bereits zum Linienschiffsfähnrich befördert und absolvierte in den folgenden Jahren den Offiziers-Seeminenkurs und den Offiziers-Torpedokurs. Da er sehr vielseitig und aufgeschlossen war, suchte er auch um die Teilnahme an einem der ersten Kurse für Militäraeronautik an, was ihm gewährt wurde. Schließlich ließ er sich auch noch als Taucher ausbilden, da er nach einer Meldung über die im Entstehen begriffene U-Boot-Waffe mit dieser liebäugelte. Vorerst machte er auf Torpedobooten Dienst, die damals ebenfalls als moderne Waffe galten.

1908 wurde Trapp zum Linienschiffsleutnant befördert und nach Fiume befohlen, wo die Firma Whitehead die ersten U-Boote baute. Er begann nun, sich mit den

Der franzosische Kreuzer „Leon Gambetta". Die Torpedierung des Schiffs wurde Georg von Trapps militärisch größter Erfolg

Eigenschaften der neuen Waffe detailliert vertraut zu machen. Dabei legte er wie gewohnt Zähigkeit und Pflichtgefühl an den Tag. Trapp lernte während dieser Zeit auch Agathe, die Tochter des Großindustriellen und Marinelieferanten John Whitehead, kennen und lieben – 1911 wurde Hochzeit gefeiert. Da er nun auch finanziell besser gestellt war, ließ Trapp auf dem Spielplatz seiner Jugend, dem Monte Paradiso, für sich und seine Familie eine Villa errichten. Dort kamen auch sieben seiner Kinder zur Welt.

Während Trapp Karriere machte, entwickelte sich die U-Boot-Waffe in der k. u. k. Kriegsmarine. Das erste eigene Unterseebot, die *SMU 3*, lief 1909 vom Stapel. Vorher hatte es zwischen 1907 und 1910 verschiedene Typen zur Erprobung gegeben, es waren dies

Lake-Boote, Germania-Boote und Holland-Boote, die man gründlich testete, wobei sich erwies, dass alle ihre Schwachpunkte hatten. 1912 verfügte die Flotte über sechs Boote, die fast alle mit den problematischen Benzinmotoren ausgerüstet waren. Sie waren in erster Linie als Küstenboote gedacht, da sie allesamt nicht sehr leistungsfähig waren. Trotzdem versuchten die Kommandanten der Boote, auch gegen den Widerstand mancher Vorgesetzter, möglichst viel zu üben, vor allem Angriffe. Nicht hilfreich dabei war die Einstellung des Marinekommandanten Admiral Anton Haus, der genauso wenig von U-Booten wie von Flugzeugen hielt.

Georg von Trapp befehligte nun drei Jahre lang das Boot *U 6* mit Egon Lerch, der sich später als U-Boot-Kommandant auszeichnen sollte, als Zweiten Offizier. 1913 besuchte Trapp auch noch den höheren Artilleriekurs, womit er seine umfassende Ausbildung in allen Waffen der Marine beendete. Er war sicher einer der bestausgebildeten Offiziere der Kriegsflotte. Als der Krieg ausbrach, war er Kommandant des Torpedobootes 52, obwohl sein Interesse eher dem Kommando eines U-Bootes galt.

Die sechs einsatzfähigen U-Boote der Kriegsmarine waren im August 1914 bereits veraltet und mangelhaft. Die Männer auf den winzigen Booten wurden von den Besatzungen der großen Schiffe fast mitleidig betrachtet. Die Situation auf den „schwimmenden Särgen" war extrem, denn es gab keine Schlafstellen – man musste auf dem Boden schlafen –, die Luft an Bord war schon nach wenigen Stunden verbraucht, da es keine Luftreinigung gab, und es war überall feucht, da es keine Ableitung für das Kondenswasser gab. Es war so gut wie keine Sicherheitsschotte vorhanden, das Tauchen war sehr umständlich und die Dämpfe der sehr anfälligen Motoren waren stets eine große Gefahr im Boot. Die U-Boot-Fahrer wurden oft von Übelkeit geplagt, erlitten Ohnmachtsanfälle und kämpften mit Kopfschmerzen. Doch Trapp und einige andere waren bereit, für die Zugehörigkeit zu dieser revolutionären Waffe jeden Preis zu zahlen.

Zu Beginn des Jahres 1915 war es schließlich so weit, und Trapp erhielt das Kommando über die *SMU 5*. Bei der Übernahme hielt er eine kleine Ansprache, mit der er seine Mannschaft auf sich einschwor: „Das Wichtigste ist: Wir müssen uns auf einander verlassen können! Ich muss euch

vertrauen können und ihr mir, wenn wir Erfolg haben und unser Boot immer heil zurückbringen wollen. Es kommt auf jeden Einzelnen an."

Trapp war nun am richtigen Platz, und schon bald konnte er mit seinem U-Boot große Erfolge verbuchen. Die Versenkung des französischen Panzerkreuzers *Léon Gambetta* am 27. April 1915 in der Straße von Otranto erregte großes Aufsehen. Alles jubelte, nur bei Trapp wollte keine Hurra-Stimmung aufkommen. Diese Waffentat belastete sein Gemüt, da der größte Teil der feindlichen Besatzung dabei ums Leben gekommen war. Seinem Zweiten Offizier gegenüber äußerte er seine Bedenken über die neue Waffe.

Im Zweikampf gegen ein italienisches U-Boot

Einige Monate später trat Trapp vor der Insel Pelagosa zum Zweikampf mit dem italienischen U-Boot *Nereide* an. Das größere und technisch überlegene italienische Boot schoss zuerst und verfehlte die *U 5*, Trapp feuerte zurück und versenkte seinen Gegner durch einen Torpedo. Direkte Duelle zwischen U-Booten waren damals etwas völlig Neuartiges und Trapps Sieg erregte einiges Aufsehen. Die *U 5* versenkte später unter dem Kommando von Trapps Nachfolger Friedrich Schlosser am 8. Juni 1916 den bewaffneten Transporter *Principe Umberto*, der mitsamt 1.750 Mann unterging. Im Oktober 1915 übernahm Trapp das erbeutete französische U-Boot *Curie*, das nun als

U-Boot 14 der k. u. k. Flotte verwendet wurde. Die *Curie* war am 20. Dezember 1914 in der Hafeneinfahrt von Pola versenkt und später geborgen worden. Mit diesem nun umgebauten und technisch recht guten Boot unternahm Trapp zehn erfolgreiche Handelskriegsfahrten im zentralen und östlichen Mittelmeer. Die durch seine Einsätze entstehenden Menschenverluste belasteten ihn psychisch.

Das U-Boot als Wunderwaffe

Die Zahl der österreichischen U-Boote stieg im Lauf des Krieges an, und die technischen Gegebenheiten verbesserten sich. In den österreichischen Häfen waren nun auch deutsche U-Boote stationiert, die auch von hier aus auf Feindfahrt gingen. Diese Boote waren meist größer, moderner und hatten eine deutlich größere Reichweite als jene der k. u. k. Marine, dennoch waren deren Erfolge bescheidener. Was auch dazu führte, dass der Gegner die Anzahl und Leistungsfähigkeit der österreichischen U-Boote weit überschätzte und vor größeren Aktionen zurückschreckte.

Als der zögerliche Kaiser Karl sich 1917 vom österreichischen Flottenchef Großadmiral Haus überreden ließ, dem deutschen Beispiel des uneingeschränkten U-Boot-Kriegs zu folgen, befanden sich 32 deutsche und 14 österreichisch-ungarische U-Boote im Mittelmeer im Einsatz. Das waren immerhin mehr, als die wenigen U-Boote zu Kriegsbeginn. Dennoch wurde es für sie immer schwieriger, aus dem Flaschenhals des schmalen Adriaausgangs zwischen Kap Santa Maria di Leuca und den Inseln Fano und Korfu hindurch von der Adria ins Mittelmeer vorzustoßen. Der Gegner hatte einen starken Patrouillendienst von Torpedobooten und Zerstörern aufgezogen, die U-Boote massiv mit Wasserbomben angriffen. Zudem hatte man eine größere Anzahl von Fischdampfern mit Hilfe von langen Schleppnetzen zusammengezogen, die mit Bomben und Alarmeinrichtungen ausgestattet wurden. Die Tiefe der Netze wurde nach und nach von 20 Metern auf 40 Meter verlängert, was der Tauchtiefe damaliger U-Boote entsprach. Es wurde also immer schwieriger durchzubrechen.

Wie die deutschen U-Boote erreichten auch jene Österreich-Ungarns im April 1917 ihre größten Erfolge. Es konnten in diesem Monat 23.037 Tonnen versenkt werden, das war der absolute Höhepunkt des Krieges. Danach fielen die Versenkungszahlen wieder drastisch ab. Denn im Gegensatz zu den Deutschen versenkten die Österreicher keine Spitalsschiffe, auch wenn sie eindeutig als Munitionstransporter verwendet wurden. Ein weiterer wichtiger Grund war aber sicherlich die zunehmende Wirksamkeit der Seesperre von Otranto.

Trapps Erfolgsbilanz im Ersten Weltkrieg: 19 Feindfahrten, auf denen er 12 Handelsschiffe mit insgesamt 45.669 Bruttoregistertonnen versenkte, ebenso den französischen Panzerkreuzer *Léon Gambetta* mit 12.600 Tonnen und das italienische U-Boot *Nereide* mit 225 Tonnen. Er erhielt dafür eine Vielzahl von Auszeich-

Nr. 19 — 9. Mai 1915　　Preis **10** Pfennig

Deutsche Kriegszeitung 19 15

Illuſtrierte Wochen-Ausgabe
Herausgegeben vom
Berliner Lokal-Anzeiger

Aus großer Zeit.
Von einem alten preußischen Offizier.

XXXIX.

Heil Germania! Heil Austria!

Großer Sieg im Oſten, im Südoſten, das iſt der Grundton, der heute in unſeren Zeilen wiederklingen muß, und der Sieg iſt um ſo köſtlicher, da er ſozuſagen Deutſchland und Öſterreich-Ungarn enger verkittet, als jemals gemeinſam vergoſſenes Blut Völker verknüpfen konnte, die ſich nicht ſo verwandt fühlen wie unſere beiderſeitigen Heere. Es war nicht die Blutsverwandtſchaft allein, die uns auf dem Gefilde der Biala und des Dunajec ſo enge aneinander ſchmiedete, nein, es war der Geiſt, der ſoldatiſche Geiſt, der hier die vielraſſigen öſterreichiſch-ungariſchen Regimenter, der hier die Söhne einer edlen Nation in engſten Verband brachte mit den Brüdern einer gleichgearteten Nation im Kampfe um das Heiligſte, im Kampfe um das Recht. Wenn wir heute deshalb mit den Ereigniſſen im

Wie ſtehen wir?

Welche Fortſchritte macht das verbündete deutſche und öſterreichiſch-ungariſche Heer? Wie ſtehen mit den tatſächlichen Erfolg der Alliierenden, die mit dem feindſeligen Krieg?

Antwort gibt in kürzeſter nicht getreuter, aufſchlußlichſter Weiſe eine wöchentliche Kriegskarte der Vereinigung für private Kriegshilfe München N.W. 19.

Die militäriſchen Ereigniſſe im Völkerkrieg 1914/15

Auf dieſen Karten iſt außer dem mutmaßlichen Stand der Heeresſtellungen zu erſehen, wann und wo Schlachten geſchlagen wurden, wer der Sieger in dieſen Schlachten war, welche Zuführten unter dieſen Torpedoboote gemacht haben, wann und wo unſere Flieger und Zeppeline Bomben warfen, kurz, die geſamte Kriegstätigkeit unſerer wie der feindlichen Truppen iſt erkennbar.

Die vierfarbigen Karten zeigen:
a) den weſtlichen Kriegsſchauplatz mit Spezialkarten von Ypern und Umgebung, von den Argonnen und Vogeſen, vom Maas-Moſel-Gebiet und ferner von England mit unſeren Kriegsſchiffs-, Luftſchiff- und Fliegerangriffen, b) den öſtlichen Kriegsſchauplatz mit Spezialkarte der Karpathen, c) den ſerbiſchen Kriegsſchauplatz mit den Dardanellen, d) den ſerbiſchen Kriegsſchauplatz. Auf der Rückſeite der Karten ſind die vorbezüglichen graphiſch dargeſtellten Ereigniſſe wöchentlich beſchrieben. Die politiſchen Nachrichten — auch die der neutralen Länder — ſind ebenfalls vermerkt.

Einzelpreis **25 Pf.** mit Porto

Mit dem Ertrag werden die im Felde ſtehenden Soldaten mit Liebesgaben verſorgt, werden Bedürftige geſpeiſt und gekleidet, Witwen und Waiſen gefallener Krieger vor Not bewahrt.

Man richte die Beſtellung an die „Vereinigung für private Kriegshilfe", München NW19.

Oſten beginnen, ſo geſchieht dies, weil ſich dort in dieſer Woche geradezu erſtaunliche Dinge ereigneten.

Eine erſtaunliche Nachricht.

Alles war ruhig im Oſten, ganz ruhig, außer, daß in den Karpathen gekämpft wurde, wie wir ſeit Monaten gewöhnt waren, und ſelbſt angeſichts der heftigſten Kämpfe, in die Miesmacher verfielen, ruhig als unſere tägliche Tagesration aufnahmen.

Da erreichte uns am 30. April in dem Bericht des Großen Hauptquartiers die erſtaunliche Nachricht: „Die Vortruppen der im nordweſtlichen Rußland operie-

renden Streitkräfte haben geſtern in breiter Front die Eiſenbahnlinie Dünaburg—Libau erreicht. Ernſthaften Widerſtand vermochten die in jenen Gegenden vorhandenen ruſſiſchen Truppen, unter denen ſich auch die Reſte der Teilnehmer am Raubzuge gegen Memel befinden, nirgends zu leiſten. Gegenwärtig ſind Ge-

ſechte bei Szawle im Gange." Das war überraſchend! Erſt die ruſſiſchen Mordbrenner in Memel — und nun wir plötzlich weit jenſeit der Grenze in Rußland! Daß die ruſſiſchen Mordbrenner von Memel nicht gerade warteten, bis ſie gepackt waren, kann man ſich einigermaßen vorſtellen.

Linienſchiffsleutnant Georg Ritter von Trapp.
Führer des öſterr.-ungariſchen Unterſeebootes 5, das im joniſchen Meer den franzöſiſchen Panzerkreuzer „Leon Gambetta" verſenkte

Eine Gegenoffenſive der Ruſſen

weiter ſüdlich bei Kalwarja ſcheiterte an 29. April vollſtändig, obgleich die Ruſſen größere Kräfte angeſetzt hatten. Sie verloren lediglich über 500 Gefangene; aber man muß anerkennen, daß ſie ſelbſt trotz der bisherigen Erfahrungen ihren Kameraden Luft ſchaffen wollten. Gleiche ruſſiſche Vorſtöße weiter ſüdlich, zwiſchen Kalwarja und Auguſtow, hatten dasſelbe Reſultat.

Was bedeutete der Vorſtoß nach Nordweſtrußland?

Wir hörten plötzlich von einem „nordweſtlichen Heeresflügel" im Oſten, der uns bisher noch nicht bekanntgeworden war. Eine Bande von Mordbrennern vermochte ſogar mit Erfolg in die gute Stadt Memel einzudringen und konnte dort plündern und brennen. Sie war allerdings gezüchtigt worden, aber das war alles, was wir mußten. Wir ſagten uns auch, daß Memel, eine mit dem Rücken ſozuſagen ſich an das Meer anlehnende Stadt, keinen militäriſchen Wert haben könnte. So traf uns denn die Nachricht von dem Vorgehen unſeres äußerſten linken Flügels außerordentlich überraſchend. Libau und Dünaburg, an deren Eiſenbahnverbindungen unſere Truppen wie durch Zauberwerk plötzlich ſtanden, und noch dazu in breiter Front, ſind Feſtungen weit öſtlich hinter der Weichſelfront der Ruſſen. Szawle, der Ort, bei dem noch gekämpft wurde, liegt 160 Kilometer öſtlich der Seefeſtung Libau, alſo zwiſchen dieſem und Dünaburg. Es liegt aber auch öſtlich der Linie von Kowno und Wilna, d. h. zweier Eiſenbahnlinien. Die Tatſache, daß unſere Truppen in breiter Front 90 bis 100 Kilometer um den rechten Flügel des ruſſiſchen Heeres vorſtoßen konnten, ohne vom Gegner entdeckt zu werden, wird wohl kein Staunen hervorrufen.

Weitere Erfolge im Nordweſten Rußlands

verkündete uns der Bericht des Großen Hauptquartiers vom 1. Mai. — Die Kämpfe um die Stadt Szawle verliefen günſtig für uns. Sie wurde tapfer genug verteidigt, denn die Ruſſen hatten ſchwere Verluſte, aber ſie hatte ein merkwürdiges Geſchick, nämlich das Geſchick, von den Ruſſen ſelbſt an allen vier Ecken in Brand geſetzt

nungen, von denen das *Ritterkreuz des Militär-Maria-Theresienordens* die wichtigste war. Trapp war freilich nur einer von mehreren sehr erfolgreichen österreichischen U-Boot-Kommandanten des Ersten Weltkriegs. Versenkungserfolge hatte auch Linienschiffsleutnant Rudolf Singule, der vier Jahre lang mit der *U 4* Feindfahrten unternahm, die mit jenen Trapps durchaus vergleichbar sind. Er versenkte 1915 den Panzerkreuzer *Giuseppe Garibaldi* und einen britischen Kreuzer sowie später einige Transportschiffe. Der Linienschiffsleutnant Egon Lerch, wie oben geschildert ein ehemaliger Untergebener Trapps, torpedierte als Kommandant der *U 12* am 23. Dezember 1914 das französische Schlachtschiff *Jean Bart* mit einem Admiral an Bord inmitten eines Verbandes von Großkampfschiffen. Dieser erste große Erfolg der k. u. k. U-Boot-Waffe erregte großes Aufsehen, doch war das Glück dem wagemutigen Lerch nicht lange hold: Er wurde mitsamt seiner Besatzung Opfer einer Minensperre, als er am 12. August 1915 in den Kriegshafen von Venedig eindringen wollte. Die U-Boot-Verluste der k. u. k. Kriegsmarine während des Ersten Weltkriegs hielten sich jedoch in Grenzen und standen in keinem Verhältnis zu deren Versenkungserfolgen.

Trapp war ab Mai 1918 als Korvettenkapitän Kommandant der U-Boot-Station im Golf von Cattaro (*Kotor*). Diese in Portorose gelegene Station umfasste die U-Boote, die Jacht *Dalmat* als Wohnschiff und das alte Panzerschiff *Kronprinz Erzherzog Rudolf*, das über 30,5-Zentimeter-Geschütze verfügte, als Schutz in der Hafeneinfahrt. Die U-Boote wurden seeklar gehalten, um jederzeit bei Bedarf auslaufen zu können. Alle k. u. k. U-Boot-Kommandanten betrachteten Trapp als Vorbild und Lehrer und viele waren durch ihn zur U-Boot-Waffe gekommen, einige hatten auch direkt unter ihm als Offiziere gedient.

Doch die Versenkungserfolge der österreichischen U-Boote wurden im Kriegsverlauf durch die verbesserten Abwehrmaßnahmen der Gegner, den Treibstoffmangel und die zunehmende Auflösung der Marine immer seltener. Am 2. Oktober 1918 konnte noch Linienschiffsleutnant Hermann Rigele im Zuge eines letzten Angriffs der k. u. k. Marine auf den Hafen von Durazzo einen britischen Kreuzer torpedieren. Am 17. Oktober wurde von höchster Stelle den österreichischen U-Booten befohlen, den Handelskrieg zu beenden und sich ausschließlich für die Verteidigung der dalmatinischen Häfen bereitzuhalten.

Von Italien nach Übersee abgesetzt

Das Ende des Ersten Weltkriegs bedeutete auch das Aus für Trapps Karriere als aktiver Marineoffizier. Im kleinen Binnenland Österreich gab es für ihn keine Verwendung mehr. Da er auch kein Interesse hatte, im Heer zu dienen, entschloss er sich Privatier zu bleiben. Bald nach Kriegsende, 1920, zog Trapp mit seiner Familie nach Klosterneuburg bei Wien, wo man das Martinsschlössel bewohnte und in sehr guten finanziellen Verhältnissen lebte. Im selben Jahr gründete

Georg von Trapp die Vega-Reederei-Hamburg/Greifswald, deren Schiffe die Ost- und Nordsee befuhren. Weiters gründete er 1921 die Rhein-Donau-Express-Schiffahrts-A.G, verkaufte jedoch später beide Betriebe.

Die Nachkriegsjahre überschattete eine Tragödie: 1922 steckte sich Trapps Ehefrau Agathe bei ihren Kindern mit Scharlach an und starb am 3. September im Alter von nur 31 Jahren. Der Witwer zog mit seinen Kindern 1923 von Klosterneuburg nach Aigen bei Salzburg in die heute so bekannte Villa Trapp. 1925 stellte er die aus Wien stammende Maria Augusta Kutschera als Lehrerin für seine rekonvaleszente Tochter Maria ein. Die neue Lehrerin baute in kurzer Zeit eine gute Beziehung zu allen Kindern und ihren Vater auf. Aus Freundschaft entstand Liebe, und am 26. November 1927 wurde in der Stiftskirche Nonnberg geheiratet.

Als Trapp im Zuge der Weltwirtschaftskrise sein Vermögen größtenteils verlor, half ihm die musikalische Begabung seiner zweiten Frau, für sich und seine Kinder eine neue Existenzgrundlage zu schaffen. Maria Trapp hatte die Kinder musikalisch ausgebildet und einen Familienchor gegründet. Erste Erfolge stellten sich ein und der Trapp-Chor erfreute sich bald einer gewissen Popularität. Doch dann kam das Jahr 1938 und der überzeugte Altösterreicher Trapp war mit dem „Anschluss" Österreichs an Hitlerdeutschland konfrontiert.

Mit Hitler und den Nazis konnte sich der christlich-sozial orientierte Trapp nicht anfreunden. Als er schließlich den Auftrag von der Deutschen Kriegsmarine erhielt, eine Kommandofunktion bei der U-Boot-Waffe zu übernehmen, lehnte er ab. Außerdem weigerte er sich, zum Geburtstag Adolf Hitlers am 20. April 1938 in München mit seiner Familie aufzutreten, womit er sich eindeutig als Gegner des neuen Regimes positionierte. Der Boden wurde nun für ihn zu heiß. Um eventuellen Vergeltungsmaßnahmen der Nazis zu entgehen, entschloss er sich, mit seiner Familie zu emigrieren. Die Flucht der Trapps am 14. August 1938 verlief aber weitaus weniger spektakulär, als es die dramatischen Szenen in dem Kitsch-Streifen *The Sound of Music* suggerieren – man nützte eine Konzertreise nach Italien, um sich nach Übersee abzusetzen.

Trapp fand mit seiner Familie in Stowe im US-Bundesstaat Vermont eine neue Heimat, die ihn ein wenig an Salzburg erinnerte. Die *Trapp Family Singers* wurden in den Vereinigten Staaten und vielen Teilen der Welt sehr populär und durch den Film mit Julie Andrews und Christopher Plummer weltberühmt. Trapp vergaß nicht seine früheren Marinekameraden und gründete nach dem Zweiten Weltkrieg eine Hilfsvereinigung zur Linderung der Not in seiner alten Heimat. Er starb unerwartet am 30. Mai 1947 und wurde neben seinem Haus in Vermont, das den Namen *Cor Unum* trägt, begraben.

Der Ruhm seiner musikalischen Familie hat Georg von Trapps militärischen Ruhm in Vergessenheit geraten lassen und sein Name wird heute weltweit allgemein mit einem Hollywoodfilm und einem rührseligen Lied verbunden, das weltweit viele für *das* österreichische Volkslied halten – „Edelweiß, Edelweiß …" Doch im Unterwasserreich der U-Boote wächst diese Pflanze nicht.

Horthy Miklós
Admiral ohne Flotte

HORTHY MIKLÓS

Admiral ohne Flotte

Am 15. Mai 1917 lag der Kommandant eines österreichisch-ungarischen
Flottenverbandes, der soeben die größte
Seeschlacht des Ersten Weltkriegs im Mit-
telmeerraum gewonnen hatte, an Bord seines Schiffes schwer verwundet auf einer
Tragbahre. Die von Ruß geschwärzten Hei-
zer der Freiwache kamen einer nach dem
anderen zu ihm, boten ihm Zigaretten an
und strichen ihm mit ihren Kohlenhänden
über das Gesicht. Alle waren besorgt um ihren beliebten Kommandanten. Ein Offizier
schrieb: „Wir alle hatten blindes Vertrauen
in seine Führung; eine absolute Ruhe und
Sicherheit ging von ihm aus, die sich bis auf
den letzten Mann weiterpflanzte, und jeder
folgte ihm begeistert."

„Vitéz nagybányai Horthy Miklós" nannten die Ungarn diesen Mann – auf Deutsch:
„Held Nikolaus Horthy von Nagybánya".
Dieser Held ist historisch recht umstritten,
was weniger auf seine Funktion als letzter
Kommandant der k. u. k. Kriegsmarine zurückzuführen ist, sondern vielmehr auf sein

Amt als ungarischer Reichsverweser, der
Ungarn an der Seite Hitlers in den Zweiten
Weltkrieg führte. Unbestreitbar war er aber
eine der bedeutendsten Persönlichkeiten der
österreichischen Marinegeschichte.

Horthy wurde am 18. Juni 1868 in
Kenderes im Komitat Jász-Nagykun-Szol-
nok als fünftes Kind unter neun Geschwis-
tern geboren. Die nicht sehr bedeutende ungarische Landadelsfamilie der Horthys war
calvinistisch, was einer Karriere im dama-
ligen Österreich-Ungarn nicht gerade förderlich war. Der junge Miklós litt sehr unter seinem strengen Vater, der ihn im Alter
von acht Jahren einem privaten Erzieher in
Debrecen übergab. Er besuchte schließlich
das deutschsprachige Gymnasium in Öden-
burg/Sopron, wo er ein mäßig erfolgreicher
Schüler war. Obwohl sein älterer Bruder
bei einer Übung der Marine ums Leben gekommen war, wollte Miklós ebenfalls eine
Karriere als Seeoffizier beginnen und trat
schließlich gegen den Widerstand seines
Vaters auf eigenen Wunsch in die Marinea-

kademie in Fiume ein. Er soll seit seiner frühesten Jugend davon geträumt haben, Seemann zu werden.

Horthy verbrachte vier Jahre in der Anstalt, deren Motto „Höher als das Leben steht die Pflicht!" er später zu seiner eigenen machte. Als Seekadett 2. Klasse hattte er am 7. Oktober 1886 ausgemustert und lernte nun bei zahlreichen Einschiffungen das Mittelmeer kennen. Nachdem er 1889 den Rang eines Leutnants erreicht hatte, wurde er auf den in Konstantinopel stationierten Raddampfer *Taurus* abkommandiert. Horthy wurde bereits in seinen jungen Jahren als sehr qualifiziert beschrieben und genoss einen guten Ruf.

Die Jahre 1892 bis 1894 sahen Horthy als jüngsten Offizier auf der Korvette *Saida*, die sich

Erhielt 1907 endlich sein eigenes Schiff: Horthy Miklós als junger Offizier

auf Nickel-Expedition in pazifische Gewässer begab und viele asiatische Länder anlief. Der junge Schiffsoffizier war sehr beeindruckt von den vielen Häfen des britischen Empires, in die sein Schiff einfuhr. Nach seiner Rückkehr wurde Horthy der neuen Torpedowaffe zugeteilt, die die Existenz großer Schlachtschiffe eines Tages ad absurdum führen sollte, was er während seiner Karriere später selbst erfahren musste. 1901 wurde Horthy Kommandant des Torpedobootes *Sperber* – und heiratete Magdolna Purgly de Jószáshely, mit der er zwei Töchter und zwei Söhne haben sollte. 1902 wurde Horthy Kommandant des Torpedobootes *Kranich*. Bereits ein Jahr später wurde er als Torpedo-Offizier an Bord des Panzerkreuzers *St. Georg* eingesetzt, der als Flaggschiff einer internationalen Flotte fungierte, die verschiedene Inseln im östlichen Mittelmeer besetzte, um das Osmanische Reich zur Rückzahlung seiner Schulden zu zwingen. 1905 wurde Horthy Offizier an Bord der *Habsburg*, dem Flaggschiff der österreichisch-ungarischen Flotte. Er nahm auf diesem Schiff vor allem an Reisen im östlichen Mittelmeer teil.

1907 erhielt er endlich ein eigenes Schiff, den Kreuzer *Lacroma*, den er allerdings nicht sehr lang befehligte, da er bereits im Juni 1908 zum Kommandanten des Kreuzers *Taurus* ernannt wurde, das vor Konstantinopel lag. Hier wurde er auch mit dem Ärger der Türken über die Annexion Bosnien-Herzegowinas konfrontiert, die mit einem Wirtschaftsboykott reagierten. Horthy handelte aber in der Türkei sehr zufriedenstellend und wurde 1909 zum Flügeladjutanten Kaiser Franz Josephs ernannt. Er hatte diese Funktion bis 1914 inne und lernte viele Staatsoberhäupter und die internationale Politik kennen. Während der Balkankrise 1912/13 übernahm Horthy das Kommando über das Panzerschiff *Budapest*. In dieser Zeit wurde er, der gezeigt hatte, dass er sowohl als kaiserlicher Adjutant als auch als Seeoffizier erfolgreich sein konnte, 1913 zum Linienschiffskapitän befördert. Der damalige Marinekommandant Rudolf Montecuccoli schrieb über ihn: „Horthy ist einer der besten, kreuzbraven Offiziere der Kriegsmarine."

Zu Beginn des Ersten Weltkriegs hielt es ihn nicht mehr an der Seite des Kaisers, und er wurde zum Kommandanten des Kriegs-

Die k.u.k. Kriegsflotte in einer frühen Luftaufnahme

hafens Pola und der veralteten *Habsburg* ernannt. Horthy meldete, dass die k. u. k. Flotte für einen großen Krieg, vor allem gegen England, so gut wie nicht gerüstet war. Er war recht skeptisch über die weitere Entwicklung, beschloss aber, sein Bestes zu geben. Für ihn war klar, dass die Flotte auf jeden Fall offensiv vorgehen müsse. Wie viele Marineoffiziere rechnete auch er mit einem baldigen Kriegseintritt Italiens.

Horthy erhielt im Dezember 1914 auf eigenen Wunsch das Kommando über den modernsten und leistungsfähigsten Rapidkreuzer der Flotte, die *Novara*. Die Rapidkreuzer waren eine spezielle Entwicklung der k. u. k. Marine, die Schnelligkeit, Seegängigkeit und eine ausreichende Bewaffnung vereinigen sollte. Das ideale Schiff für eine „Hit and Run"-Taktik sollte geschaffen werden. Als der erste dieser Kreuzer, die *Admiral Spaun*, am 30. Oktober 1909 vom Stapel lief, gehörte er zu den schnellsten Schiffen der Welt, doch schien er für ein Schiff seiner Klasse unterbewaffnet. Später baute man drei Schiffe eines verstärkten und besser bewaffneten Rapidkreuzer-Typs, zu dem auch die *Novara* gehörte. Einige Autoren sehen in diesen Schiffen die besten und erfolgreichsten Einheiten der k. u. k. Marine. Horthy dürfte sich dessen bewusst gewesen sein. Diese Schiffe passten zu seinen offensiven Vorstellungen.

Nach dem Kriegseintritt Italiens auf Seiten der Entente sah sich die k. u. k. Marine einer etwa vier- bis fünffachen Übermacht gegenüber. Zunächst ging man dennoch gegen Italien in die Offensive. Bei einem Angriff auf die italienische Küste wurden ei-nige wichtige Häfen, insbesondere Ascona, und Infrastruktureinrichtungen unter heftigen Beschuss genommen. Horthy war als Kommandant des rechten Flügels der Flotte mit dabei. Die italienische Flotte wurde von diesen Aktionen ziemlich überrascht und die Österreicher erlitten zu Beginn kaum Verluste. Überhaupt hielten sich die Verluste der Kriegsflotte bis zum Kriegsende in Grenzen.

Die Situation der Flotte verbessert sich nicht

Horthy bekämpfte mit der *Novara* vor Porto Corsini eine italienische Küstenbatterie, wobei sein Schiff in dem heftigen Gefecht auch einige Treffer und Mannschaftsverluste hinnehmen musste. Am 5. Dezember 1915 griff Horthy mit der *Novara*, vier Zerstörern und drei Torpedobooten den Hafen von San Giovanni di Medusa an. Bei dieser schneidigen Aktion gelang es, trotz des heftigen feindlichen Abwehrfeuers alle im Hafen befindlichen Dampfer und Segler zu versenken. Trotz dieser vielversprechenden Unternehmungen Horthys sanken große Teile der Kriegsflotte unter dem Kommando von Admiral Haus in einen partiellen Dornröschenschlaf, von dem nur die kleineren Einheiten, die U-Boote und die Marineflieger ausgenommen waren. Man wollte einfach nichts riskieren. Horthy war über diese Entwicklung alles andere als begeistert.

Als Kaiser Franz Joseph am 22. November 1916 starb und Karl I. sein Nachfolger wurde, verbesserte sich die Situation der

Flotte eigentlich nicht. Durch den Leerlauf bei den Großkampfschiffen zeigte sich bei den Besatzungen erster Unmut, dem man jedoch nicht wirksam entgegensteuerte. Horthy drängte auf Aktionen der größeren Einheiten, konnte sich aber nicht durchsetzen. Stattdessen wurden immer wieder kleinere Unternehmungen durchgeführt, die oft sehr erfolgreich verliefen, allerdings nicht die erwartete Wende im Seekriegsgeschehen brachten.

Schließlich wurde für Mai 1917 ein Angriff auf die Meerenge von Otranto geplant, deren Sperre durch den Gegner immer unerträglicher wurde. Horthy sollte den Schlag mit seinem Kreuzergeschwader gemeinsam mit zwei Zerstörern, gedeckt von drei U-Booten und einigen Fliegern, ausführen. Am Abend des 14. Mai 1917 lief Horthy mit seinem Geschwader aus. Zuvor hatte er alles genau geplant und zwecks Tarnung die Großmasten seiner drei Kreuzer durch kurze ersetzen lassen, was dem Gegner die Silhouette von Zerstörern vortäuschen sollte. Alles war so berechnet, dass man „mit Büchsenlicht" knapp vor der Otrantostraße eintraf. Um drei Uhr morgens stießen die den Kreuzern vorausfahrenden Zerstörer auf einen Richtung Brindisi fahrenden gegnerischen Geleitzug. In einem kurzen Gefecht wurden zwei große Dampfer und ein gegnerischer Begleitzerstörer versenkt.

Als die Schiffe Horthys die Netze schleppenden Schiffe erreichten, forderte man die Besatzungen auf, von Bord zu gehen. Viele suchten die Boote auf und wurden von den Österreichern an Bord genommen. Doch einige versuchten, sich zur Wehr zu setzen, und wurden mit ihren Schiffen versenkt. Insgesamt wurden 21 Fischdampfer vernichtet und 72 Mann gefangen genommen. Nun griffen acht feindliche Zerstörer Horthys Flottille an, sie wurden aber nach einem siebenminütigen Feuergefecht zurückgeschlagen. Doch dann erhielt Horthy die Meldung, dass eine feindliche Gruppe, bestehend aus zwei britischen und einem italienischen Kreuzer sowie einigen Zerstörern, seinen Rückweg zu blockieren versuchte. Horthy wollte zuerst kein Gefecht riskieren und dem Gegner ausweichen. Als jedoch die beiden Zerstörer seiner Gruppe angegriffen wurden, entschloss er sich zum Kampf. Die beiden österreichischen Zerstörer setzten sich nun nach der Versenkung eines italienischen Zerstörers ab und überließen den kampfstärkeren Kreuzern das Feld.

Schwerverletzt in die Schlacht

In dem sich nun entwickelnden Kreuzergefecht wurde um 9 Uhr 28 vom Gegner das Feuer eröffnet. Horthy wusste, dass es sich um Geschütze stärkerer Kaliber handelt, und befahl, mit Hilfe der Nebelgeräte eine Nebelwand zu erzeugen, durch die seine Schiffe näher an den Feind herankommen konnten. Als er sicher war, dass der Kontrahent nun auf idealer Schussweite war, fuhr Horthy aus der Nebelwand heraus, und es entwickelte sich ein heftiger Feuerkampf, während die Schiffe auf Entfernungen zwischen 4.700 und 10.000 Metern parallel zueinander fuhren. Horthys Flaggschiff erhielt

Eines der Schlachtschiffe der k.u.k. Kriegsmarine: die „Erzherzog Friedrich"

eine Reihe von Treffern und ein Geschütz fiel aus. Dann wurde Horthy durch eine Granate verwundet. Fünf Granatsplitter bohrten sich in seine Beine und ein Sprengstück riss ihm die Mütze vom Kopf. Auch seine Kleidung geriet in Brand und er wurde ohnmächtig. Horthy hatte jedoch das Glück, dass ihn einige seiner Leute mit Wasser begossen, um das Feuer zu löschen. Nun kam die große Stunde des Leo Arbesser, der als jüngster Schiffsarzt der Flotte galt. Später rühmte er sich, das Leben Horthys gerettet zu haben. Arbesser versorgte den Seehelden, so gut es ging, und wollte ihm auch etwas Morphium verabreichen. Doch Horthy wehrte ab: „Mein Gott, Arbesser! Kein

Morphium, ich will die Schlacht noch in wachen Sinnen zu Ende erleben!" Der Arzt tat wie ihm geheißen und wurde später dafür mit dem *Kaiserlichen Orden der Eisernen Krone* ausgezeichnet. Als er einigermaßen versorgt war, ließ sich Horthy mit einer Tragbahre zum Vordeck tragen, wo er eine „gute Aussicht" hatte, obwohl er sich fühlte, als ob er „mit einer Axt einen Hieb auf den Kopf erhalten" hätte. Da sein unmittelbarer Stellvertreter gefallen war, übergab er die Führung des Schiffes an einen Artillerieoffizier, behielt sich aber die Führung der Flottenabteilung weiter vor.

Das Gefecht ging weiter und die *Novara* bekam erneut einen schweren Treffer ab, der in

10-Zentimer-Geschütz eines k.u.k.-Rapidkreuzers; Ansichtskarte

den Turbinenraum einschlug. Nun fielen 8 von 16 Kesseln des Schiffes aus. Da es nun manövrierunfähig war, wurde es vom Kreuzer *Saida* in Schlepp genommen. Der Kampf ging jedoch weiter. Da der Gegner inzwischen Verstärkung erhalten hatte, schien die Situation kritisch. Doch brach der italienische Admiral Alfredo Acton trotz seiner Übermacht das Gefecht ab und der gemischte britisch-italienische Verband suchte das Weite. Der Grund dafür war vermutlich das Auftauchen des österreichischen Panzerkreuzers *St. Georg* gewesen zu sein, dem einige kleinere Einheiten folgten. Horthy

hatte den Sieg davongetragen, er hatte einen Gegner besiegt, der über mehr als das Doppelte der österreichischen Tonnage und mehr Geschütze mit größeren Kalibern verfügte. Der Gegner hatte 23 Fischdampfer, zwei große Transportdampfer, zwei Zerstörer und ein Flugzeug verloren, das bei einem Angriff auf Horthys Schiffe abgeschossen wurde. Außerdem wurde das britische Flaggschiff *Darthmouth* im Anschluss an das Seegefecht von einem U-Boot torpediert und ein französischer Zerstörer lief auf eine österreichische Mine, als er zu Hilfe eilen wollte. Auch bezüglich der Mannschaftsverluste betrugen jene der verbündeten Flotte ein Vielfaches der Österreicher. Vor allem hatte Horthy keines seiner Schiffe verloren. Otranto war die erste Seeschlacht der Geschichte, in der alle Waffengattungen der Seemächte (Schiffe, U-Boote und Flugzeuge) eingesetzt wurden. Horthy hatte durch die geschickte Planung, Organisation und die direkte Leitung der Operation echte Fähigkeiten bewiesen, die ihn zu einem großen Flottenführer machten.

Das wichtigste Ergebnis der Aktion war die Öffnung der Straße von Otranto für die U-Boote der Mittelmächte. Der Gegner wagte es für längere Zeit nur mehr, seine Trawler mit den Netzen bei Tag einzusetzen, weshalb die U-Boote die Meerenge nachts ungehindert passieren konnten. Dadurch wurden auch einige weitere Aufsehen erregende Versenkungserfolge durch die k. u. k. U-Boote möglich.

Der gegnerische britische Admiral Mark Kerr zollte in einer Depesche an die britische Admiralität dem Gegner seine Hochachtung: „Ohne Zweifel haben sich die österreichisch-ungarischen Kreuzer außerordentlich ritterlich verhalten. Wenn einer der Drifter den Kampf aufnahm und sich weigerte zu kapitulieren, so wurden ihre Breitseiten nicht gegen ihn gerichtet, sondern sie ließen den Gegner, wenn er gefechtsunfähig geworden war, schwimmen. Es war in der Tat die Aufrechterhaltung der alt-ehrwürdigen Tradition ritterlicher Haltung zur See."

Der verwundete Horthy kehrte im Triumph in die Bocche di Cattaro zurück. Er kam nun auf ein Spitalschiff und wurde sogleich von seiner besorgten Frau besucht. Sobald er einigermaßen transportfähig war, führte Horthy, auf einer Tragbahre liegend, die lädierte *Novara* auf der Brücke zurück nach Pola, wo sie im Arsenal repariert werden sollte. Danach brachte man ihn für die dringend notwendige ärztliche Versorgung nach Wien. Auch sein verletztes Trommelfell besserte sich nun, doch war sein Gehör beeinflusst.

Kommandant auf der Prinz Eugen

Während des Genesungsurlaubs Horthys spitzte sich die Lage in der Kriegsflotte zu. Die allgemeine Mangellage, insbesondere bei Verpflegung und Bekleidung, kaum gewährte Urlaube, zu viel unnütze Beschäftigung und der allgemeine Leerlauf in den Häfen brachten die aufgestauten Aggressionen zum Ausbruch. Am 1. Februar 1918 brach in Cattaro eine Meuterei aus, die ihren Ursprung in Arbeiterstreiks in den Industriebetrieben und im Arsenal von Pola hatte. Die Meuterei ergriff besonders die Besatzungen jener Schiffe, die in den Kampfhandlungen wenig oder gar nicht eingesetzt worden waren. Die Mannschaften kleinerer Einheiten und der U-Boote meuterten nicht. Es dauerte zwei Tage, um den Aufstand unter Kontrolle zu bringen. Auf Befehl des Kaisers wurde mit den meisten Meuterern recht nachsichtig umgegangen und es gab nur vier Hinrichtungen. Zum Glück für die Marine erfuhr der Gegner nichts von dem durch die Meuterei bedingten Chaos.

Österreichische Schiffe im Angriff auf die italienische Küste

Nach seiner Genesung wurde Horthy am 1. Februar 1918 zum Kommandanten des Schlachtschiffes S. M. S. *Prinz Eugen* ernannt. Doch das war nur ein Zwischenspiel, denn schon am 27. Februar ernannte Kaiser Karl in einer der wenigen sinnvollen Aktionen seiner Herrschaft den erfolgreichen Seehelden zum Befehlshaber der k. u. k. Kriegsmarine und zur gleichen Zeit zum Konteradmiral. Diese Ernennung soll auch für Horthy unerwartet bei einer Audienz bei Kaiser Karl in Baden erfolgt sein. Angeblich bat der überraschte Seeheld den Kaiser, davon abzusehen, da er sich durch diese Position viel böses Blut bei den länger dienenden älteren Admiralen erwartete. Doch der Kaiser beharrte auf seiner Entscheidung und Horthy nahm an.

Er ersetzte nun den erfolglosen Flottenkommandanten Admiral Maximilian Njegovan, der 1917 auf den verstorbenen Großadmiral Haus gefolgt war. Horthy tat sogleich alles, um die Disziplin in der Flot-te wiederherzustellen, und es schien, als wäre er damit erfolgreich. Da wurde an Bord eines Zerstörers eine Verschwörung aufgedeckt: Ihr Ziel war die Ermordung der Offiziere und die Übergabe des Schiffes an die Italiener. Nun zögerte der neue Marinekommandant nicht und ließ die Verschwörer vor Abordnungen von jedem Schiff der Flotte hinrichten. Mit diesen harten Sanktionen kehrte vorerst etwas Ruhe in die Seestreitmacht ein. Aber auch Horthy tat sich sehr schwer, die völlig ungenügende Versorgungssituation in den Griff zu bekommen.

Angriff auf die Otrantosperre

Als Horthy an die Spitze der k. u. k. Kriegsmarine trat, geschah dies wohl um mindestens ein Jahrzehnt zu spät. Ein tatkräftiger und fähiger Mann seines Schlages hätte der Flotte vor Kriegsbeginn wohl eine bessere Position verschafft. Horthy dachte von Anfang an offensiv und wollte nun auch die vier bisher eher nutzlos vor Anker liegenden großen Schlachtschiffe der *Tegetthoff*-Klasse zum Einsatz bringen. Diese Schiffe waren zwar etwas kleiner als die modernen Schlachtschiffe anderer Seemächte, doch in ihrer zukunftsweisenden Modernität und ihrer Feuerkraft der Konkurrenz größtenteils überlegen, besaßen diese Schiffe doch jeweils zwölf schwere 30,5-Zentimeter-Kanonen, die auch erstmals zu dritt auf vier Türmen montiert waren und von der österreichisch-ungarischen Waffenschmiede Škoda stammten. Nur bei der Geschwindigkeit und Unterwasserpanzerung hatte man gespart, was sich später rächen sollte. Durch ihre überlegene Feuerkraft und Zielgenauigkeit wären diese Schlachtschiffe in einer großen Seeschlacht wie jener von Lissa aber sicherlich erfolgreich gewesen. Es sollte aber niemals zu einem zweiten Lissa kommen, die Chance dazu war bereits verspielt.

Als man von Seiten des Armeeoberkommandos bei den Planungen für die Offensive vom 25. April 1918, die die letzte große Angriffsoperation der k. u. k. Armee werden sollte, bei Horthy anfragte, ob er diese unterstützen könnte, winkte er ab. Er konnte keine wirkungsvolle Unterstützung durch die Marine anbieten. Außerdem hatte er bereits ganz andere Pläne: Er wollte große Einsätze seiner Flotte, allein schon aus dem Grund, die Mannschaften zu beschäftigen und von Meutereien abzuhalten. Außerdem hatten die alliierten Mächte durch die lange Tatenlosigkeit seines Vorgängers Njegovan in der Adria immer mehr an Platz gewonnen und stabile Nachschubverbindungen aufgebaut, die von der k. u. k. Marine vorerst kaum gestört wurden.

Eines der Hauptprobleme für die Offensivplanungen Horthys war aber die schlechte Versorgung mit Kohle. Die Vorräte reichten gerade einmal für 95 Stunden, sollten alle Schiffe unter Dampf gehalten werden. Horthy ließ also ältere Schiffe außer Dienst stellen. Gegenseitige Überfälle und kleinere Überraschungsangriffe hatten zwischen Österreichern und Italienern seit Horthys Kommandoübernahme stark zugenommen. Dadurch kam auch mehr Dynamik in das Seekriegsgeschehen. Durch vermehrte Luftangriffe, vor allem auf Cattaro, entstand auch immer mehr Schaden. Horthy entschloss sich nun, endlich alles auf eine Karte zu setzen und auch seine Schlachtschiffe geschlossen aufzubieten.

Die Junioffensive Horthys sollte sein Meisterstück werden. Er dachte sicher daran, damit in die Fußstapfen Tegetthoffs zu treten. Ein massiver Angriff auf die Otrantosperre war geplant, der die Landstreitkräfte der Südwestfront unterstützen und freie Bahn für die U-Boote und andere Flotteneinheiten schaffen sollte. Außerdem wollte Horthy die Gegner zu einem Angriff auf seine zurückkehrenden Schiffe reizen. Das sollte ihm Gelegenheit geben, die feindliche Flotte in einer gewaltigen Seeschlacht zu vernichten. Weil Horthy viel Pech hatte, wurde aus dem groß angelegten Projekt allerdings ein Desaster.

Das Unternehmen wurde für den 11. Juni geplant. Schon am Abend des 8. Juni stach die erste Schlachtschiffsgruppe von Pola aus in See. Horthy war selbst an Bord des Flaggschiffs *Viribus Unitis* dabei. Die zweite Schlachtschiffsgruppe, bei der sich auch die *Szent István* befand, verließ Pola einen Tag später. Im Gefolge der großen Schlachtschiffe befand sich eine Vielzahl kleinerer Einheiten, sodass sich Horthy mit einer beeindruckenden Flotte in den Kampf begab. Doch dieser Aufmarsch ließ sich einfach nicht vor den Alliierten verbergen. Der

Parade deutscher und österreichisch-ungarischer Kriegsschiffe vor Kaiser Wilhelm II., 1911

Drei Einheiten der „Tegetthoff"-Klasse in Pola: im Vordergrund die „Szent István", dahinter der Rapidkreuzer „Saida", rechts im Hintergrund zwei Einheiten der „Erzherzog-Karl"-Klasse, um 1913

stark zunehmende Funkverkehr und die verstärkte Präsenz von Flugzeugen wiesen eindeutig auf eine größere Aktion hin.

Das Schicksal des Unternehmens sollte schließlich von einem der beteiligten Schlachtschiffe bestimmt werden – der *Szent István. Sie* war von Anfang an kein

vom Glück begünstigtes Schiff. Hatte es schon um seinen Bau heftige Auseinandersetzungen gegeben, so war auch sein Stapellauf im Januar 1914 bei Schlechtwetter nicht eben glücklich erfolgt und forderte nach einer Beinahekollision mit einem Hafendampfer durch einen Unfall mit der Anker-

mit den anderen österreichisch-ungarischen Schlachtschiffen fast nur mehr im Hafen, da man diese Einheiten für den „großen, alles entscheidenden Schlag" aufbewahren wollte, der dann bis zum Marinekommando Horthys nie in Angriff genommen wurde.

Schon die Ausfahrt der zweiten Staffel von Horthys Armada verzögerte sich durch technische Pannen, auch die geforderte Geschwindigkeit konnte nicht erreicht werden, da die Maschinen der *Szent István* noch nie mit voller Kraft gelaufen waren. Durch die feuchte Kohle produzierte das Schiff enorm viel Rauch, was zu ihrem Verhängnis beitragen sollte. Horthy wusste von diesen Problemen nichts und war zuversichtlich. Bei einem Gespräch an Bord seines Flaggschiffs zeigte er dem Reporter Egon Erwin Kisch die großflächige grün-gelbe Tätowierung mit einem Drachenmotiv auf seiner Brust, auf die er sehr stolz war, doch Kisch sah sie als schlechtes Omen. Währenddessen versuchte die *Szent István* weiterhin mehr an Fahrt zu gewinnen. Schließlich war es klar, dass man den vereinbarten Treffpunkt nicht vor dem Morgengrauen erreichen konnte, was das Risiko enorm erhöhte. Man wusste auch nicht, dass die Gegner bereits mit dem Auftauchen der Österreicher rechneten und Vorkehrungen getroffen hatten.

Zwei italienische Torpedoboote, die sich nahe der Insel Premuda befanden, bemerkten die Rauchfahne des Schlachtschiffs. Die Italiener durchbrachen – geschützt von der Dunkelheit – in langsamer Fahrt den Geleitschutz. Das Boot *MAS 15* feuerte schließlich aus 600 Meter Entfernung auf die *Szent István*. Die beiden feindlichen

kette ein Todesopfer und einen Schwerstverletzten. Auch der Anker ging dabei verloren, und beinahe wäre es noch zu einer weiteren Kollision mit einem anderen Schlachtschiff gekommen. Von da an galt die *Szent István* als Unglücksschiff und sollte ihrem Ruf treu bleiben. Später lag das Schiff gemeinsam

HARRY HEUSSER: Salu

Kaisersalut am Morgen
d. 18. August.
Harry Heusser
1908.

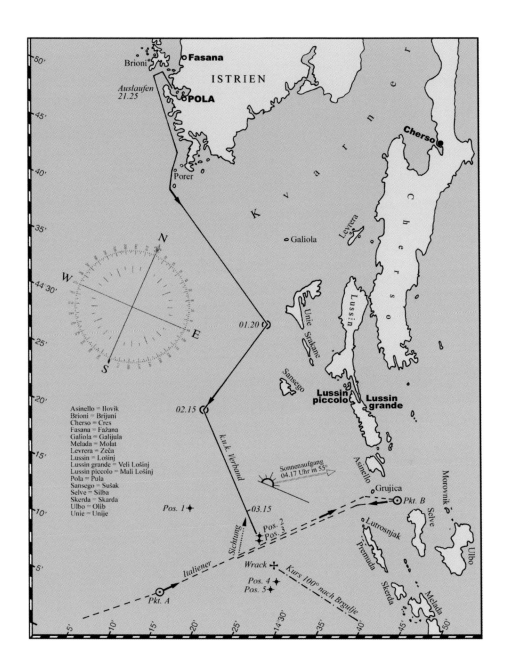

Kursskizze der „Szent István" bis zu ihrem Untergang

Torpedos trafen das Schiff um etwa 3. 30 Uhr an Steuerbord. Recht rasch war der Besatzung klar, dass es zu einem massiven Wassereinbruch gekommen war, den man unter allen Umständen stoppen musste. Die Torpedos hatten das Schiff in der Mitte unter der Panzerung getroffen, die man aus Sparsamkeitsgründen beim Bau unzureichend ausgeführt hatte.

Das Ende
der k. u. k. Marine

Der Todeskampf der *Szent István* war lang, und kurzfristig glaubte man, das Schiff retten zu können. Doch waren alle Mühen vergebens. Das Schlachtschiff kenterte schließlich und trieb kieloben, bevor es nach 6 Uhr mit dem Bug voran in den Wellen versank. Trotz der dramatischen Umstände des Untergangs kamen von 1.100 Mann Besatzung nur 89 Leute ums Leben, zumeist Personal aus den unteren Bereichen des Schiffs, die es nicht mehr rechtzeitig ins Freie schafften.

Ein Filmteam an Bord der *Tegetthoff*, das eigentlich Propagandaaufnahmen von Horthys Sieg machen sollte, filmte den Untergang der *Szent István* und schuf damit ein einzigartiges filmisches Dokument. Es steht stellvertretend für den Untergang der österreichischen Seemacht. Horthy erfuhr um 4 Uhr früh von der Torpedierung der *Szent István*. Besorgt erreichte er schließlich am nächsten Tag die Unglücksstelle, als bereits der allgemeine Rückzug angeordnet war. Durch die Katastrophe war der Überraschungseffekt für sein Unternehmen nicht

mehr gegeben und eine weitere Durchführung der Angriffsvorbereitungen zu riskant.

Egon Erwin Kisch war an Bord des Admiralsschiffes bei der missglückten Aktion dabei und schrieb später: „In unserer Offiziersmesse ist man niedergeschmettert. Mit dem heutigen Tage sind die Dreadnoughts erledigt, sagen alle, die blamable Rückfahrt der Flotte, der Ertrinkungstod von hundert Matrosen … beweise die Wertlosigkeit dieser Riesenwaffe." Was mag an diesem Tag in Horthy vorgegangen sein?

Genauso wie das Landheer durch das Scheitern der Piaveoffensive eigentlich schon einen Todesstoß erhalten hatte, war der unglückliche Ausgang des zweiten Otranto-Unternehmens der Anfang vom Ende der österreichisch-ungarischen Kriegsmarine. Von nun an verschlechterte sich die Stimmung zusehends, die Flotte beschränkte sich weitgehend auf die Sicherung von Konvois, die die Armee entlang der Adriaküste versorgten. Alliierte Einheiten konnten zunehmend ungehindert operieren. Als letzte größere Aktion der k. u. k. Kriegsmarine erfolgte die Beschießung des Hafens von Durazzo am 2. Oktober 1918, die zu einem kleineren Erfolg führte. Danach begann die Agonie der Flotte.

Kaiser Karl beendete schließlich seine unglückliche Herrschaft mit dem Waffenstillstand, der auch das Ende für die k. u. k. Flotte bedeutete. Groteskerweise beförderte er noch am 1. November alle Berufsoffiziere, die die Flotte verlassen mussten, um einen Dienstgrad. Horthy wurde also Vizeadmiral, führte aber später nur mehr den Titel eines Admirals. In seinem letzten Flottenbefehl verabschiedete sich Horthy und gab seiner Hoffnung Ausdruck, dass die Südslawen, die auf den Schiffen verblieben, „einen starken Schutz der gemeinsamen Küste" geben würden. Er wollte einfach nicht wahrhaben, dass Kroatien und Ungarn keine gemeinsame Küste haben würden. Von Seiten der sich konstituierenden südslawischen Flottenführung äußerte sich auch niemand zum frommen Wunsch des letzten k.u.k. Marinekommandanten.

Am 31. Oktober 1918 wurde nach dem letztmaligen Einholen der rot-weiß-roten Flagge die k.u.k. Flotte dem neuen Staat der Südslawen übergeben, von dem man erwartete, dass er ein Bundesstaat bleiben würde. Die Alliierten haben diese Übergabe niemals anerkannt. Schon zwei Artikel des Waffenstillstandes vom 3. November 1918 forderten die Herausgabe der Unterseeboote und die Abrüstung vieler Schiffe. Im Fall der *Viribus Unitis* erübrigten sich weitere Forderungen, denn sie war bereits am 1. November von italienischen Kampfschwimmern versenkt worden. Ob diese Aktion rechtmäßig war, da man sich von der Seite des alten Österreichs und des neuen Jugoslawiens bereits im Frieden wähnte, kümmerte die verspäteten italienischen Sieger nicht besonders. Am 5. November tauchten die ersten italienischen Einheiten in Pola auf, die anderen Alliierten folgten bald. Sogar die Japaner waren mit von der Partie. Schon bald wehten auf Schiffen wie der *Tegetthoff* und der *Prinz Eugen* italienische Flaggen. Die „auf dem Meere unbesiegte k.u.k. Kriegsmarine" war nicht mehr. Horthy war nun ein Admiral ohne Flotte. Er hatte der

Stapellauf der „Viribus Unitis" am 24. 6. 1911, Triest

Horthy Miklós auf der Kommandobrücke der „Novara"

Am 1. März 1920 wählte die ungarische Nationalversammlung den Admiral zum Reichsverweser. Horthy musste den ihm von den Alliierten aufgezwungenen Frieden von Trianon unterschreiben, der Ungarn mehr als zwei Drittel seines Staatsgebiets kostete. Horthy verhinderte in der Folge die beiden Restaurationsversuche König Karls IV., des ehemaligen österreichischen Kaisers.

Um die Abtretung des Burgenlandes an Österreich zu verhindern, setzte Horthy Freischärler ein und manipulierte die Volksabstimmung. Er versuchte alles, um das verkleinerte und geschwächte Ungarn wieder zu konsolidieren. Weshalb er auch sehr hohe Popularität in der ungarischen Bevölkerung genoss.

Regent von Ungarn

Kriegsmarine mit Einrechnung seiner Studienzeit kontinuierlich 36 Jahre lang mit großem Geschick und Erfolg gedient.

Der nun arbeitslose Marinekommandant kehrte in seine ungarische Heimat zurück, die schon bald von revolutionären Unruhen erschüttert wurde. Horthy betätigte sich einige Zeit in Kenderes als Landwirt und genoss die Verehrung seiner Person durch die einfache Bevölkerung. Doch hielt es ihn nicht lang in der Idylle, denn die politische Lage schien ihm unerträglich. Der Kommunist Béla Kun riss im Mai 1919 die Macht an sich, und eine Zeit des Terrors begann. In der chaotischen Situation, als rumänische Einheiten sogar bis Budapest vordrangen, stellte Horthy Truppen für die Gegenregierung Karolyi auf. Er organisierte nun auch den Kampf gegen die Räterepublik unter Béla Kun. Nach seinem Sieg ritt Horthy am 16. November 1919 auf einem weißen Pferd durch die Straßen von Budapest. Die Monarchie wurde wieder eingeführt, doch dachte man nicht an eine Rückkehr der Habsburger.

Der beliebteste Horthy-Witz war jener, der die Lage ziemlich genau beschrieb: „Ein Admiral ohne Flotte regiert ein Land ohne Küste als Königreich ohne König." Es wurde immer wieder beklagt, dass Horthy trotz seiner großen Autorität als nationaler Führer manchmal große Unkenntnis, Leichtsinn und Gedankenlosigkeit an den Tag legte. Er soll auch immer wieder recht fantastische, manchmal sehr bizarre Ideen und wenig durchdachte Pläne gehabt haben, die man ihm erst wieder mühsam ausreden musste.

Der ungarische Reichsverweser scheute auch nicht davor zurück, Kontakte zu Diktatoren aufzunehmen. So schloss er 1927 einen Freundschaftsvertrag mit Benito Mussolini und näherte sich auch dem polnischen Diktator Józef Pilsudski an. Später hatte Horthy auch wenig Skrupel, Kontakt mit Adolf Hitler zu halten. Ungarn hatte durch die Weltwirtschaftskrise schwer gelitten, und Deutschland wurde sein wichtigster Wirtschaftspartner. Horthy erhoffte sich durch Hitler auch eine Revision der Friedensdiktate von Versailles und Trianon. Horthy nahm trotz Bedenken die fragwürdige Hilfe Hitlers in Anspruch, und obwohl er die Annektion Österreichs an Hitlerdeutschland verhindern wollte, trat er im Januar 1939 dem Antikominternpakt bei und aus dem Völkerbund aus. Innenpolitisch versuchte er aber, die ungarischen faschistischen „Pfeilkreuzler" niederzuhalten. Obwohl Horthy sein Land aus dem Zweiten Weltkrieg heraushalten wollte, ließ er sich 1941 durch Gebietsversprechungen in den Krieg gegen die Sowjetunion hineinziehen. Ein schwerer Schlag für Horthy war der Fliegertod seines Sohnes István am 20. August 1942, den er als seinen Nachfolger auserkoren hatte. Aus einer Horthy-Dynastie wurde also nichts. Die ungarischen Truppen, die Horthy Hitler zur Verfügung stellte, versagten an allen Fronten, und der Reichsverweser suchte deshalb, Geheimverhandlungen über einen Separatfrieden mit den Westalliierten zu führen. Als sich die Rote Armee den Grenzen Ungarns näherte, begann er schließlich Verhandlungen mit Stalin. Auch stellte er sich gegen die Deportation ungarischer Juden nach Auschwitz, womit er vielen das Leben rettete.

Hitler erzwang deshalb den Rücktritt Horthys im November 1944 und ließ ihn unter Hausarrest stellen. Von da an übte der Führer der faschistischen Pfeilkreuzler Szálasi Ferenc die Macht von Hitlers Gnaden aus. Horthy überlebte den Untergang des faschistischen Ungarns und des Dritten Reiches, wurde auf Druck der Amerikaner aus der Haft entlassen und stellte sich später dem Kriegsverbrecher-Tribunal in Nürnberg zur Verfügung, um einer Auslieferung an Stalin oder Tito und dem sicheren Tod zu entgehen.

Am 1. März 1947 schrieb die Zeitschrift *Der Spiegel* über Horthy: „Admiral Horthy, der 24 Jahre lang Regent von Ungarn war, bezeichnet sich heute als politischen Einsiedler und armen Mann. Er lebt im Hause eines Bäckers in Weilheim (Bayern). Die Miete für das Haus ist er bis jetzt noch schuldig ..." 1948 emigrierte Horthy nach Portugal, wo ihm dessen Diktator António de Oliveira Salazar Asyl gewährte. Er trat politisch nicht mehr in Erscheinung. Der als Politiker gescheiterte k. u. k. Kriegsheld starb schließlich im 89. Lebensjahr am 9. Februar 1957 in Portugal. In seinem Testament bestimmte er, dass seine Leiche nicht in ein Ungarn überführt werden sollte, das von Russen besetzt sei. Es sollte deshalb 36 Jahre dauern, bis seine Überreste in ungarischer Erde bestattet wurden. Erst im September 1993 wurde der „Reichsverweser des Königreichs Ungarn" in seinem Geburtsort Kenderes in Südostungarn in einem Mausoleum endgültig beigesetzt.

Gottfried von Banfield
Auf den Schwingen des Adlers

GOTTFRIED VON BANFIELD

Auf den Schwingen des Adlers

Am 27. März 1913 traf Erzherzog Franz Ferdinand mit seiner Jacht *Lacroma* im österreichischen Kriegshafen von Pola ein. Nachdem das Donnern der Salutschüsse verklungen war, machte der Kommandant der Kriegsmarine Admiral Haus beim Thronfolger Meldung. Der war gerade Zeuge eines Flugzeugabsturzes geworden. Er berichtete Haus von zwei Fliegern, die über seine Jacht hinweggeflogen seien. Eines davon habe in einer engen Kurve die Wasseroberfläche mit seinem Seitenschwimmer berührt und sei versunken. Franz Ferdinand gab sofort den Befehl, den sichtlich verletzten Piloten an Bord zu bringen. Es handelte sich um Fregattenleutnant Gottfried von Banfield, der bei diesem Unglück schwere Verletzungen an beiden Beinen davongetragen hatte. Niemand ahnte damals, dass dieser Bruchpilot, der eben bei einem allzu waghalsigen Manöver eines der wenigen Marineflugzeuge vernichtet hatte, schon bald der erfolgreichste k. u. k. Marineflieger sein würde.

Gottfried Freiherr von Banfield entstammte einem alten irischen Adelsgeschlecht, das sich schon lang in österreichischen Diensten befand. Er wurde am 6. Februar 1890 im dalmatinischen Castelnuovo geboren. Sein Großvater mütterlicherseits war Oberst Ferdinand Mumb von Mühlheim, der 1859 als Regimentskommandant bei Solferino fiel. Banfields Vater Richard kämpfte bereits als österreichischer Seeoffizier unter Tegetthoff bei Lissa, wo er sich als Batteriekommandant auf der Panzerfregatte *Ferdinand Max* auszeichnete. Gottfried von Banfield verbrachte seine Kindheit fast ausschließlich in Pola, bis er auf die Militär-Unterrealschule in St. Pölten geschickt wurde. Danach kam er an die Marineakademie in Fiume, wo er am 17. Juni 1909 als Seekadett ausgemustert wurde. Dann tat er Dienst auf der *Erzherzog Friedrich* und der *Custozza* und wurde nach erfolgreich bestandener Seeoffiziersprüfung der *Erzherzog Franz Ferdinand* zugeteilt. Nachdem er am 1. Mai 1912 zum Fregattenleutnant befördert worden war, ging Banfield auf eigenen Wunsch nach Wiener Neustadt, wo er eine Pilotenausbildung absolvierte. Er hatte sich für die jüngste und modernste Waffengattung der Streitkräfte entschieden.

Die österreichisch-ungarische Monarchie war bei der Aufstellung einer Marine-Fliegertruppe Vorreiter unter den europäischen Mächten. Zwei Jahre vor Deutschland begann man, in Pola eine improvisierte Seeflugstation einzurichten. Im Sommer 1911 wurden drei Marineoffiziere zur Militäraviatischen Station Wiener Neustadt abkommandiert,

Heroisierung der Flieger in einem Gemälde von Karl Sterrer

um den Heerespilotenschein zu erwerben. Viele wagemutige und modern denkende junge Offiziere interessierten sich in jenen Tagen für die Fliegerei, der man eine große Zukunft voraussagte.

Flugzeuge im Kriegseinsatz

Bereits ab Ende 1911 wurde mit der Errichtung einer ersten Seeflugstation begonnen. Man vergrößerte die im Hafengebiet von Pola gelegene Insel Santa Catarina durch Aufschüttungen und errichtete darauf einen Hangar für 20 Flugzeuge sowie Mannschaftsunterkünfte, Lagerschuppen und eine Anlegestelle für die Boote. Später sollten noch fünf weitere Stationen für die Marineflieger dazukommen: Triest, Kumbor, Parenzo, Puntisella und Odessa. Interessant dabei ist, dass man bereits im April 1912 über große Landedecks auf Schiffen nachdachte und damit – zumindest theoretisch – an die Konstruktion von Flugzeugträgern herankam. Große Probleme gab es zu Beginn mit der Beschaffung von geeigneten Marineflugzeugen. Die ersten vier waren Flugzeuge französischer Produktion. Im September 1912 wurden mit dem Geld privater Spender bei Jacob Lohner & Co zwei Seeflugzeuge bestellt. Die gelieferten Flugzeuge entsprachen aber nicht den Erwartungen, weshalb sich die Marine zu Käufen im Ausland entschloss. Später konnte Lohner auch brauchbare Maschinen aus eigener Produktion liefern. 1913 wurden bereits 14 Marineoffiziere als Feldpiloten ausgebildet. Zu Kriegsbeginn verfügte die Marinefliegertruppe über 25 Piloten. Die k. u. k.

Aus der „Neuen Automobil Zeitung": schematische Darstellung eines Kampfflugzeuges aus dem Ersten Weltkrieg

bei Ausbruch des Ersten Weltkriegs wieder im Einsatz, und die Marineflieger sollten schon bald zu den großen Favoriten von Admiral Haus gehören.

Bei Kriegsausbruch dachte man an den Einsatz von Marinefliegern als Aufklärer und zur Artilleriebeobachtung der großen Schiffe. An den Kampf gegen andere Flugzeuge oder Bodenziele dachte man vorerst kaum. So wurden die k. u. k. Marineflieger auch bei ihren ersten wirklichen Einsätzen bei der internationalen Blockade vor der albanischen Küste im April und Mai 1913 eingesetzt. Erst im Herbst 1914 wurden die bisher unbewaffneten österreichischen Seeflieger nach und nach mit Waffen ausgestattet. Es dauerte einige Zeit, bis die Flieger tatsächlich Kampfaufträge bekamen und gezielt feindliche Flugzeuge, Schiffe, U-Boote und Luftschiffe angriffen. Dazu kamen im Lauf der Zeit noch Bombenangriffe auf zivile Ziele, das Aufspüren von Seeminen und Angriffe auf feindliche Bodentruppen. Der erste Bombenabwurf durch ein k. u. k. Flugboot erfolgte am 15. August, den ersten Geschwaderangriff gab es am 23. Oktober 1914. Der erste belegte Nachtangriff der Marineflieger fand am 9. November 1914 statt. Später sollten es die österreichischen Marineflieger besonders bei Nachtangriffen zu höchster Perfektion bringen.

Kriegsflagge wurde als Hoheitsabzeichen am Seitensteuer der Flugzeuge angebracht.

Wie berichtet, wurde Banfield am 27. März 1913 beim Absturz seines Wasserflugzeugs bei einer Flugvorführung schwer verletzt. Marinekommandant Admiral Haus, dem der Absturz vor den Augen des Thronfolgers ziemlich peinlich war, besuchte den verunglückten Piloten noch am selben Tag im Spital. Banfield lächelte tapfer und machte damit Eindruck auf den Admiral. Nach langwieriger Genesung war Banfield

Banfield flog zu Beginn des Krieges von der Seeflugstation Kumbor aus ein Aufklärungsflugzeug, das der *Zrinyi* zugeordnet war. Er unternahm einige Einsätze zur Aufklärung und Erkundung, die zu jener Zeit unbewaffnet durchgeführt wurden. Danach war er als Testpilot und Ausbildner auf der Station Santa Catarina tätig. Nach dem Eintritt Italiens in den Krieg erhielt Banfield den Auftrag, eine Seeflugstation bei Triest aufzubauen, und wurde schließlich zum Befehlshaber dieser Einrichtung. Er sollte diese Funktion bis zum Kriegsende ausüben. Banfield trat einige Male mit Verbesserungsvorschlägen für das Flugmaterial vor seine Vorgesetzten und konnte unter anderem erreichen, dass stärkere Motoren und bessere Maschinengewehre eingebaut wurden.

Eines der grundlegenden Probleme, denen sich Banfield und seine Fliegerkameraden gegenüber sahen, war der Umstand, dass der Gegner neben der zahlennmäßigen Überlegenheit zumeist das bessere Material hatte. In der Geschwindigkeit und Wendigkeit waren die feindlichen Flugzeuge oft

Gottfried von Banfield als Ausbildner auf der Station Santa Catarina

Linienschiffsleutnant Gottfried von Banfield in seinem Apparat vor dem Start

Zu Beginn des Jahres 1916 hatten die österreichischen Marineflieger die absolute Luftherrschaft über die Adria errungen. Dann begann sich das Blatt zu wenden, und der Gegner konnte immer mehr Flugzeuge in den Kampf schicken, die k. u. k. Flieger wurden dadurch zunehmend in die Defensive gedrängt. Die Marineleitung gab leistungsstärkere Schwimmerflugzeuge aus deutscher Produktion in Auftrag, doch durch Lieferschwierigkeiten wurde dieses Vorhaben nicht durchgeführt. Deshalb versuchte man, spät, aber doch, heimische Flugboote mit mehr Leistung zu bauen, die besser als Jagdflugzeuge verwendet werden konnten. Es entstanden die „K"-Flugboote, die schneller und stärker bewaffnet waren als ihre Vorgänger.

überlegen. Vor diesem Hintergrund müssen die unbestreitbaren Erfolge der k. u. k. Marineflieger eigentlich noch höher bewertet werden. Die Truppe verfügte Ende November 1915 erst über 65 Flugzeuge. Damit waren sie ihren Feinden zahlenmäßig weit unterlegen.

Banfield flog selbst mehr Einsätze als die meisten seiner Piloten und errang immer wieder spektakuläre Erfolge. Er avancierte schon bald zum Fliegerhelden der Kriegsmarine. Viele seiner Abschüsse konnten nur schwer nachgewiesen werden, da sie über See und ohne Zeugen erfolgten. Nach offizieller Zählung sollte er im Lauf seiner Einsätze 21 Luftsiege erringen, doch dabei sind seine anderen kriegerischen Einsätze nicht mitgezählt, die dem Gegner massive Verluste zufügten. Banfield wurde vor allem von den Italienern gefürchtet. Man nannte ihn den „Adler von Triest". Sein Bruder Carl, der zunächst Infanterieoffizier war, wurde später auch Mitglied der k. u. k. Lufstreitkräfte.

Banfield schrieb über seine Einsätze: „Ich benützte das Maschinengewehr wie ein normales Gewehr … In der Regel kämpfte ich allein. Ich eröffnete das Feuer auf kürzeste Entfernung … Es war meine Regel, eine begrenzte Anzahl von Patronen abzufeuern, sei es um Ladehemmungen zu vermeiden, sei es um nicht ohne einen guten Vorrat an Munition zu bleiben. Ein anderer Faktor … war, mich nie vom Gegner von hinten überraschen zu lassen … Das Auge und das Maschinengewehr mußten immer den Gegner vor sich haben. Auch wenn die anzugreifenden Flugzeuge zahlreich waren, suchte ich mir mit Sorgfalt das Ziel aus, näherte mich ihm, und eröffnete auf kürzeste Entfernung das Feuer."

Als am 4. April 1916 italienische Flieger als Reaktion auf vermehrte Angriffe österreichischer Staffeln Triest angriffen, führte Banfield einen Alarmstart durch und schoss ein italienisches Flugboot ab. In der darauffolgenden Nacht ordnete er einen Gegenschlag gegen einen italienischen Fliegerstützpunkt an. Die „tollkühnen Männer in ihren fliegenden Booten" setzten auch schon bald große Sprengbomben mit 150 Kilogramm ein. Am 17. April zwang Banfield ein französisches Flugboot zur Notlandung und verjagte ein weiteres. Sein Ruf war so gefürchtet, dass mancher Gegner auf den Kampf verzichtete.

Am 23. Juni 1916 schoss Banfield ein französisches Flugboot über Koper ab und zwang am darauffolgenden Tag ein weiteres zur Landung bei Grado. Im Oktober 1916 erhielt er seinen berühmten *Blauen Vogel*, das Lohner-Jagdflugboot A11, das über zwei MG verfügte und immerhin 180 Kilometer in der Stunde schnell war. Generell wurden die Marineflieger nun rasch technisch besser, schneller und kampfkräftiger. Doch änderte das nichts an der Tatsache, dass man eigentlich nur mehr defensiv agieren konnte, da der Feind zahlenmäßige überlegen war. Die Italiener setzten nun auch die großen dreimotorigen Caproni-Bomber ein, die mit einem dichten Feuer aus vielen Maschinengewehren kämpfen konnten. Trotzdem nahmen Banfield und seine Piloten den Kampf auf und erzielten Erfolge.

Einer der kühnsten Flüge von Banfield erfolgte am 1. August 1916, als 14 italienische Großflugzeuge Fiume und Umago angriffen. Banfield startete rasch sein Jagd-

Stadtplan von Fiume, heute Rijeka, Kroatien, um 1900

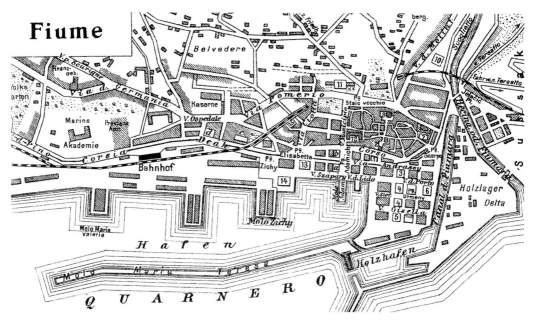

„Die Trümmer eines italienischen Großkampfflugzeuges, des fünften, das k.u.k. Linienschiffsleutnant Banfield, und zwar am 6. August 1916, bezwungen hat."

gene Abenteuer trug wesentlich zu Banfields Ruhm bei. Als am 15. August während der dramatischen 6. Isonzoschlacht ein Verband von britischen, französischen und italienischen Bombern die Werft von Triest angriffen, holte Banfield gleich zwei Gegner vom Himmel. Während des Jahres 1916 gingen von 17 abgeschossenen oder zur Notlandung gezwungenen feindlichen Flugzeugen 13 auf das Konto von Linienschiffsleutnant Banfield.

Banfield sagte später, dass die Begegnung mit Kaiser Franz Joseph kurz vor dessen Tod die aufregendsten Minuten in seinem Leben gewesen wären. Er wurde dem 86-Jährigen im Oktober 1916 vorgestellt. Franz Joseph erinnerte sich an Banfields bei Solferino gefallenen Großvater und ermahnte den Enkel, „sich von nun an zu schonen und ja achtzugeben". Diesen Rat hat der tapfere Flieger aber nicht befolgt. Er erlitt einige Male Verwundungen, was er aber dank seiner eisernen Konstitution jeweils gut überstand. Als seine Vorgesetzten den Wunsch äußerten, er möge das Fliegen aufgeben und nur mehr als Ausbildner tätig sein, lehnte er ab. Banfield wollte seine ganze Kraft der Verteidigung von Triest widmen. Die Bürger der Stadt wussten das zu schätzen und überreichten dem Fliegerass einen silbernen Lorbeerkranz, auf den Banfield besonders stolz war.

flugzeug und erreichte das italienische Geschwader über Istrien. Er mischte sich unter den feindlichen Verband und wurde seltsamerweise nicht bemerkt. Als die Italiener zu einem Angriff auf die Werften und die Torpedofabrik von Fiume ansetzen wollten, beschoss Banfield eines der Flugzeuge und brachte es zum Absturz. Dadurch brach große Verwirrung bei den italienischen Fliegern aus, die ihr Vorhaben aufgaben und zu ihrer Basis zurückkehrten. Dieses verwe-

Die Begegnung Banfields mit dem berühmtesten italienischen Kampfflieger Francesco Baracca verlief nach den Regeln einer damals bereits im Verschwinden begriffenen Ritterlichkeit. Als der Italiener aus einer Wolke auf ihn niederstieß, kurvte Banfield rasch weg, kam dann auf die gleiche Höhe Baraccas und salutierte, anstatt den Kampf aufzunehmen. Der Italiener war zuerst verdutzt, salutierte dann aber zurück und drehte ab. Zwei der allerbesten ihrer Zunft hatten sich gegenseitig die Ehre erwiesen. Banfield errang am 31. Mai 1917 den ersten bekannten Nacht-Luftsieg der Kriegsgeschichte. Er zwang um 22.30 Uhr ein italienisches Seeflugzeug in der Nähe des Schlosses Miramare zur Landung.

Einsätze an der Isonzo-Front

Im Jahr 1917 konnte Banfield seinen Ruf als bedeutendster k. u. k. Marineflieger weiter ausbauen. Aber die Bedingungen für einen siegreichen Luftkampf wurden durch die zunehmende Überlegenheit der Entente immer schlechter. Am 17. August 1917 wurde Banfield am Höhepunkt seiner fliegerischen Karriere gemeinsam mit 24 anderen Trägern von Kaiser Karl mit dem *Militär-Maria-Theresien-Orden* ausgezeichnet, was auch seine gleichzeitige Erhebung in den Freiherrnstand bedeutete.

Bei Banfield und seinen Kameraden waren die Einsätze an der südlichen Isonzo-Front, die zur Unterstützung der Armee ausgeführt werden mussten, sehr unbeliebt.

Er berichtete in seinen Erinnerungen über diese Einsätze: „Denn ich kann und will nicht leugnen, daß ich dazu gekommen war, den Krieg tief zu verabscheuen, gerade deshalb, weil ich ihn in jenen Jahren so gründlich kennengelernt hatte. Besonders kraß wurde mir die ganze Sinnlosigkeit des verbissenen Stellungskampfes während der Schlacht von Montesanto bewußt, in der wir die Truppen aus der Luft unterstützten. Warum mußten für ein paar Meter steinigen Bodens auf beiden Seiten Hekatomben von Soldaten geopfert werden? Und diese Situation wiederholte sich tausendfach, an allen Fronten, wo die Operationen zum langwierigen Schützengrabenkrieg erstarrt waren." Trotz dieser Bedenken flogen Banfield und seine Kameraden immer wieder an der erstarrten Front Einsätze gegen Brücken, Eisenbahnlinien, Straßen, Kanäle und Artilleriestellungen.

Bei Angriffen auf Venedig und andere italienische Städte wurde von höchster Stelle angeordnet, dass Kulturgüter unter allen Umständen zu schonen seien und man keine wertvolle alte Architektur bombardieren dürfe. So sollten im Raum Venedig nur der Bahnhof, das Arsenal und die vor Anker liegenden Kriegsschiffe angegriffen werden. Die Italiener nutzten diesen Umstand geschickt und begannen, ihre Rüstungsbetriebe innerhalb der Schutzzonen zu installieren, was zu einigem Unmut bei den k. u. k. Fliegern führte.

Doch der Kaiser blieb strikt bei seiner Anweisung, die Schutzgebiete nicht zu bombardieren, auch wenn das einen militärischen Nachteil bedeutete. Umgekehrt war man auf der Seite des Gegners weniger

Linienschiffsleutnant Konjovic rettet mit seinem Flugzeug
unter Beschuss der Italiener seine Kameraden; Kriegsbilder-Album

rücksichtsvoll, wenn es um den Angriff auf österreichisches Gebiet ging.

Im Juli und August 1918 mussten die österreichischen Marine-Flieger vor allem gegen feindliche Bomber über den eigenen Häfen kämpfen. Der Druck durch den Gegner war bereits so stark, dass eigene Offensivunternehmen immer seltener durchgeführt werden konnten: Die Kriegsmarine verfügte noch Ende September 1918 über 266 Flugzeuge. Trotzdem mussten nun auch wiederholt Landflugzeuge zur Unterstützung herangezogen werden, da die feindliche Überlegenheit stetig zunahm und große Schäden durch Bombenangriffe entstanden.

Die österreichischen Seeflieger hatten zwischen 1915 und 1918 insgesamt 1.063 Einsätze geflogen, worunter 463 Bombenangriffe und 157 Lufkämpfe waren. 510 Offiziere und Mannschaften hatten bei den Einsätzen ihr Leben verloren, 65 Männer gerieten in Gefangenschaft, wovon sich aber acht durch Flucht befreien konnten. Jeder dritte österreichische Marinepilot kam schließlich im Einsatz ums Leben. Die Marineflieger und ihr Bodenpersonal verblieben vom Anfang bis zum Ende des Krieges eine kleine verschworene Truppe. So umfasste der Mannschaftsstand aller Beteiligten bei Kriegsausbruch nur 224 und erreichte seinen Höhepunkt im Juli 1918 mit 2.428 Mann. Das war etwas mehr als eines der großen Schlachtschiffe an Besatzung hatte.

Gottfried von Banfield war sicher der bekannteste und meistausgezeichnete österreichische Marineflieger. Neben dem *Ritterkreuz des Maria Theresien Ordens*, dem *Ritterkreuz des Leopold Ordens* und dem *Orden der Eisernen Klasse* hatte er noch acht weitere österreichische Orden und das *Deutsche Eiserne Kreuz 1. und jenes 2. Klasse* verliehen bekommen.

Gottfried Banfield, der Adler von Triest

Banfield wurde am 15. November 1918 in Triest als Kriegsverbrecher verhaftet. Man steckte ihn in den Kerker, doch ließ man ihn nach einem Monat ohne Prozess wieder frei. Er reiste daraufhin nach Wien und arbeitete ab Sommer 1919 bei der Austro-Daimler-Motoren- und Automobilfabrik in Wiener Neustadt.

1920 wechselte er zu Škoda in Smichov bei Prag. Danach war Banfield in der britischen Werftindustrie tätig, trat aber 1924 in die Reederei seines Schwiegervaters Diodato Tripcovich in Triest ein. Er wurde Leiter der Trampschiffahrts-Reederei Diadato Tripcovich und Konsorten und übernahm die Firma nach seiner Heirat mit Gräfin Maria Tripcovich. Dieser Ehe entstammte ein Sohn, der erfolgreiche Komponist und Operndirektor Raffaelo de Banfield (1922–2008), der zu den Freunden Herbert von Karajans, Pablo Picassos und Jean Cocteaus zählte. Die Banfields bewohnten ein nobles Haus in Triest und waren sehr geachtete Persönlichkeiten in der Hafenstadt.

In seiner Firma beschäftigte sich der „Adler von Triest" mit der Bergung gesunkener Schiffe, womit er sehr erfolgreich wurde. Banfield hob neben vielen anderen Schiffen 1935 den vor Alexandria gesunkenen Passagierdampfer *Ausonia*, das 1940 von der britischen Luftwaffe bei Tarent versenkte Schlachtschiff *Conte di Cavour* und 1941 bis 1944 räumte er auch die Sudabucht von einer größeren Anzahl Schiffswracks. Die guten Geschäfte Banfields gingen auch nach Ende des Zweiten Weltkriegs weiter, und er hob zum Beispiel im Golf von Triest das Wrack des Schlachtschiffs *Imperio* und drei große Passagierdampfer, die Opfer des Krieges geworden waren. 1956 brachte die Räumung des Suezkanals nach dem Zweiten Nahostkrieg erneut einen Großauftrag für den wirtschaftlich erfolgreichen ehemaligen Marineflieger. Auch führte er Bergungen im Indischen Ozean und vor Ceylon durch.

Banfield starb am 23. September 1986 als letzter Träger des österreichischen *Militär-Maria-Theresia-Ordens*. 1990 wurde der Ausmusterungsjahrgang der österreichischen Theresianischen Militärakademie in Wiener Neustadt „Jahrgang Banfield" benannt. Die meisten der jungen Offiziere hatten in Banfields Todesjahr ihren Grundwehrdienst begonnen.

Anhang

REGISTER

LITERATURVERZEICHNIS

Aichelburg, Wladimir: K.u.k. Segelschiffe in alten Photografien. Wien 1996.

Aßmann, Kurt: Die Kämpfe der Kaiserlichen Marine in den Deutschen Kolonien. Berlin 1935.

Attlmayer, Ferdinand von: Der Krieg Österreichs in der Adria im Jahre 1866. Pola 1896.

Basch-Ritter, Renate: Österreich auf allen Meeren. Geschichte der k.(u.) k. Kriegsmarine von 1382 bis 1918. Graz 1987.

Baumgartner, Lothar: Denn Österreich lag einst am Meer. Graz 1987.

Baumgartner, Lothar u. Erwin Sieche: Die Schiffe der k. (u.) k. Kriegsmarine im Bild. 2 Bände, Wien 1999/2001.

Bayer von Bayersburg, Heinrich: Die k.u.k. Kriegsmarine auf weiter Fahrt. Wien 1958.

Bayer von Bayersburg, Heinrich: Unter der k.u.k. Kriegsflagge. Wien 1959.

Bayer von Bayersburg, Heinrich: Österreichs Admirale 1719–1866. Wien 1960.

Bayer von Bayersburg, Heinrich: Österreichs Admirale und bedeutende Persönlichkeiten der k.u.k. Kriegsmarine 1867–1918. Wien 1962.

Beer, Adolf (Hg.): Aus Wilhelm von Tegetthoff's Nachlass. Wien 1882.

Benko, Jerolim Freiherr: Geschichte der k.k. Kriegs-Marine während der Jahre 1848 und 1849. Wien 1884.

Berger, Frank u. a.: Carl Weyprecht (1838–1881). Seeheld, Polarforscher, Geophysiker. Wien 2008.

Bergmann, Joseph: Erzherzog Friedrich von Oesterreich und sein Antheil am Kriegszuge in Syrien im Jahre 1840. Wien 1857.

Bilzer, Franz F.: Die Torpedoboote der k.u.k. Kriegsmarine von 1875–1918. Graz 1984.

Chiari, Arthur: Unsere Flotte. Brixen 1913.

Coloma, Luis: Don Juan de Austria, der Sohn Kaiser Karls V. Ein großes Leben im 16. Jahrhundert. München 1936.

Czibulka, Alfons v.: Die österreichisch-ungarische Kriegsmarine im Weltkriege. Berlin 1939.

Dahlerup, Hans Birch von: In österreichischen Diensten. 2 Bände, Berlin 1911.

Dauber, Robert L.: Erzherzog Friedrich von Österreich. Admiral und Ordensritter. Graz 1993.

Dienstl, Karl: Die außereuropäischen Fahrten der österreichischen Flotte nach 1848. Dissertation, Wien 1949.

Fiala, Peter (Hg.): Vizeadmiral Wilhelm von Tegetthoff. Wien 1971.

Friedjung, Heinrich: Custoza und Lissa. Wien 1915.

Gasser, Georg: Die Österr.-Ung. Fliegertruppe im Einsatz an der Südwestfront 1915–1918. Dissertation, Wien 1980.

Gogg, Karl: Österreichs Kriegsmarine 1440–1848. Salzburg 1972.

Gogg, Karl: Österreichs Kriegsmarine 1848–1918. Salzburg 1974.

Gruber, Karl: Seemacht unter rot weiß roter Flagge. 2 Bände, Salzburg 2005/06.

Gründorf von Zebejeny, Wilhelm: Als Holstein österreichisch wurde. Wien 1966.

Habersatter, Thomas (Hg.): Schiff voraus. Marinemalerei des 14. Bis 19. Jahrhunderts. Salzburg 2005.

Halpern, Paul G.: Anton Haus. Österreich-Ungarns Großadmiral. Graz 1998.

Hamann, Günther: Österreich-Ungarns Anteil an Reisen und Forschungen in den Ländern des britischen Weltreiches. Wien 1968.

Hamann, Brigitte: Die Habsburger. Ein biografisches Lexikon. Wien 1988.

Handel-Mazzetti, Peter u. Hans Hugo Sokol: Wilhelm von Tegetthoff. St. Pölten 1952.

Handel-Mazzetti, Peter: S. M. S. Schwarzenberg. Murau 1968.

Hartmann, Franz: Österreichs Beziehungen zu den Barbaresken und Marokko 1825–1830. Wien 1970.

Hochstetter, Ferdinand von u. a.: Reise der österreichischen Fregatte Novara um die Erde in den Jahren 1857, 1858, 1859. 3 Bände, Wien 1861.

Horak, Waltraude u. Horst Friedrich Mayer: Seemacht Österreich. Ausstellungskatalog, Schlosshof 1994.

Horthy, Nikolaus von: Ein Leben für Ungarn. Bonn 1953.

Horvath, Michael u. Hannes Zimmermann: Österreich Maritim. Die frühen Jahre. Wien 1995.

Hübner, Peter: Die k. k. Segelfregatte Fürst Felix Schwarzenberg und ihre Zeit 1853–1861. Wien 2010.

Jung, Peter: Rammkurs Lissa. Berichte der Kommandanten zur Seeschlacht 1866. Wien 2001.

Khuepach, Arthur v. u. Heinrich v. Bayer: Geschichte der k. k. Kriegsmarine während der Jahre 1814–1847. Graz 1966.

Kirchhoff, Hermann: Seehelden und Admirale. Leipzig 1910.

Krmpotic, Josef: Gedenkblätter der k. u. k. Kriegsmarine. Pola 1910.

Kunsti, Erich v.: Verlorener Strand. Erinnerungen an die österr.-ung. Marine. Berlin 1938.

Landström, Björn: Das Schiff. Vom Einbaum zum Atomuboot. Gütersloh 1961.

Lehnert, Josef v.: Geschichte der k. k. Kriegsmarine. 2 Bände, Wien 1891.

Lettenmair, Josef Günther: Rotweiß-rot zur See. Innsbruck 1934.

Mayer, Horst Friedrich u. Dieter Winkler: In allen Häfen war Österreich. Wien 1987.

Mayer, Horst Friedrich u. Dieter Winkler: Flipp, der Flottillenhund. Wien 1989.

Mayer, Horst Friedrich u. Dieter Winkler: Als die Adria noch österreichisch war. Wien 1993.

Mayer, Horst Friedrich u. Dieter Winkler: Als die Schiffe tauchen lernten. Die Geschichte der k. u. k. Unterseeboot-Waffe. Wien 1997.

Mayer, Horst Friedrich u. Dieter Winkler: Rot-weiß-rote Weltreisen. Wien 1998.

Mayr-Harting, Anton: Der Untergang. Österreich-Ungarn 1848–1922. Wien 1988.

Miksch, Willy: Österreichische Erfinder und Entdecker. Wien 1954.

Mondfeld, Wolfram zu: Der sinkende Halbmond. Die Seeschlacht von Lepanto im Jahre 1571. Würzburg 1973.

Mordal, Jacques: 25 Jahrhunderte Seekrieg. München 1976.

Mörl, Anton von: Das Ende des Kontinentalismus in Österreich. Saatz i. B. 1913.

Müller, Klaus: Tegetthoffs Marsch in die Nordsee. Oeversee, Düppeler Schanzen, Helgoland im deutschdänischen Krieg 1864. Graz 1991.

Münze Österreich (Hg.): Land in Sicht. Österreich auf weiter Fahrt. Ausstellungskatalog, Wien 2006.

Nezbeda, Eduard: Der 20. Juli 1866. Memoiren aus der siegreichen Seeschlacht bei Lissa. Wien 1891.

Norman-Friedenfels, Eduard von: Don Juan de Austria als Admiral der heiligen Liga und die Schlacht bei Lepanto. Pola 1902.

Panzer, Marita A.: Don Juan de Austria. Karriere eines Bastards. Regensburg 2004.

Paschen, N.: Aus der Werdezeit zweier Marinen. Erinnerungen aus meiner Dienstzeit in der k. k. österr. Und kaiserl. deutschen Marine. Berlin 1908.

Patzelt, Wolfgang: Die österreichische Kriegsmarine im Krieg 1864. Wien 1945.

Pausz, Astrid: Die k.u.k. Expedition nach Ostasiken zum Abschluss von Freundschafts-, Handels- und Schiffahrtsverträgen. Dipl.-Arb., Wien 2001.

Pawlik, Georg u. Lothar Baumgartner: S. M. Unterseeboote. Graz 1986.

Pawlik, Georg: Im Taifun beinahe gekentert. Wien 2002.

Pemsel, Helmut: Biografisches Lexikon zur Seekriegsgeschichte. Koblenz 1985.

Pernthaler, Johann von: Die österreichische Marine, von einem österreichischen Seemanne. Wien 1860.

Pollack-Parnau, Franz von: Eine österreichische ostindische Handelskompanie. Wien 1927.

Porth, Wenzel: Denkwürdigkeiten aus dem Leben des k. k. Feldmarschall-Lieutenant Ludwig Freiherr von Kudriaffsky. Wien 1895.

Ramoser, Christoph: K. u. k. Schlachtschiffe in der Adria. Wien 1998.

Rauchensteiner, Manfried: Der Tod des Doppeladlers. Österreich-Ungarn und der Erste Weltkrieg. Graz 1994.

Rechberger von Rechkron, Josef: Geschichte der k. k. Kriegsmarine 1500–1797. Wien 1882.

Rohrer, Paul: Als Venedig noch österreichisch war. Stuttgart 1913.

Rottauscher, Max v.: Als Venedig österreichisch war. Wien 1966.

Schanzer, St.: Österreich in seinen Beziehungen zur See. Rückblicke und Ausblicke. Wien 1919.

Schaumann, Walther: Ende einer Seemacht. Österreich-Ungarn 1900–1918. Klosterneuburg 1995.

Scherzer, Karl von: Bernhard Freiherr von Wüllerstorf. München 1883.

Sieche, Erwin: Rot-Weiß-Rot auf Gelbem Meer. Wien 1996.

Schmalenbach, Paul: Kurze Geschichte der k.u.k. Marine mit Ausnahme der Tätigkeit auf der Donau und den oberitalienischen Seen. Herford 1970.

Schmidt-Brentano, Antonio: Die österreichischen Admirale. 3 Bände, Osnabrück 1987.

Schmitt, Richard u. Peter Strasser: Rot-weiß-rote Schicksalstage. Entscheidungsschlachten um Österreich. St. Pölten 2004.

Schöndorder, Ulrich: Wilhelm von Tegetthoff. Wien 1958.

Schomaeker, Günter: K. und k. Korvettenkapitän Georg Ritter von Trapp. Krefeld 1964.

Schupitka, Peter: Die k.u.k. Seeflieger. Koblenz 1983.

Sieche, Erwin: Rot-weiß-rot auf gelbem Meer. Tsingau 1914. Wien 1996.

Sieche, Erwin: Kreuzer und Kreuzerprojekte der k.u.k. Kriegsmarine 1889–1918. Hamburg 2002.

Sifferlinger, Nikolaus A.: Auslaufen verspricht Erfolg. Wien 2000.

Sokol, Anthony Eugene: Seemacht Österreich. Die Kaiserliche u. Königliche Kriegsmarine, 1382–1918. Wien 1972.

Sokol, Hans Hugo: Des Kaisers Seemacht. Die k.k. österreichische Kriegsmarine 1848–1914. Wien 1980.

Sondhaus, Lawrence: The Habsburg Empire and the sea. Austrian naval policy, 1797–1866. West Lafayette, Indiana 1989.

Steinböck, Wilhelm (Hg.): Die k.u.k. Kriegsmarine (Ausstellungskatalog). Graz 1987.

Sterneck, Max Freiherr von: Erinnerungen aus den Jahren 1847 – 1897. Wien 1901.

Steyskal, Hans Raphael (Hg.): Die Seeschlacht bei Lissa. Wien 1966.

Stöhr, Ehrhard: Rot-weiß-rot im Reich der Mitte. Maria Enzersdorf 2007.

Straub, Heinz.: Die Entdeckung des Franz-Joseph-Landes. Graz 1990.

Trapp, Georg v.: Bis zum letzten Flaggenschuß. Erinnerungen eines österreichischen U-Boots-Kommandanten. Salzburg 1935.

Vollerthun, Waldemar: Der Kampf um Tsingtau. Leipzig 1920.

Vimercati, Cesare: Die k.k. österreichische Marine im Oriente. Wien 1845.

Wagner, Johann: Österreichische Kolonialversuche in der zweiten Hälfte des 19. Jahrhunderts. Dissertation, Wien 1955.

Wallisch, Friedrich: Die Flagge Rot-Weiss-Rot. Männer und Taten der österreichischen Kriegsmarine in 4 Jahrhunderten. Graz 1956.

Wallisch, Friedrich: Wilhelm von Tegetthoff. Wien 1964.

Wallisch, Friedrich: Sein Schiff hieß Novara. Bernhard von Wüllerstorf, Admiral und Minister. Wien 1966.

Warner, Oliver: Große Seeschlachten. Oldenburg 1963.

Weiss, David G. L. u. Gerd Schilddorfer: Novara. Österreichs Traum von der Weltmacht. Wien 2010.

Weyr, Siegfried: Geschichten aus dem alten Österreich. Wien 1971.

Winkler, Dieter: Habsburg maritim. Wien 2000.

Winter, Karin: Die k.u.k. Kriegsmarine, Arthur Krupp und ein toter Geologe auf Guadalcanal. Wien 2002.

Winter, Karin: Österreichische Spuren in der Südsee. Wien 2005.

Winterhalder, Theodor Ritter von: Kämpfe in China. Eine Darstellung der Wirren und der Beteiligung von Österreich-Ungarns Seemacht an ihrer Niederwerfung in den Jahren 1900 – 1901. Wien 1902.

Wüllerstorf-Urbair, Bernhard Freiherr von: Vermischte Schriften. Graz 1889.

Wurzbach, Constantin: Biografisches Lexikon des Kaiserthums Österreich. Wien 1856 – 1891.

Zivkovic, Georg: Die kaiserliche, ab 1806 österreichische, ab 1868 österr.-ungarische höhere Generalität und Admiralität 1600 – 1918. Wien 1985.

Zöhrer, Ferdinand: Österreichisches Seebuch. Wien 1889.

Zorzi, Alvise: Österreichs Venedig. Düsseldorf 1990.

Orte, die sich unauslöschlich in den Mythenschatz der rot-weiß-roten Nation eingebrannt haben. Erzählungen von den schmerzhaften Wunden der Vergangenheit und ein eindringliches Plädoyer für kritische Erinnerungskultur und lebendiges Geschichtsbewusstsein.

Johannes Sachslehner
SCHICKSALSORTE ÖSTERREICHS
320 Seiten, 17 x 24 cm
Hardcover mit SU, durchgehend Farbe

€ 29,95 · ISBN: 978-3-222-13278-0

:STYRIA

Österreich ist reich an Erinnerungen, reich an Plätzen, die eng mit den Menschen und dem Schicksal des Landes verknüpft sind. Unvergessliche Ereignisse bestimmten den Lauf der Geschichte und prägen bis heute das Gedächtnis der Nation wie der Generationen.

Johannes Sachslehner
SCHICKSALSORTE ÖSTERREICHS · BAND 2
304 Seiten, 17 x 24 cm
Hardcover mit SU, durchgehend Farbe

€ 29,95 · ISBN: 978-3-222-13298-8

:STYRIA

Mit viel Gespür und einem besonderen Blick für verborgene Schönheiten in Wien gehen die Autoren durch zwei Jahrtausende Wiener Historie und verbinden den fotografischen Fund mit dem erzählerischen Genuss. Gebautes und Gelebtes wird gezeigt, in seinen Spuren wie in seinem Bestand. Die vielschichtige Stadt mit ihrer vergangenen imperialen Bedeutung und auch heute noch kulturellen Größe wird in ihrer ganzen, besonderen Lebens- und Erlebensqualität sichtbar.

Isabella Acker · Harald A. Jahn
UNBEKANNTES WIEN
Verborgende Schönheit · Schimmernde Pracht

256 Seiten, 17 x 24 cm
Hardcover mit SU, durchg. farbig
€ 24,95 · ISBN: 978-3-85431-513-1

 Pichler Verlag

Als die österreichisch-ungarische Kriegsmarine in ein neues Zeitalter eintrat, um dem Untergang entgegenzugehen, wurde Wien zu einem Zentrum der europäischen stilistisch-ästhetischen Aufbruchsbewegung. Otto Wagner war einer der ganz großen Protagonisten des Jugendstils, und seine Bauten prägen heute noch die Wahrnehmung von Wien. Doch es sind nicht nur die bekannten, gut dokumentierten Bauwerke: vieles von seinem Werk bleibt auch dem aufmerksamen Wien-Flaneur verborgen. Außer – man liest dieses Buch...

M.P.A. Sheaffer
JUGENDSTIL
Auf den Spuren Otto Wagners in Wien

232 Seiten, 13,5 x 23 cm
durchg. farbig, Broschur
€ 24,95 · ISBN: 978-3-85431-518-6

 Pichler Verlag

Bildnachweis

akg-images: 16, 20, 23, 26, 36, 39, 40, 42, 52, 66, 70, 164, 176; akg-images / De Agostini Picture: 58, 70; akg-images / Erich Lessing: 90, 96, 135
Aus „Daheim", 8. Jg., 1872: 152
Thomas Fric: 15
Willfried Gredler-Oxenbauer: 33, 109, 139
Heeresgeschichtliches Museum, Wien: 62, 103, 104, 130, 135, 141, 153, 208, 223
IMAGNO/Austrian Archives (AA): 8, 199, 212; IMAGNO/Alinari: 216; IMAGNO/ÖNB: 92, 97, 144; IMAGNO/Sammlung Franz Hubmann: 113, 123
Kunsthistorisches Museum, Wien, Archiv des Völkerkundemuseums: 169
Nikolaus von Martiny: Bilddokumente aus österreichisch-ungarischen Seekriegen, Graz 1973: 218
Österreichische Nationalbibliothek: 74, 77, 83, 143, 144, 163, 199
Österreichisches Staatsarchiv – Kriegsarchiv: 46, 93, 162, 171, 179
Georg Pawlik: Tegetthoff und das Seegefecht von Helgoland (Wien 2000): 116, 119, 189
Privatbesitz: 6, 172, 175, 187, 200, 203, 210, 220, 225
Privatbesitz Klaus Müller: 120
Sammlung des Autors: 9, 10, 19, 29, 34, 48, 54, 56, 57, 61, 78, 80, 84, 86, 88, 98, 110, 128, 146, 149, 150, 155, 156, 159, 167, 181, 183, 190, 196, 206, 212, 214, 224, 226, 227, 228, 230
Sammlung Dr. Ingrid Hänsel (Foto: Hacker): 30
Sammlung Georg Pawlik: 132, 164, 168, 184, 189, 204
Sammlung Sachslehner: 95, 103
Dr. Karl Ritter von Scherzer. Eine biographische Skizze. Hrsg. vom Komitee zur Errichtung eines Dr. Karl Ritter von Scherzer-Denkmals in Wien (Wien 1907): 100
Steiermärkische Landesbibliothek: 13
Archiv Styria Verlag: 193
Toulouse, Musée des Augustins (Foto : Daniel Martin): 45
Giuseppe Wulz: 127

Impressum

ISBN: 978-3-222-13306-0
© 2010 by Styria Verlag in der
    Verlagsgruppe Styria GmbH & Co KG,
    Wien–Graz–Klagenfurt
Alle Rechte vorbehalten
www.ichlese.at

Umschlaggestaltung: Bruno Wegscheider
Layoutgestaltung: Emanuel Mauthe
Lektorat: Marion Mauthe
Reproduktion: Pixelstorm, Wien
Druck und Bindung: Druckerei Theiss GmbH, St. Stefan im Lavanttal